政治社會學

Political Sociology

政治學的宏觀視野

王晧昱　著

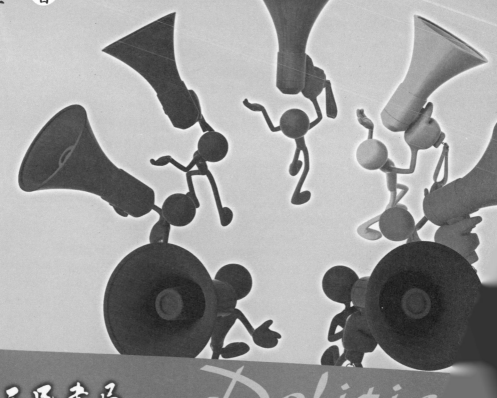

三民書局

Politic

國家圖書館出版品預行編目資料

政治社會學：政治學的宏觀視野／王晧昱著.－－初版
一刷.－－臺北市：三民，2008
　　面；　公分

　ISBN 978–957–14–5082–7　（平裝）
　1.政治社會學

570.15　　　　　　　　　　　　　　　　　97015830

ⓒ　政治社會學：政治學的宏觀視野

著 作 人	王晧昱
責任編輯	林怡君
美術設計	林韻怡

發 行 人	劉振強
著作財產權人	三民書局股份有限公司
發 行 所	三民書局股份有限公司
	地址　臺北市復興北路386號
	電話　(02)25006600
	郵撥帳號　0009998–5
門 市 部	(復北店)臺北市復興北路386號
	(重南店)臺北市重慶南路一段61號

| 出版日期 | 初版一刷　2008年9月 |
| 編　　號 | S 571340 |

行政院新聞局登記證局版臺業字第○二○○號

有著作權，不准侵害

ISBN　978–957–14–5082–7　（平裝）

http://www.sanmin.com.tw　三民網路書店

自 序

　　從在大學授課開始，作者就曾向學生誓言要出一本「政治社會學」的專書；自此雖教學相長，累積了很多為教學而準備的講義，也不斷地增補、修改，但由於「政治社會學」是政治學領域中的「大學問」，以致推遲至今，在三民書局的邀約下，終於出版。

　　如果讀者將所有以「政治社會學」為名的專書拿來比較，從目錄大綱中就可發現——每位作者所探研的議題和範疇，有很大的差異，並無一致界定的系統和範疇。這是因為「政治社會學」所牽涉的面向至為廣泛，因此不能說誰對誰錯，只能建議讀者多方參考。就如同其他學科，政治社會學很難明確而又清晰地勾勒和界定其範疇。吾人在這本書中，只能要略指出政治社會學所要檢視的重要問題。

　　這本書記錄著個人教學研究的融會心得和主觀的取捨；在有限的篇幅中，內容偏重宏觀解析政治社會現象的基本理論導引，因此對於雖新而不切要，或雖新而不宏觀的理論，就未予以論述。本書在著作上希望提供讀者方便，藉由這本書的導引，能接軌到當代政治社會學的重要議題，對眾多議題的背景和理論發展能有必要的認識，以期讀者也能更瞭解先進社會的發展走向。作者基本上有一種類似孔德 (Auguste Comte, 1798–1857) 的認識，相信人類社會競爭中有著趨同的大發展走向。

　　在本書的各章節中，作者盡可能的簡介相關範疇的基本理論和學說，甚至對有些議題也要略論述中國傳統政治思想所持的見解和主張，但議題和範疇的釐定是作者主觀的取捨，還有整體篇幅的考量；限於篇幅，必須以內容要點為準而有所取捨，以致各章篇幅不一。此外，有些議題——與一般社會學內容相重疊者，如「社會階級」和「社會流動」，在本書中就未大篇幅的析論，主要著重在社會

的衝突現象及其政治上的效應。再者，本書限於篇幅考量，比原先計畫省去有關政治文化、政治信仰和態度、以及意識型態之單元（原計劃專章配置於第六章之後），其中還包括可增加政治社會對比性的烏托邦研究；對於這方面的課題，建議讀者參考作者先前出版的另一本書——《追逐理想國》。❶ 無論是「烏托邦」、「意識型態」、「政治神話」，皆有「政治福音」的內容，對政治社會的作用，是政治社會學所不容漠視的議題，應是政治學者觀察及研究的政治社會現象，它們和現實社會的運作息息相關，不僅表露出政治社會的心理現象，從中也可理解其社會。還有，本書對於政黨和政治勢力，也未分出專章予以析論，而是分散於適當章節中予以表述，因為考量到「政黨與選舉」，在各大學政治學系皆細分為專門課程；但本書在有限篇幅中，特於最後一章——有關「後工業社會」的單元中，要論「新社會運動」——或說「新政治」(new politics)、「次政治」(sub politics)、或「對話的民主」(dialogic democracy)，因為開放社會除了允許政黨競爭外，更重要的是要能容忍多元的社會勢力，所帶動的社會價值論證。

　　本書在隨頁的附註中，仍然保留了重要參考書目，並在所知的情況下，列出中譯本，以方便讀者，對有些申論不足的議題，從註釋中可獲得進一步參考的書目指引；附註中所列之參考書，在國內各大學圖書館普遍都很容易找到。由於參考書在各章註釋中都有特別提示，因此為節省篇幅，在各章之末，未再重複編列參考書目。此外，本書正文中，外文的對照用語，為方便讀者的辨識，英文用正體，法文、德文、拉丁文等皆用斜體。

　　在忙於整飾本書，以期早日出版之際，作者暫時擱置了原計畫

---

❶　王皓昱著，《追逐理想國：政治福音與社會重建》，臺北：韋伯文化，2000 年。對政治信仰和態度，以及烏托邦、意識型態、政治神話之研究，請參：第一章「政治福音：政治社會學的分析」。對現實政治社會對比性的烏托邦研究，請參：第四章「虛構的理想國」。

的另一本專書——《歐美民主憲政：源流與多元風貌》。這本析論民主憲政發展，以及憲政體制上多類典範之「國家研究」專書，也接近完稿階段，希望不久後能與讀者見面，會有助於更加擴充政治社會學的視野。

　　在此自序的末了，作者必須感謝東吳大學圖書館的藏書和所給予的方便，並且對過去大學部和研究所的學生——陳政宏先生、鄭毓嫻小姐、柯瑩鈴小姐、江惠慈小姐、彭筱綾小姐，表達無比的謝意，因為他們先後都曾不厭其煩的為作者潦草無比的原始手稿打字，方便了作者著書潤稿的工作。

王晧昱

於臺北士林外雙溪

2008 年 8 月 28 日

政治社會學
政治學的宏觀視野

目　次

第 2 章　從人性論政治

第一章　導論——政治社會學的視野

第一節　總體社會學的政治篇

政治社會學

在有關政治的學術領域中，「政治社會學」(political sociology) 為歐美學界所重視，其學術之基本理念，意圖從宏觀的 (macroscopic) 總體社會面，解釋政治現象。

最早，西方社會學者所稱的「社會學之父」——孔德 (Auguste Comte, 1798–1857) 所指望的「社會學」(sociology)，實指宏觀的「總體社會學」(macrosociology)，非今日受美國學風影響的「微體社會學」(microsociology) 可比擬。本書寫作方向上所指的「社會學」和「社會」，在意義上，亦是指總體社會學和總體社會。

社會學是社會科學的基礎。由於政治社會學所要研究和解釋的是社會的政治現象，因此它是總體社會學的政治篇。在總體、宏觀的研究理念引導下，相對於政治社會學，還有法律社會學、經濟社會學、文化社會學、宗教社會學、戰爭社會學、國際社會學等，它們都是從總體社會學的視野所要研究的領域。

早期社會學的開拓者相信，對社會中任何一種社會現象的研究，都應將其安置在總體社會結構之下考量，否則僅僅片面地解釋某種社會現象——如政治現象，忽略了其客觀的外在大環境，則容易失之偏頗，因為社會本身有著多元的社會因素，如果漠視了這些「社會事實」(social facts)，則對社會現象的研究，不僅不能確實理解，而且也無法找出因應社會難題的解決辦法。因此，「政治社會學」就是要以宏觀的總體社會視野，來探研

政治現象。

　　由於這種分析觀點與學術領域，在十九世紀是為因應工業社會所帶來的衝擊，並解決工業社會的困境與難題而再生；因此，為了理解此種學術研究理念之緣起，在此吾人必須對「社會學」的起源予以要點性解說。為此，有必要回顧一下歐洲學術理念的主流發展，這就必須從「哲學」(philosophy) 談起。

哲學與科學

　　「哲學」一詞在今天的意涵與往昔有很大不同，至少意境變狹窄了，概念上也很容易被歸類為抽象、玄奧而又與現實脫節的學問。但哲學有助於理智的提昇，沒有哲學的思維，經驗事實只是一堆散亂的素材。‘philosophy’ 一字，源自古希臘文，由 ‘philein’ 及 ‘sophia’ 組成，‘philein’ 是動詞的「愛」，‘sophia’ 是「智」的意思，組成後意指「愛智之學」。對古希臘人來說，一切學問的探討，包括研究「城邦」(polis; city-state)──國家之學，即政治學，以及自然科學等，均屬「愛智之學」(philosophy) 的範疇，而「愛智之學」的核心議題就是國家──政治學，這從柏拉圖 (Plato, 427–347 B.C.) 一系列的著作中就可看出。

　　歐洲文明的源頭是在古希臘，建基於「人本主義」(humanism) 的古希臘思想是西方理性思想的啟蒙者。古希臘時代的學者崇尚自由的研究精神，在強烈的理性氛圍下，「哲學」──「愛智之學」也致力擺脫神話，尋求「自然」(physis) 的「第一原理」(first principle)，探究自然現象中不變的「法則」(logos)，認為宇宙間存在著普遍的聯繫，依自然的法則運作發展。因此，愛智之學中有著「科學」的探究精神。

　　後來的古羅馬人大致也承襲著這種學術態度。但西方社會到了「中古時代」，一切學問則在宗教信仰的宰制下，都變成了基督教義的「神學奴婢」(ancilla theologiae)，「哲學」──「愛智之學」從此也完全附庸於神學的指導下。這種學術與人本主義的「黑暗時代」在西方持續了近千年。

　　「宗教」(religion) 是一種社會現象，它的存在也呈現一定的文化本質。

歷史上很多古老文明的內容中，宗教都占有相當重的分量，原因當然在於「人」。如中華文化雖思以倫理道德代替宗教，且先秦思想家多主張「敬鬼神而遠之」，但歷史上也不乏深陷宗教迷途的經歷。

人的生命過程中，充滿著畏懼與不安，為了慰藉這種心靈與現實的需要，祈求神明保佑的宗教就出現了。人們仰望神明的照顧，解除生活上的危難，或求得正義，或求死後的安樂，甚至追求永生，希望到「天國」。對神的祈求和依賴的情緒，造就了宗教。自古以來，人總是以自己的需要和理想為依據，塑造神明，而馬克思有一句經常被引用的話——「宗教是人民的鴉片」。宗教淺易地解釋天理，禁止探究，靠著人們的盲目崇拜鞏固教義，因而必然會造成文化發展的停滯。

宗教尤其壓制「愛智之學」的科學發展。「科學」是以人為核心所發展出的一套有系統的知識，要求條理精確，是理性、經得起證明的知識。科學的本質在探求真實，科學是超然於情感和信仰的「入世」探究，致力瞭解現實環境，並探究宇宙的運作，甚至對宗教也求科學的解釋。因此，科學對宗教的衝擊是絕對的。科學的高度發展，文化上必然帶動反宗教桎梏的「還俗化」(secularization) 過程。

西方直待人本主義的「再生時代」(the Renaissance)，即所謂「文藝復興時代」，哲學才從神學桎梏中解脫出來。人本主義的精神即在於對人類智慧的肯定，這有助於擺脫基督教義對人世所宣揚的悲觀見解。然而這個時代，也是科學脫離哲學的時代。從這個時代開始，哲學與科學所指不同，雖然很多大思想家的學說中，有科學、有哲學，但這兩部分在精神上是有差別的：科學是對自然現象研究所得到的結果；而哲學是人在感性認識之外，提升理性認識，經由精神的反思和智慧的運用，即透過抽象和理論的思維，認識那無限的宇宙世界，並理解人、社會和大自然。

在這個時代，人文社會政治、民生問題的探討，仍依附在哲學的範疇中。雖然有馬基亞維利 (Nicclo Machiavelli, 1469–1527) 主張政治學的研究應追求「實然」，以及霍布斯 (Thomas Hobbes, 1588–1679) 主張「社會物理學」的研究，然大體上政治學仍側重於「應然」，因此在內容的探研與學問的分門上，吾人可以說是「政治哲學」。後來隨著「工業社會」的來臨，在

新的社會矛盾和衝突的衝擊下，學者認識到對現實困境與難題的解決，不能再固著於哲學的想像和思維，必須將人類社會的研究，從傳統應然的哲學範疇中解脫，導入追求「實然」的科學領域。這種想法激勵了社會問題的研究，脫離哲學。

社會的科學──「社會物理學」

目睹到人類社會進入工業社會的巨大變遷，為了因應並解決工業社會的困境與難題，受到自然科學啟發與激勵的孔德，有了開拓社會科學的企圖，深信社會學也可仿效自然科學，研發出「社會物理學」的科學知識。1830 年，孔德出版《實證哲學論集》的第一卷，書中分析了自然科學──天文學、物理學、化學和生物學等的發展，並主張創立研究「社會的自然科學」，以替代過去對社會現象的「哲學」研究。1839 年，孔德在其《實證哲學論集》的第四卷中，新創一個學術名詞 ‘Sociologie’（即「社會學」，Sociology），以指研究「社會的科學」(la science de la Société)，號召學者對社會做科學化的研究。❶ 從孔德所創的 ‘Sociologie’ 一字的學術動機看來，這個由 ‘socio’（社會）和 ‘logos’（自然法則）所合成的名詞，目的是致力於探尋社會現象的自然趨勢與規律。

當時被法國哲學界視為異端的孔德，同時以「實證主義」(positivism) 為號召，試圖導引社會學成為一門追求「實然」的科學，將社會現象的研究，從過去哲學研究的範疇中脫解出來，以價值中立的態度，對社會現象即「社會事實」(social facts)，做科學化的研究。所謂「實證主義」，就是「實然主

---

❶　孔德將 1830 至 1842 年間所發表的演講稿及論文彙整，出版一套六冊的《實證哲學論集》(Cours de Philosophie Positive)，其英譯本：Auguste Comte, The Positive Philosophy, freely translated and condensed by Harriet Martineau (1802–1876), New York: AMS Press, reprinted 1974.
　　在 1851 至 1854 年間，孔德又陸續完成一套四冊的《實證政治體系》(Système de Politique Positive)。這本書的英譯本：Auguste Comte, System of Positive Polity, translated by Frederic Harrison et al., New York: B. Franklin, reprinted 1968.

義」、「科學主義」，孔德認為學者應根據客觀的事實，建立學問，希望在「實證主義」的引領下，找出社會運作和發展的因果「法則」(*logos*; *lois*)。❷

　　事實上，這種革命性的觀點與思想理念，孔德不是原創者，而是復興者，在孔德之前就有思想家鼓吹這種見解，如霍布斯等人，就曾以「社會物理學」(social physics) 來稱呼研究社會的科學。然而在孔德的時代，有位比利時數學專長的學者凱泰萊 (Lambert Adolphe Quetélét, 1796–1874) 以 'Social Physics' 指稱以統計方法探求人類理智發展的學問，且在這方面出有專書。❸孔德輕視凱泰萊的主張，為了與凱泰萊劃清界線，因而另造 'Sociology' 一字來加以分別。由於現今社會學界已淡忘「社會物理學」這個用語，因此吾人可再以 'Social Physics' 來形容孔德所指稱的 'Sociology'，而且也是最好的同義詞。

　　孔德深信社會科學的進步，可對未來工業社會的發展做出準確的預測，影響歷史的發展，並帶來人類社會的和平。不過，社會科學的後續發展是，在以「科學」為名的旗幟下，很多所謂客觀和科學的主張，只不過是個人信仰的闡述。而且，對工業社會現象予以科學化研究的總體社會學，其後續的發展也遠離了開拓者的宏觀立場，分化、區隔成很多微觀的個體社會學。

　　孔德是以「社會學」來整合關係到社會現象的各類學科，企圖對人類社會進行「超然於價值」(*l'amoralité*) 的研究，並找出社會發展的因果法則。自孔德以來，歐陸學者的著作中，所採用的「社會學」一詞涵蓋了一切社會科學 (all the social sciences)，其中不僅是政治學，還包括經濟學和犯罪學等。在對社會現象總體觀照的社會學思想引導下，歐洲繼而出現了政治社會學、法律社會學、經濟社會學等的研究，而「政治社會學」就如法國學者阿宏 (Raymond Aron, 1905–1983) 所言，是「社會學的政治篇」(*le chapitre*

❷　Auguste Comte, *La Science Sociale: Oeuvres Choisies*, Paris: Gallimard, 1972, pp. 140–141.

❸　現今對凱泰萊的學說，在社會學中很少有人提及，約略的簡介，可參：Ludwig Gumplowicz (1838–1909), *Outlines of Sociology*, edited with an introduction by Irving Louis Horowitz, New Brunswick (NJ): Transaction Books, 1980, pp. 94–95. Gumplowicz 認為凱泰萊的概念不清，且很多調查的出發點令人難以贊同。

politique de la Sociologie)。阿宏進而更明確的指出政治哲學與政治社會學
的差異，強調：在政治方面，實然的社會現象研究 (l'étude sociologique) 與
往常哲學研究 (l'étude philosophique) 途徑的最根本差異是，哲學研究有價
值的評價，有價值哲學的 (axiologique) 判斷，致力於分別最佳的政治體制
及其正統、或說正當性原則 (le principe de légitimité)，然社會學的研究是一
種客觀的事實現象研究 (une étude de fait)，無價值判斷的要求和意圖。❹

　　孔德這種想從經驗觀察，歸納出社會發展的自然法則構想，之前在歐
洲早有啟蒙者，只不過在發展過程中不時地為時代環境所排擠和蒙蔽，吾
人可從亞里斯多德、馬基亞維利、以及孟德斯鳩等人的思想和著作中，多
少可發現這種意圖。事實上，在中國的思想傳統中，也有著顯著的自然法
思想，由於後來沒有科學發展和工業革命的激勵，以致發展上停滯不前。
吾人在此先考據、簡述中國的自然法思想，之後再要述歐陸的發展。

第二節　前人對政治社會學的開拓

中國的自然法思想及其發展上的停滯

　　其實西方所稱的「自然法」就是中國古代思想家所指的「天理天則」。
先秦諸子，將宇宙原始本體稱為「道」。《韓非子》‧〈解老〉篇中解釋：「道
者，萬物之所然也，萬理之所稽也。」繼而又說：「萬物各異理，而道盡稽
萬物之理，故不得不化。」❺意思是說，道是形成萬物，也是各種規律的總

---

❹　Raymond Aron, *Démocratie et Totalitarisme*, Paris: Gallimard, 1965, p. 37.
　　阿宏認為除了社會學和哲學的研究途徑外，對政治問題的研究，尚有純法學的
　　研究 (l'étude juridique)，致力研究政治社會的法制規範及其運作。
　　在政治社會學的研究方面，阿宏還有很多專著，值得參考，如：
　　Paix et Guerre entre les Nation, Paris: Calmann-Lévy, 1962, huitième édition
　　1984.
　　Dix-huit Leçons sur la Société Industrielle, Paris: Gallimard, 1962.
　　La Lutte de Classes, Paris: Gallimard, 1967. 這些書皆有英譯本。

法則，由於各種事物各有不同的規律，而道又是各種規律的總法則，因此，萬事萬物永遠處在臨變狀態——「不得不化」。據此，道有兩種意義，一是構成萬物實體的物質（「萬物之所然也」；「萬物之所以成也」），一是宇宙萬事萬物的總法則、總規律（「萬理之所稽也」；「盡稽萬物之理」）。

老子所說的道是先於物質而存在的精神實體；韓非（西元前 295-233）所談的道是天地萬物的普遍法則，宇宙發展的客觀規律，道下有「理」或稱事理。韓非指出理就是萬事萬物內在的規律，經過眾人的研究，可歸納出事物的規律，瞭解了規律，就可以掌握事物，而且隨著客觀規律辦事，則無往不利。韓非的思想是注重實際的，他雖接受《老子》一書的思想啟發，並將其視為政治學上統治者修養及統治術的大指導方針，但他排斥思想上「微妙玄通，深不可識」的走向，因此與莊周之學有別。韓非將老子的哲學予以修正作為法家統治術的哲學基礎，這是「稷下黃老之學」的學術傳統，《韓非子》一書的〈解老〉、〈喻老〉兩篇就表達了對老子思想的這種認識。

兩漢時期大思想家王充（西元 27-97）繼黃老之義，認為「天道自然」，並提出「數」的觀念，大致上認為有一種必然法則主宰著自然和社會的變化。這種變化過程，人力不能干預，他稱之謂為「數」。❻後來，唐朝時期的思想家劉禹錫（西元 772-842）也提出「數」和「勢」兩個概念，認為「數存而勢生」，數是規律的意思，「勢」指形勢，即在某種規律下，產生某種現象。❼吾人認為，這些思想的發展，少了有利的客觀條件，即科學的氛圍和工業革命的激勵，因而沒能引發出類似西方由孔德等人帶頭的「社

---

❺ 《韓非子》‧〈解老〉。
《韓非子》一書，依據：韓非原著，張覺譯注，《韓非子釋譯》，臺北：臺灣古籍出版社，1996 年初版，2002 年再版。吾人認為《韓非子》一書是代表先秦時期的一部政治學巨著。

❻ 《論衡》‧〈治期〉。《論衡》一書，參比：王充著，袁華忠、方家常譯注，《論衡》，臺北：臺灣古籍出版社，1997 年。蔡鎮楚譯，周鳳五校閱，《新譯論衡讀本》，臺北：三民，1997 年。

❼ 《劉禹錫集》‧〈天論〉。劉禹錫著，《劉禹錫集》，北京：中華書局，1990 年（《劉禹錫集》整理組點校，卞考萱校訂）。〈天論〉一文編列於上冊卷五。

會科學」，以致思想發展上處於停滯不前的困頓局面。反觀西方社會，學術界承繼著亞里斯多德的思想，重要的時代也都出現社會科學的啟蒙者，後來又受到工業革命的激勵。

西方承繼亞里斯多德政治學的傳統

相較於柏拉圖較重抽象及演繹方法來說，其弟子亞里斯多德 (Aristotle, 384–322 B.C.) 的政治思考是建立在檢驗社會實相之基礎上，以科學的態度和精神為引導，做出具體的比較研究。亞里斯多德認為並不存在一種放諸四海而皆準的政治體制，體制的好壞應視客觀環境的條件。❽亞里斯多德曾比較研究一五八個城邦，並彙編其政治制度——《政治體制大全》，其中還包括希臘以外的地區，並對篡位的僭主體制，以及迦太基與羅馬的政治體制亦有所研究，可惜今天只留下有關雅典城邦的研究。政治社會的比較研究，其用意在於——透過比較，認識自己的優點和缺點，同時也有助於選擇未來可行的方向。

亞里斯多德拋棄超驗性的理想，重視的是具體的現實環境和實踐性，其理想是對比研究的結果。從亞里斯多德開始，重視理想的政治哲學及重視事實的政治社會學間，即使不分開也可構成一種可以分開認識的知識。亞里斯多德認為，在追求應然的前提下思維，靠著演繹法推論，只會構思出有主觀偏見的政治理想社會。在亞里斯多德的政治學中，他尤其強調不可能有萬靈丹式的政治體制，因人種、地理環境、和氣候等因素的不同，而會有不同的政治社會和相應的政治制度。亞里斯多德著重經驗觀察的研究態度，對後代思想家發揮啟發的作用，如羅馬時代的波利比斯 (Polybius, 205–125 B.C.)、西塞羅 (Marcus Tullius Cicero, 106–43 B.C.)、以及中世紀末葉的阿奎那斯 (St. Thomas Aquinas, 1227–1274) 等，相信政治社會的基礎和

---

❽　亞里斯多德在其《政治學》一書中，指出政治體制好壞受客觀時空條件限制的見解，他在書中也論及了暴君如何維持政權之謀術策略。Aristotle, *The Politics*, edited and translated by Ernest Barker, Oxford: Oxford University Press, reprinted 1958, Book V, Chapter X, 1310b–1315b, pp. 235–250.

結構受制於主、客觀條件，應從賴以生存的社會大環境去理解人類社會的政治現象。但整體而言，西方在中古時代以前，由於偏重價值，使得倫理與政治的界線難以劃分；到了中古時代，由於在嚮往「天國」的基督教義下，使得一切學問完全附庸在宗教信仰的宰制下，因而也擱置了對「塵世」的人類社會研究。❾

　　經過近千年的昏睡，西方直到人本主義的「再生時代」，科學和批判的精神才又甦醒過來，進而帶動知識的新一次解放，如馬基亞維利對所生存的社會，進行冷靜的政治思考和坦白的人本分析。

追求實然的馬基亞維利

　　馬基亞維利對政治學的研究，以國家為分析範疇，並以「權力」為思考與研究的重心，在其《君王論》(*The Prince*, 1513) 一書中，一反過去客觀分析與價值判斷混淆不清的分析途徑，對權力之奪取、維持、擴張、甚至喪失做了有如臨床的解剖與病理分析，帶動研究分析觀點的大轉移。馬基亞維利在其《君王論》一書中，以追求「真正的實情」(*verità effetuale della cosa*) 為座右銘，重「實然」而非「應然」，他認為「實際如何」與「應該如何」之間差別太大，他不願自己本著高尚的理想來論述政治現象，只想以寫實的原則，將政治的實際情形道出，他指出──人的所作所為 (what men do)，而不是人應當如何 (what they ought to do)。❿

　　馬基亞維利以探求實然的科學精神，去分析政治現象，在這種基礎上，要教導君王如何獲得政權，並在各種不同的情況下，如何維持政權。馬基亞維利的主張突顯出政治學企圖排除玄學和道德束縛的嘗試。馬基亞維利

---

❾　可參本書作者的相關研究：王晧昱著，《追逐理想國：政治福音與社會重建》，臺北：韋伯文化，2000 年，第三章「從塵世到天國」，頁 93–154。

❿　Machiavelli, *The Prince*, edited by Quentin Skinner and Russell Price, Cambridge: Cambridge University Press, 1988. 《君王論》一書各章篇幅都很簡短。馬基亞維利在《君王論》第十五章中說：「我寫這本書的目的是要給聰明的讀者，因此必須據實以述，而不是照一般人所想像的描述。……因為在我們如何生活和我們應該如何生活之間有極大的差異。」

強調他是以「觀察者」的立場，而不是以「哲學家」的角度，去分析政治問題，對於政治社會的現象，則如同醫生診斷病情一般，逕直揭示事實的真相。

馬基亞維利是歐洲新政治學的啟蒙者，催生了追求「實證」，即實然的政治學，從此，政治學不再只是規範性的學問，也成為一門重實然的學科，以直接觀察替代純粹的思考。馬基亞維利認為政治社會的發展是有「法則」 (logos; lois) 可循，透過對多樣社會的長期觀察和比較研究，可辨別出政治社會運作與發展的因果脈絡，進而可歸納出一般的規律法則；掌握了法則則可解釋事件，並預測或防範可能的狀況。這就是後人——如社會學之父孔德所稱的——科學的「社會法則」(sociological law)。孟德斯鳩 (Charles de Secondat, Baron de Montesquieu, 1689–1755) 也相信政治社會的發展受法則的支配。

孟德斯鳩的《法意》

現代社會科學的開拓者——孔德與涂爾幹 (Émile Durkheim, 1858–1917) 等人認為，孟德斯鳩是近代政治學的奠基者。這是法國人的偏袒。

孟德斯鳩的研究著重過去的歷史經驗和當時政治上實際情況之檢視與歸納。他承襲亞里斯多德的具體經驗歸納的方法，較少柏拉圖式唯理 (rationalistic) 或理想的 (idealistic) 演繹。孟德斯鳩認為理解的步驟是要先致力於辨別差異，他相信世界是有著多元差異，但他並不排除均一性。

孟德斯鳩在其《法意》(De L'Esprit des Lois, 1748) 一書中，對法律和政治制度的社會法則，展開系統化的研究。⑪孟德斯鳩認為政治社會的發展以及每一個社會事實背後均存在「因果法則」(les lois) 可循，即每一個社會事實不是偶然或突發的，也不是因人的任意行事、一時愛好、或者天意行動而發生，它有它存在發生的理由，可尋求原因於環境（政體、宗教、氣

---

⑪ Montesquieu, *De L'Esprit des Lois*, Paris: Garnier-Flammarion, 1979. 法文版本之中譯，可參：孟德斯鳩著，張雁深譯，《論法的精神》，臺北：臺灣商務，1998年。

候、人口、土地資源、和歷史文化背景等），或其自身與其他有關的法則中。

孟德斯鳩《法意》一書中的「法」（*les lois*），實指「自然法（則）」之法。在《法意》一書的起頭——首章、首頁，孟德斯鳩就開宗明義地說：「法，就其最廣的意義而言，是源自事物本質的必然關係。」❷每一法則與其他法則間有連結關係，或依賴在另一個上層結構體的必然關係上。孟德斯鳩強調，透過對多樣社會的比較研究和長久的觀察，可分辨出政治社會運作和發展的因果脈絡，歸納出一般的規律法則出來；掌控了這種法則就可解釋事件，並預測或防範可能的狀況。

社會「因果法則」是總體社會內部關係及必然趨勢的規律法則。孟德斯鳩認為任何社會現象都受到自然法則的牽連，對社會現象的研究可效法自然科學的研究，努力不懈的探研、檢驗和印證，可建立社會科學，理出社會發展的規律性因果法則。為此，要揚棄個人的偏見，孟德斯鳩強調：「吾人所重視的是實然，而不是應然」（'*On dit ici ce qui est, et non pas ce qui doit être.*'）。❸

孟德斯鳩指出有太多的客觀事實牽制著人，如氣候、宗教、法律、統治者的命令、過去的典範、風俗和習慣等，而這些因素使得每一個國家皆有自屬的特有精神，他稱之謂「普遍精神」（*l'esprit général*），立法者必須追隨自己國家所特有的總體精神。❹受到亞里斯多德等人的影響，孟德斯鳩認為每一個國家的政治制度與法律規範，都是其人民在其特有環境下的理性產物，因此很難把某一個國家的體制完全移植到另一個國家。他認為任何政體都是客觀環境的產物，擺脫不了客觀因素的影響，其中包括：國家的體質、氣候、疆域、地緣、土壤、人民生活方式（務農、漁獵、或畜牧）、所能忍受的自由程度、宗教信仰、人民的偏好、財富、人口、商業、

---

❷　'*Les Lois, dans la signification la plus étendue, sont les rapports nécessaires qui dérivent de la nature des choses.*'

　　譯成英文是 'Laws, in their most general signification, are the necessary relations arising from the nature of things'.

❸　Montesquieu, *De L'Esprit des Lois*, op. cit., Livre IV, Chapitre II, p. 158.

❹　這也表現出孟德斯鳩思想之保守一面。Ibid., Livre XIX, Chapitre IV, p. 461.

風俗、習慣，都帶來關聯性。⑮此外，各種因素之間的關係，以及立法者的目標，和所要建立的秩序，都是研究者所要考量的事項。

孟德斯鳩對政治社會問題的研究已有了系統和結構概念，為後世「社會體系」(social system) 和「社會結構」(social structure) 概念的開拓者。孟德斯鳩視國家如同結構體，重視其「整體性」(*la totalité*)，政治社會的立法、制度或習慣等，都擺脫不了整體結構的影響。因此，孟德斯鳩致力於社會的宏觀研究，認為必須先研究整體，再來研究其組成部分，因為人們是不能從社會局部去瞭解社會整體。孟德斯鳩的思想，對不久後法國學術界投入工業社會的研究，指引了觀察的通路。

第三節　社會實證主義

孔德實證主義的社會學

目睹到工業社會發展的巨大衝擊，以及自然科學進步的激勵和啟發，孔德承繼之前歐洲社會科學啟蒙者的思想，意圖歸納出社會發展的自然法則。孔德致力發展「社會的自然科學」(natural science of society)，企圖對社會現象進行科學研究，從比較和歸納研究中，尋求並累積真知識，以期對社會事件的成因做合理的預測和防範，並有效控制社會切身的發展。

孔德社會學的思想基礎建立在三個原則上：一、對社會現象的研究和解釋，應從總體關照，瞭解個體現象，強調「整體優先於各部分體的原則」(*le principe du primat du tout sur les parties*)──就好像要從生物有機體之

---

⑮　有關氣候方面，孟德斯鳩認為寒帶人慄悍且勤勞，熱帶人多疑且懶散，因而推論到寒帶氣候有利於自由民主政治的發展，熱帶氣候容易滋生暴政和奴役的制度。(Ibid., Livre XIV, Chapitre II, pp. 373–376.)
　　孟德斯鳩認為國土疆域之廣袤與否，多平原或多山脈，土地貧瘠或肥沃，都影響政體之發展。基本上，孟氏認為：廣土民眾、平坦肥沃之富饒國度，多是君主政體；疆域狹小且多山貧瘠之地，因天然形勢和人民勤勞自強之風氣，多造成共和體制。(Ibid., Livre XVIII, Chapitre I–IV, pp. 432–435.)

整體，去解釋某個器官和它的功能一樣，且對社會現象之研究要安置在人文歷史的大框架中研究，因此社會學必然是一種比較的社會學──相對於過去做比較；二、人類社會發展的軌跡是循著「知識」的進步而前進，知識是歷史發展和社會進步的決定性因素；三、「在任何時空下的人都是一樣的」(*l'homme est le même partout et dans tous les temps*)，因此社會的發展進程相同，往同一方向、同一類社會演進。**❻**

　　孔德自認為發現了一種「歷史法則」，稱之謂──知識發展的「三階段律」(*la loi des trois états*; law of the three intellectual stages)。他認為人類的知識都會經歷三個階段的發展：最初是「神話階段」(*l'état théologique*)，人對事物及事件的解釋，多訴諸於超自然或不可見的力量；知識發展到第二個階段，則是抽象思維的「玄思階段」(*l'état métaphysique*)，此時也是哲學的興起，猶如長夜的黑暗被旭升的陽光所照射，人們對自然現象給予自認為合理的抽象解釋，以為發現了自然法則，也為第三階段鋪路；第三個階段是「實證階段」(*l'état positive*)，即追求實然的科學階段，人們經過長久的研究觀察和歸納，理解到事物與事物間的必然關係和因果法則，藉這種實證知識人類可有效控制自然環境。**❼**孔德認為在科學發達的時代，人類在各領域追求實證階段的科學知識，不同於以往多停留在神學或玄學階段。

　　吾人在此必須指出的是，對習慣具體思維的人來說，「玄思」或「玄談」所用的理是抽象概念，令人有不知所云之感。這種哲學雖不能增加人對實際事物的知識，解決實際問題，卻可訓練和提高人的抽象思維能力，提昇

------

❻　Cf. Guy Rocher, *Introduction à la Sociologie Générale: 2. L'Organisation Sociale*, Paris: Éditions HMH, 1968, pp. 22–23.

　　除先前所介紹之孔德專著外，孔德作品之中譯，可參：孔德著，蕭贛譯，《實證主義概觀》，臺北：商務，1973 年臺一版。

　　對孔德的思想評述：Raymond Aron, *Les Étapes de la Pensée Sociologique*, Paris: Gallimard, 1967. 英譯本：Raymond Aron, *Main Currents in Sociological Thought*, Garden City (NJ): Doubleday, 1968. 對孔德社會學說的研究，可參：孫中興著，《愛、秩序、進步：社會學之父──孔德》，臺北：巨流，1993 年。

❼　Auguste Comte, *La Science Sociale: Oeuvres Choisies*, Paris: Gallimard, 1972, pp. 219–239. Auguste Comte, *The Positive Philosophy*, op. cit., pp. 522–535.

人的精神境界，加強人對實際的理解，安頓思想，讓思想有所寄託。

孔德認為，第一個遠離神學或形而上階段，進入實證科學的是數學，再來是天文學、物理學、化學、生態學，即從遠而近，現今有待開拓的就是社會的科學。孔德指出社會學尚停留在玄學階段，由於這種特質，因而人類對社會的矛盾、衝突、動亂和危機都無法有效預警和化解，惟有仰望未來實證的政治科學知識，才能有效地預測、防範和化解社會危機，實證的政治科學是社會重組所必須的科學，這種行動的科學能改造人類社會的命運，追求完美的社會。[18]

對實證主義社會科學的批判——意志與抉擇

愛因斯坦 (Albert Einstein, 1879–1955) 就曾告誡人們：「政治學遠比物理學要難。」('Politics is much more difficult than physics.') 百年多來，社會科學的研究雖也累積了很多知識，甚至有的還被官方奉為救世信仰，但也為社會帶來了政治上的災難，如過去的共產主義國家，藉助馬克思「科學的社會主義」(scientific socialism) 引導，雖快速地工業化，但也都變成是有史以來最極權的社會。

廿世紀自由主義的捍衛者海耶克 (Friedrich Augutt von Hayek, 1899–1992) 指出「科學的社會主義」所以如此受到歡迎，是因為十九世紀以來，聖西蒙 (C. Henri de Saint-Simon) 及孔德等人思想中的實證科學主義以及科學方法，被絕大部分的知識分子所誤解的結果。海耶克認為天真地相信自然科學的方法，必定會在社會科學方面，造成同樣顯著的「科學主義」(scientism) 成就，是天真且又危險的想法。海耶克強調這種科學的烏托邦思想，會導引人類「通往被奴役之路」——進入全方位控制的極權社會。海耶克認為聖西蒙是現代計畫主義的第一人，其弟子孔德也是「極權主義者」(totalitarian)。[19]

---

[18]　Auguste Comte, *System of Positive Polity*, op. cit., 4th volume, pp. 547–562.

[19]　Friedrich A. Hayek, *The Road to Serfdom* (1944), Chicago: University of Chicago Press, 1980, p. 16, 24.

　　海耶克指出自然科學與社會科學本質上有根本的差異：社會科學所要研究的是人與人的關係，而自然科學所要研究的是物理現象，因此，自然科學的方法當然不是必然地適用於研究政治或經濟等問題上。自然科學日新月異的發展，給了人們科學萬能的印象，同時也啟發思想家相信，透過自然科學的方法能夠解決一切價值問題，進而以科學為信念，並假藉「科學主義」之名，以「社會工程」(social engineering) 的明亮標語，狂妄地對社會進行空前而又全方位的改革計畫，其結果不僅侵蝕了個人的自由，而且也牽引社會步入被奴役之境。

　　巴柏 (Karl Popper, 1902–1994) 提醒人們科學方法的侷限及歷史預言的危害，尤其敵視倡言發現了歷史法則，能對人類社會的發展給予先知般「歷史預言」(historical prophecy) 的學說，巴柏稱之謂「歷史定論主義」(historicism)。巴柏以「歷史定論主義的貧乏」(the poverty of historicism)，批駁這種命定的神話，並提醒人們，歷史預言超出了社會科學的能力範圍，同時也隱藏著極大的危害，因為為了促使其實現，反而導引人們邁入極權主義的封閉社會。❷⓿

　　受到「新左派」和「後現代」學者所肯定的美國政治社會學者米爾斯 (C. Wright Mills, 1916–1962) 指出，先驗性地把自然（物理）科學當作思想與行動的典範來稱讚，現今看來過於天真。❷❶ 米爾斯進而指出，這種對待社會就和物理學家對待自然一樣的看法，只要靠著「科學方法」，人就可以

---

❷⓿ 巴柏認為黑格爾的歷史主義是現代極權主義快速成長的施肥者，而馬克思主義是歷史定論主義最純、最先進和最危險的形式。Karl R. Popper, *The Poverty of Historicism* (1957), London: Routledge, 1991. 中譯本：李豐斌譯，《歷史定論主義》，臺北：聯經，1981 年。巴柏認為這種歷史預言必然將社會導入暴力改革的「烏托邦社會工程」(utopian social engineering)，相對於這種走向，巴柏為開放社會理性選擇途徑的「逐步社會工程」(piecemeal social engineering) 辯護。Karl R. Popper, *The Open Society and Its Enemies* (1945), London: Routledge, 5th edition (revised), 1966. 中譯本：莊文瑞、李英明譯，《開放社會及其敵人》，臺北：桂冠，1989 年。

❷❶ C. Wright Mills, *The Sociological Imagination*, New York: Oxford University Press, 1959, p. 89. 中譯本：張君玫、劉鈐佑譯，《社會學的想像》，臺北：巨流，1996 年。

操控原子 (atom) 般地控制社會行為，就會化解人類的問題，永保人類社會的和平與繁榮的想法，顯示出一種「空洞的樂觀主義，其基礎漠視人類事務中理智可能扮演的角色，也漠視權力的本質，以及權力與知識的關係，更漠視道德行動的意義，以及知識在道德行動中的地位，漠視歷史的本質，以及人……是歷史創造者的事實。」❷❷ 米爾斯強調，相對於科學主義信念——「預測」與「控制」(prediction and control) 而言，變遷的社會是複雜的集合體，「只要人享有某種程度的自由，其行動就難以預測」。❷❸

米爾斯強調，社會的「科學」，仍是「可疑的哲學」(dubious philosophy)，許多聲稱的「真科學」(real science)，只是對混亂的現實生活的局部之見，被追求自然法則之狂熱所支配。這些聲稱「科學」的「科學主義」(scientism)，不僅不具科學精神，而且無意中也漠視了人性的經驗，以為只有科學方法才能解決社會問題，將科學視為「救世主」(Messiah)。❷❹

法國思想界廿世紀的重要代表——阿宏，提醒自稱是科學的馬克思主義，不要成為「知識分子的鴉片」(*l'opium des intellectuels*)。❷❺ 但反馬克思主義的阿宏，仍將馬克思的分析途徑，當成分析社會現象的重要方法之一。在阿宏看來，社會歷史的發展並無決定前進方向的先驗法則存在，人類社會的發展一向是開放的，決定於人的自由意志、抉擇與行動，政治就是存與廢的抉擇。因此，社會的發展永遠處在一種接受考驗的臨變狀態，有其不確定性，沒有一種社會制度因其完美而永續存在。

在「新左派」的陣營中，馬庫色 (Herbert Marcuse, 1898–1979) 在檢視當代社會理論時，對實證主義的抨擊與批判極為激烈，這都呈現在他所有的著作中。馬庫色認為受到自然科學啟發的哲學家，試圖將一切社會現象視同物理現象，貶抑人的意志與理性，讓一切變得合理化，一切本該如此，而實證主義的可怕，即在於它不加批判地，將現實的資本主義工業社會體

---

❷❷　Ibid., pp. 113–114.

❷❸　Ibid., p. 117.

❷❹　Ibid., p. 16.

❷❺　Raymond Aron, *L'Opium des Intellectuels*, Paris: Calmann-Lévy, 1955. 中譯本：阿宏 (Raymond Aron) 著，蔡英文譯，《知識分子的鴉片》，臺北：聯經，1990 年。

制，認定為自然的事實，而全盤接受，漠視人可超越現況的自由意志與積極主動性；在安於接受現狀的保守心態下，實證主義有意、無意地為現實的體制作了辯護。馬庫色極力反對有所謂不靠人的意志，而能客觀支配社會發展的規律法則存在。他認為社會的運作與發展，受客觀的規律操縱的論點，完全抹煞了人的自由意志與主動性，根本就是「宿命論」的論調。馬庫色在《單向度的人》(*One-Dimensional Man*, 1964) 一書的第七章中，批判「實證主義」的同時，指出實證主義偏執於單向度的思考，毫無批判地默認了既存事實，但問題是既存的事實不必然就應該接受。在馬庫色看來，實證思考 (positive thinking) 就是「單向度的哲學」(one-dimensional philosophy)，思想上毫無相異的質疑面，因而也就沒有批判和回拒的能力。㉖

英國社會學者紀登斯 (Anthony Giddens) 也指出，社會科學所面對的是人類，而不是客觀僵化的世界，更何況客觀的大環境也不是僵化的，「人類不同於自然界的物質現象，研究我們自己的行為，在很多極為重要的途徑上，必然地完全有別於自然現象之研究。」㉗ 紀登斯還強調「社會的演變並非由無法改變的法則所支配」，並無命令我們非得朝不由自主方向前進的法則；科學只能說明，不能命令，只能告訴人們事情為何如此，而不能指明人在那種情況下，應該怎麼做。㉘

韋伯的調和與詮釋

事實上，早在二十世紀初眾多歐陸學者就試圖導正社會學的思維。如

㉖　Herbert Marcuse, *One-Dimensional Man, Studies in the Ideology of Advanced Industrial Society* (1964), with a new induction by Douglas Kellner, London: Routledge, 2nd edition, 1991, Chapter 7: The Triumph of Positive Thinking: One-dimensional Philosophy.

㉗　Anthony Giddens, *Sociology: A Brief but Critical Introduction*, Basingstoke: Macmillan, 2nd ed., 1986, p. 3. 中譯本：廖仁義譯，《批判的社會學導論》，臺北：唐山出版社，1995 年。

㉘　Ibid., p. 21.

德國社會學學者韋伯 (Max Weber, 1864–1920) 就同意實證主義之主張，認為對社會現象的研究，應類似研究自然科學的態度，予以客觀的分析研究；然韋伯也如同當時德國思想界的看法，認為人有利己的需要，人類的行動牽涉到主觀的思想和價值判斷，人的本能、個性、情感和才能，都會影響到人的行動和抉擇，使得社會關係有很大的變數，難有放諸四海而皆準的社會法則，只能歸納出一些傾向。而且，韋伯指出，人文社會現象的研究與研究自然現象的差別在於，人文社會現象的研究往往要嘗試從其社會內部來分析理解，要靠切身的體會與主觀的想像來分析。韋伯強調這種「哲學」的研究態度，不僅不會降低社會學科學解釋的意願，反而彰顯出社會科學不僅像自然科學般，以求實的態度由外來直接觀察認識其研究對象，試著歸納出可能的發展規律，同時也可從內部感應分析，亦即「理解」(*verstehen*; comprehension) 其對象，而這種還得以移情，從中體驗、觀察、檢視，盡可能掌握社會真實現象和生動運作的方法，是自然科學所沒有的方法和優點。㉙

　　韋伯指出人文社會學科的研究途徑與研究自然現象大不相同，為了理解人文社會問題，研究者試圖溶入人們的心靈和社會深處，「詮釋」理解他人的思想和行動，這種研究方法也是研究人文社會活動的最重要方法。因此，哲學式的思考，並非是「有害的夢想」，哲學思考可開拓科學在一時還觀察不到、或無法合理解釋的範疇，有啟蒙與激勵的作用；而且哲學理念不乏智慧與道德勇氣，其反抗並超越時代的言論，常指引出人們應努力的方向。尤其在現今的工業社會，哲學的價值判斷，也可辯證和批判人類一昧科學走向的物化社會，導引人們生活在人道主義的社會。韋伯不時強調，人類必須面對現實社會中的一切缺陷，生活中必充滿抉擇，最後也都靠人的抉擇 (human decision) 來解決問題。

㉙　'*Verstehen*' 有理解、領會和體會之意。Max Weber, *Economy and Society: An Outline of Interpretive Sociology* (1922), edited by Guenther Roth and Claus Wittich, Berkeley: University of California Press, 1978, pp. 8–9, 57.

第四節　認識社會政治現象的理論及其特徵

「明天人之分」

　　自然界與人為的社會——即自然現象與社會現象有著根本的差異。遠自我國古代思想家荀子（荀況，西元前 313-238）就提醒人們要「明天人之分」——自然（天）和人為是不同的，自然界的一切發展和變化是沒有意識，沒有目的的，它是獨立於人的主觀之外而存在的。當代哲學家馮友蘭 (1895-1990) 也強調：「人類社會和自然界是不同類的。人類社會是物質世界的一個特殊領域。它和自然界有本質的不同。在社會中起作用的是具有意識、意志和目的的人，而在自然界中起作用的是無意識的力量，所以人類社會和自然界不是同類的，雖然照另一個意義說，人類也是自然界的一部分。因此，社會中的事情和自然界中現象也不是同類的。」[30]

　　社會科學所要達到的照明效果，與自然科學不同，雖然它也不斷地積極研發，但它不可能達到那些抱持科學信念者所追求的目標，沿襲自然科學的程序與目標也是路徑的錯誤。人類不同於自然界的物質現象，社會科學研究的重點是人類的集體互動行為及其社會。

　　受到自然科學啟發的學者，一昧地崇信歷史發展受自然法的規律，將一切社會現象視同物理現象，排除了人的自由意志和抉擇因素，以為靠著科學就可神奇地治療世間的不幸，並能改變人的本性，這種貶抑人的意志，讓一切變得合理化，一切「本應如此」的見解，可說是將人視同穩定的物質，漠視了一切人為的可塑性和可能性。

　　事實上，自然現象與社會現象之間，並無類似之處，人文社會的研究必須依據特有的原則來研究。吾人認為，以科學求實的態度與精神對社會現象進行經驗觀察與比較，這種追求「實然」的態度是學者所應學習的；

[30]　馮友蘭著，《中國哲學史新編》，臺北：藍燈文化，1991 年臺初版，第二冊，頁 347。

但不能被「科學」所蒙蔽，社會科學的理論並不是確定、終極的知識，而只是大膽的假設。社會現象變化的因素至為複雜，很難全面掌握，更何況社會永遠處在「臨變的狀態」(state of becoming)。無論是自由主義學者或新左派思想家對實證主義的批判，都是不可漠視的警惕。對於政治社會現象的研究，學者應避免陷入社會實證論的科學主義窠臼中，除應運用經驗分析外，也應詮釋理解和反省批判；漠視人本或經不起理性批判的理論，遲早會淘汰。

　　兩漢時期的大思想家、《論衡》一書的作者王充也提醒人們認識必以客觀實在為對象，王充稱之謂「知實」，真正的認識必與客觀實在相符合，這就是王充所謂的「實知」。[31]這種「實知」需要一種實事求是的態度。王充也是中國思想史上少見的批判家，王充作《論衡》的目的就是「疾（批判）虛妄」的言論和學說。

　　對於客觀實在之認識，只憑感官觀察認識不僅不夠，也可能不正確，因為有可能被虛像所欺騙。所以，認識上，王充指出，感官是認識客觀實在的初步，除了透過感官觀察認識外，還要用「心意」，即理性，加以檢視，他稱之謂「詮訂」，如此才能排除「虛像」，接受真正反映客觀實在的認識，獲得去偽存真的認識。王充進而認為用理性加以「詮訂」的任何理論或知識要有應用性，即王充所說的「掇以論說」，而且真理也是要透過實際實踐效果來檢驗的。

「名」與「實」

　　人最先是透過感性去認識外在事物，從中區別分類事物特質，進而提昇到理性的認識，有了概念，並進而命名，以茲確定和辨別。在面對實際的具體思維時，「名」要以「實」為根據，「名」相對於客觀存在的「實」而言，「名」是客觀事物的稱號，是後有的人為創造，是必須要依靠客觀的事與物才有的稱號，所以「名」的內容是概念，人透過「名」和其概念認識事物。事物的客觀規律稱為「理」，理是客觀存在的，這個理要靠「言論」

[31]　《論衡》・〈知實〉、〈實知〉。

去表達，現今稱之謂「理論」(theory)。這種要解釋客觀存在規律的「理論」
——「理」的言論，是後有的，是人的發現和判斷，人透過理論解釋和認
識客觀存在的規律——「理」。但吾人必須指出的是，人文社會學的理論並
不能盡然地解釋社會現象。人依據理論可能推斷、解釋未來約略的走向，
但未來的事情是不能預知的，理論只是幫助人們理解可能的發展。人對於
客觀世界一切的認識，必須依靠名和理論，它們是認識外在事物，以及思
維，或是知識交流上必須依賴的工具。

　　人類的言論有著「比喻」(metaphorical) 的特質，盡其可能地對客觀事
物表達出相似類比的內容；言論中所使用的用語、名詞是使用者的活化運
用，但有時很多學術上的爭論就是陷入文字的爭辯 (verbal fireworks)，這種
辯論好似玩弄名詞，以致更遠離實體。

　　早從柏拉圖就指出：人們之間的爭論的主要原因，大多出在界說的差
異和分辨的不同，從而導致互相有似抬槓的對立；這種文字上的爭辯，偏
離實質的討論。❸❷這種名詞上的爭論，其實也落入了孟子所說的「以辭害
意」。同樣的資料，也可因每個人立場的不同，可以有很多種詮釋，詮釋者
有意或無意識地，受自己的「背景知識」影響，表達出自己的解釋，以致
爭論的經常是一件事的不同面向。

　　對於現象和事物的概念名稱，很多會隨著時代的變化，以不同的新名
稱出現，這些概念上本來就容易引起爭論的名詞，也可能在原創者的意圖
之外，被後人舊字新用，以致更增加了對其意涵的爭論。事實上，語言和
文字的表達不僅容易因名實之間不能完全相符，或因文字與所描述的實體
間的對焦差異引起爭論，而且運用上也重重地被情緒所包圍；況且，有時
由不同語言引用時，還有可能帶來了翻譯上的變化。這也就是為什麼柏拉
圖要提醒人們，在研究問題時，應特別注意此種文字上的爭議成分。因此，
吾人認為，面對一些難以理解和運用的專有名詞，要勤於明辨，並細心思
考、推敲，找出關鍵性的同義字，以理解這些用語的意涵，更正確地確定
問題，這種習慣有助於研發更適宜的術語。再者，對於過去的思想和主張，

---

❸❷　Plato, *Republic*, a new translation by Robin Waterfield, Oxford: Oxford University
　　Press, 1993, 454a, p. 165.

不要把其內容中文字的意義，侷限的過於嚴格，這會阻礙認識，也不利於視野的擴張，以及思想的承續發展。

對於定義各種現象的名詞，無論過去或當今的學者，也都是發揮想像力，其中當然也有很多文筆較差的名家，所賣弄的「學術術語」與文筆，對所觀察研究的問題並未能提出清楚的解釋，甚至令人有不知所云的情事，且也未能排除情緒和價值之負載。遇到這種情況，入門者可先試著推敲和揣測作者的用意，到底想要表達什麼，這種好學的思考習慣，不僅能清晰自己的思維，警惕自己的解說方式，也有助於研發更適宜的術語。

類別概念——理論分類

社會現象至為複雜。在認識社會現象時，感性認識的對象是殊相，重視的是殊相的特點；理性認識的對象是共相，重視的是共同點，學術上「理論分類」(theory types) 的認識就是理性認識。理性認識擱置殊相的萬種差別，偏重共相及規定性，因此理性認識比感性認識來得抽象。但人類的認識必須超越具體，愈是龐雜事物，如社會整體，則愈要理性思維；由於概括、化約，因此令入門者覺得接近抽象思維。

學術上為了分析和解釋上的方便，在人文社會學中，面對龐雜的人文社會現象，經常要進行「理論分類」的創造，如對階級的分類，然階級之間並沒有真實的分隔，而是學者主觀的劃分，取樣分類說明，以便於解釋。對此，社會學學者韋伯習稱「理想類型」(ideal types)，或稱「純類型」(pure types)，㉝吾人可更通俗地稱之為「樣版類型」。

「理論分類」或「樣版類型」是將事實的某些面向，予以「片面的突顯陳述」(one-sided exaggeration)，突顯出幾種類別來比較，甚至更簡易的方法是二分建構「極端類型」(polar types)，試以兩極對立比較，或跟事實相對照。這種「類型」、「類別」概念，在人文社會現象的解釋上，扮演重要角色。但吾人應將這些「類別概念」(categorical concepts) 運用成「變數

㉝　Max Weber, *Economy and Society: An Outline of Interpretive Sociology*, pp. 20–22.

概念」(variable concepts) 以茲靈活運用，不要拘泥或受限於這或那的選擇，而是看比較接近哪一種，因為標出的幾種樣版類別只是假設、設定的狀況，為此韋伯一再強調：類型之間是存在「連續體」(continuum)。

　　吾人認為人文社會學的分類研究，做法上要注意三項重點：一、要先區別「類」；二、命名，以明確某一類之所以為某一類；三、實體特徵要合乎名稱定義。類有大有小，類中也可有類。每個名都有其內涵，規定了這一類的特徵，名的外延指出這一類具體的個體。再者，吾人要提示的是，學者以類型概念分別社會的歷史或發展上的轉型，如農業社會、工業社會和後工業社會，由於這些概念全根植於歷史，因此從概念中也可看出時代感和對歷史趨勢的某種看法。此外，活用、澄清和批評舊類型，想像和建構全新的分類，也是學術發展的現象。

政治社會學的理論

　　政治社會學的理論是要幫助人們更清楚地認識政治社會，並促進政治社會之研究。然而理論普遍在人文社會學中並不享有很大的信譽，這是因為很多思想和理論脫離現實，不以客觀的事實為根據，用些名實不符的專家用語，談些空洞不實而又令人不解的言論所造成。而且吾人也必須指出的是，任何人文社會科學的理論，都不可能對人文和社會現象給予精確的解說，人們只能從參考的角度來運用理論，而不是將理論視為是一種恆久的社會法則。

　　學者的解釋是一種理論見解，科學家的觀點也是理論觀點，而政治社會學所要觀察的現象，並非是唯理性的內容。今日的人文社會學者也都同意，社會科學的理論只是對某種社會現象解釋的幾種可能說法之一，因此，對任何宣稱必然性的理論，應抱持著存疑的態度。

　　理論就有如望遠鏡，藉以觀察現象，但由於品質的不同，效果的差異也很大。在字源上，英、法語文中的「理論」(theory; *théorie*)，源自古希臘文，意指「觀察」，也指藉以理解自然現象之工具。❸❹ 人文社會科學理論的

---

❸❹　Gaston Bouthoul, *Sociologie de la Politique*, Paris: PUF, 4 ème édition, 1977, p. 96.

建立，始自對事實現象之感知、領會及認識，繼而持續觀察和反思，以及假設和驗證，理出因果法則的理論。由於沒有完美的理論，因此理論不斷地面臨驗證的考驗，也要一再地予以修正和補充，因為理論的目的在導引我們看清事物，因此當達不到解釋的目的時，就必須改善理論。

由於社會科學的各種理論，並不像純科學的原理那樣永恆不變，因此必然會遭受到新理論的挑戰和補充，甚至徹底推翻了舊有的理論。古典的社會學理論雖然缺少科學的準確性，卻至少為後人發展新的理論奠定了基礎，而且從過去的理論至少也可瞭解一些該時代的社會現象與難題。

解釋政治現象的政治理論，致力解釋實然的現象，有要符合「科學」的解釋意願，並不想引發信仰；當理論發展成「學說」(doctrine) 時，則有引發信仰的用心，而且有領導和宰制學術研究方向的意圖，也有可能被政治行動的領導者奉為中心信仰，並進而成為向群眾佈道的救世信仰，即出現「政治神話」(political myth)、烏托邦 (utopia)、「意識形態」(ideology)、「政治處方」(political formula)，甚至是「高貴謊言」(noble lie) 的功能，而其核心內容就是吾人所稱的「政治福音」。❸⑤

事實上，無論是社會科學的理論或是學說，所表達的見解和主張，只是現象的形式與抽象狀態，即使是令人深奧難懂，其實都是膚淺的原理；任何思想家和理論都跳脫不出所處環境的侷限，也很容易受到個人的情感偏好和希望所左右。因此，學者不應偏執於某一學派的理論，或刻意強調某一種見解才是對的。就如馮友蘭所指出的：「客觀的世界是無窮無盡的，人類對於客觀世界的認識和改造，也是無窮無盡的。人對於客觀世界的每一點認識都只能是相對的真理。相對真理的總合才是絕對真理。人類只能於認識客觀世界的過程中才能逐漸接近絕對真理。接近是接近了，可是永遠得不到絕對真理。因為這個過程是無限的。改造客觀世界也是這樣。……如果認為這些過程有一個終結那就違反了辯證法。」❸⑥

❸⑤　對高貴的謊言、烏托邦、意識型態、政治神話或政治處方，以及其核心內容——「政治福音」的研究，可參：王晧昱著，《追逐理想國：政治福音與社會重建》，臺北：韋伯文化，2000 年，頁 1–36。

❸⑥　馮友蘭，《中國哲學史新編》，臺北：藍燈文化，1991 年臺初版，第二冊，頁

　　人類社會的複雜性，不是某一學派所能單獨掌控的，任何理論都是局部觀點 (partial view)，往往重視了某些面向，而忽略了其他面向。各種理論的差異主要源自於其觀測和重視的角度不同而引起，因此吾人應試著去綜合各家學說，將片面的看法，造就成互補的理論。而且為避免個人思想見解的偏執和專斷，吾人必須時時檢視不同的見解，客觀地評價優劣，以避免個人見解的偏執和專斷。

　　至今，社會科學的眾多研究成果皆有可議性，社會科學中所提出的解釋理論，並無絕對的精確度，更無放諸四海而皆準的法則，所強調的「社會實相」觀點，只不過是一種可能的解釋，或局部的近似情況，而且很多被認定為大師級學者的見解，都避免不了夾雜著情感的價值判斷，甚至有些也武斷地強調必然性 (necessity) 或「決定論」(determinism)，忽略社會事實和因素的多樣性，有時還陷入了文字之爭。而且自古以來的學者，無論中、西，普遍展現一種習性，讓自己立足於「中心主義」，尤其展現「種族中心主義」(ethnocentrism) 的主觀偏見立場，總是自為中心，以自己的視野和社會文化為標準，來衡量其他社會。

　　事實上，各家所主張的不同見解，往往是不同興趣的表達，講述的只是現象中的部分現象，因此不應偏執於強調自己才是「科學」的見解，或以敵視的態度貶抑他人的見解，這會阻礙真理的追求。至今，任何人文社會學的學說，皆無力全面掌握社會事實，普遍暴露的缺憾是獨斷性，總是將社會變動的決定性因素，簡化為某一單一因素；因而這種可議的見解，啟發出反派的見解，進而形成各派固執地為自己的主張辯解的局面。

學派的對立——「一曲之士」

　　不論在何種學術領域中，每因立場和視野的差異，不時有學派的對立。在人文社會學界，除非官方有所壓制，否則各學派思想也都很快出現分化的現象，這在中、西學術的發展史上皆是普遍的現象，晚近的例子如馬克思學派。對於這種現象，中國古代學者就一再有所提醒，如春秋時期的各

169。

重要學派，到戰國中、後期都出現了分裂。以儒家和墨家為例，韓非就指出：「孔墨之後，儒分為八，墨離為三，取捨相反不同，而皆自謂真孔、墨」。❸❼韓非接著說：「孔子、墨子俱道堯、舜，而取舍不同，皆自謂真堯、舜。堯、舜不復生，將誰使定儒、墨之誠乎？」❸❽所謂的「真孔、墨」就是強調「正統」(orthodoxy)。面對著雜學的對立，和思想、見解之混亂，韓非建議要多比較研究、檢驗言論，韓非稱之謂「參驗」，不可曲於浮華之見和玄虛之辭。

　　韓非之師，戰國末期集各家思想大成的荀子指出只偏限在一面，而忽視到另一些面向，就是認識上的片面和偏限。荀子在其〈解蔽〉和〈非十二子〉兩篇中，指出先秦諸子學說的片面性，並對當時的學說進行了批判。荀子稱偏執於「道之一隅」者，為「曲知之人」，雖「持之有故，言之成理」，但都是片面的見解，也都各有所蔽，都是「蔽於一曲，而闇於大理」的學者。

　　荀子警惕人們應致力克服認識世界的片面性——「凡人之患，蔽於一曲，而闇於大理。」❸❾各家學說的最大毛病都在於認識上的局部和偏頗，也就是「一曲」，而不明「大理」，甚至有些人只想看到想看的一面，而忽視其不想看的一面，因而有所「蔽」。荀子提醒人們對於一切現象、事物的認識，應總體宏觀地檢視，避免「偏傷之患」，好惡、取捨各方面皆要權衡，仔細檢視考量，❹❶因而荀子也提出「兼陳萬物而中懸衡」的主張。❹❶「懸衡」即比較分析之意，在分析中透過「徵知」即理性思維，虛心地不受已有的認識影響，來理出新的知識，而學者的責任在正確面對研究對象之後，致力將現實與理想相結合。荀子認為，「心即天君，感官即天官」，意思是說，思維（即心、天君）對感覺經驗的分析和比較，有校正作用，謂之「徵

---

❸❼　《韓非子》‧〈顯學〉。

❸❽　同上。

❸❾　《荀子》‧〈解蔽〉。《荀子》一書，參比：熊公權註譯，《荀子今註今譯》，臺北：商務，1984 年修訂初版。蔣南華、羅書勤、楊寒清譯注，《荀子》，臺北：臺灣古籍，1996 年初版。

❹❶　《荀子》‧〈不苟篇〉。

❹❶　《荀子》‧〈解蔽〉。

知」，心智校正感覺經驗就是理性思維的過程。

　　韓非承繼這種主張，認為對於社會問題的掌握，應立於可以客觀總攬的高度，著眼於它的整體大局（「大體」），才能掌握關鍵，從而採取有效的治理辦法。韓非認為要判斷一種言論是否正確，要看有沒有「功用」，要檢視其實際的效果。如能達成所預期的目的，有實際的效果，那就是正確的言論。韓非說：「夫言行者，以功用為之的彀者也。」㊷辨別之法，用韓非的話就是要「參伍之驗」，執「眾端以參觀」。㊸韓非的「參伍之驗」即指比較研究；「眾端以參觀」指不可偏執一方，而應從多方面觀察。在參伍比較時，要排除好惡和一切主觀的成見和偏見，以客觀的虛心的態度觀察。

第五節　政治社會學的研究

無所謂社會科學的科學方法

　　社會科學的方法是學者試圖理解社會現象所採行的研究程序，而「方法論」則是對方法的研究；然而標榜「科學」走向的社會學者，在這些方面所表現的總是玄奧和僵固。為此，米爾斯曾引用兩位諾貝爾物理獎得主的見解，以提醒人文社會學界。諾貝爾物理獎得主庫士 (Polykarp Kusch) 曾論及自然科學的方法時說：「世界上沒有所謂的『科學的方法』(scientific method)，一般所謂的科學方法，只是勾勒出一些相當簡單的問題」。另外一位諾貝爾物理獎得主布立基曼 (Percy Bridgman) 則說得更白：「無所謂科學的方法，科學家在程序上所要做的，只是盡其心智，不受任何限制。」㊹

　　事實上，現今的社會科學方法都是些平凡的見解，很多都是用些艱澀、僵固的方式說明方法，甚至與現實間也難有關連性，也都不能單獨地成為研究人文社會現象的工具。而米爾斯就認為，每位社會學者為自己的研究

㊷　《韓非子》‧〈問辯〉。

㊸　《韓非子》‧〈備內〉。

㊹　引自 C. Wright Mills, *The Sociological Imagination*, op. cit., p. 58.

應發揮自己的方法和理論——成為「學術藝師」(intellectual craftsman)。❹

　　現今人文社會學者好以「統計」做符合科學的包裝，事實上統計操作並非經驗研究的唯一方式，量化的研究也不是傳統社會學家所認為重要的問題。對社會問題的研究，統計學在某種程度上可以瞭解社會中的某些現象，並發現問題，如從人口比率看到未來將會面對的問題，如人口的老化、青少年人口比率之日益下降的倒金字塔結構，促使政府應該採取因應的措施。統計在「民意」(public opinion) 和「投票行為」(voting behavior) 的研究方面，雖強調其科學性，但民調並不能一勞永逸地確定民意的特徵。❻人的選擇偏好是很複雜的，以致社會的政治現象，如同美國學者米爾斯所強調的，不是一切都可以「抽象的經驗論」(abstracted empiricism) 的見解和術語來表達的。統計操作對某一時期某一個小鎮城市的瞭望或許有效，但不能以此充當研究的「樣本區」(sample area)，來代表一個國家政治上的總體動態；這種抽象的經驗論也完全無力重視，以致漠視時代中的重大社會問題與人類議題，看不到人與社會。❼米爾斯進而指出，對社會問題的「應用科學」——統計操作，傾向於分散關注點，從事零散的事實調查。這種

---

❹　米爾斯認為：「研究方法論之後……，失去先前自信的社會學者，……最好別碰方法論」。C. Wright Mills, *The Sociological Imagination*, op. cit., p. 123.
　　米爾斯所謂的「學術藝師」，要有的學術態度是：一、避免任何僵化的研究程序，尤其要發揮「社會學的想像力」，排除方法和技術崇拜，每個人為自己的研究可創立自己的方法和理論；二、寫作要簡明扼要的陳述；三、作品必須是跨歷史 (trans-historical) 建構，緊密地連結到歷史現實的層面；四、對大結構研究，選出要詳細研究的情境，並理解情境與結構間的交互作用；五、認清目標，比較世界史中曾有和現有的社會結構；六、注意人性的一般特質，以及其歷史形象，反復檢視修正對歷史傳記的和社會結構的理念，精神上要有人和大歷史變遷方式多樣性的認識；七、研究上應承繼古典社會學的分析傳統，不要將人視為是可孤立理解的部分，或是自主、自屬的系統單元，要瞭解人是歷史和社會的施動者，社會的問題之研究必須與社會歷史結構相連接，且應致力瞭解當前的時代結構和走向，以及其態勢和意義；八、堅定道德和政治的自主性去研究社會問題，不屈就官僚習氣，揭開公共議題的人文意義，連結人類的煩惱和生活問題，透過社會學的想像改善人類生活的品質。(pp. 224–226.)

❻　Alfred Max, *La République des Sondages*, Paris: Gallimard, 1981, p. 9.

❼　C. Wright Mills, *The Sociological Imagination*, op. cit., p. 54, 73.

雖與事實有關的調查，在思考上卻往往沒有全面考量到社會結構問題，即漠視「有機的整體」(the organic whole)；所選擇的研究問題，以及問題的形成，皆受制於所認定的「科學方法」，從而造成「方法上的抑制」(methodological inhibition)。❹而且那些調查的細節和數字，不論有多麼豐富，很快就成為舊資料。

吾人並不全然反對對問題的細部研究，但從事細部研究應選擇有結構意義的問題，以統計和一般性論點相互佐證。雖然不少學者責怪美式自滿於大量堆積經驗觀察的社會科學，且在本書中引用的統計研究成果甚少，但還是建議讀者要留意，在問題的細部研究上應予以參考，以防偏頗。

政治社會學的洞察力

無論強調何種方法和理論，重要的是要能活絡對人文社會現象的研究，而不是侷限和僵化研究，或受制於方法和理論的牽制。事實上，不可能有放諸四海而皆準的方法，不同的領域需要不同的方法，甚至還要活用不同的方法。理論只是某種現象的理論，學者要以邏輯關係相稱的確切語句，概括說明所觀察到的現象。研究政治社會為的是瞭解政治上的實際與具體的情況，因此，在謹慎檢選和運用資料之餘，還必須結合歷史、文化、法律和政治等面向的研究成果，其治學方法不是「唯理主義」或過於理想主義的探研，而是重視歷史與經驗的觀察，因而要擱置純理的抽象假設演繹和遙遠的政治理想。

在人文社會學領域中可以有許多種不同的研究風格。人文社會學的客觀性乃是要不斷地釐清問題，而不是要寄望於科學方法至上的教條。至今，人文社會學的研究，無論對過去或現在，都是靠研究者為求有所理解的洞察力，對此，美國學者米爾斯稱之謂「社會學的想像力」(sociological imagination)。這種社會學的想像力也能使我們突破所處時代的侷限和思想限制，也能透過這種想像關心未來的各種可能性。❹

---

❹　Ibid., p. 57.

❹　對「社會學的想像力」，另可參紀登斯的詮釋：Anthony Giddens, *Sociology: A*

　　對政治社會問題的探研，有賴研究者的心智和強烈的求知動機，以及敏慧的洞察力，來理解人類社會的政治遭遇，而且也透過他們的「省思」，來督促社會的政治革新，因此政治社會學的研究也有著文化使命。

歷史取向的政治社會學

　　政治社會學的研究要表現出它的歷史取向，因為政治社會與歷史是不能完全分隔的領域，社會中的任何政治現象必須要將它安置在它特有的人文、歷史、文化等客觀環境中，檢視其發展。任何思慮周全的政治社會研究，構思上要有歷史的視野且要充分運用史料。西方學界所推崇的「社會學創始者」──孔德就一再提醒學者，要重視社會的歷史結構，從總體宏觀的視野，去瞭解社會現象，將問題安置在人文歷史的大環境中，去檢視、研究問題，因此這種研究取向也必然會相對於過去做「比較研究」，這不僅有利於理解問題發展的脈絡，從中也可能歸納或勾勒出發展的規律出來。無論是孔德、史本塞、涂爾幹、馬克思、或是韋伯等人的社會學，均重視歷史發展，為了理解並解釋工業社會的特徵，皆將工業社會安置在社會歷史發展的脈絡下解釋，因此學說中必有社會發展的內容，並提出系統解釋社會發展的一般性「總體理論」(grand theory)，歸納出人類社會發展的重要「階段」(the stages)，但一旦要像馬克思那樣，做出有如先知般的預言時，就會展現許多錯誤。

　　事實上，無論是重宏觀的古典作品，或是後來不易被遺忘的名家作品，研究上所重視的核心問題都是現實問題，總是從宏觀的歷史層面來解釋現實世界的問題，至今這類作品並不缺乏經驗性格，如對統治階級的研究、對政治神話和意識型態的研究、對革命的研究、對納粹的研究、對蘇聯極權政治的研究、對社會衝突的研究等，都未遠離現實世界。

　　要理解一個社會就必須要理解其歷史。政治社會問題的探研和陳述，必須與社會歷史結構相連接，而歷史觀點會引領吾人著重變遷的比較研究。由於每一個國家的歷史文化皆有其特殊性；因此，比著致力國與國的比較

Brief but Critical Introduction, op. cit., pp. 13–22.

而言，吾人重視的「比較」是與過去的比較，一國發展經驗的比較，這種歷史性的比較有助於檢驗「趨勢分析」(trend analysis)，並歸納出「階段類型」(typology of phases)。因此，吾人重視的比較，比之當代含意的「比較」而言，重視並尊重各自的獨特差異，相信各國的政治制度或政體，與其社會的歷史和傳統文化有著內在聯繫。

在此吾人也必須提醒的是，很多歷史的「事實」，可能夾雜著史家或研究者個人的同情或好惡，以致曲解事件，導致蒙蔽和誤導，對此應謹慎防範和檢視。總之，研究政治現象要有整體觀照的宏觀視野，因為整體關係著局部，只注意局部而忽略整體，往往不能從根本上瞭解問題之所在。事實上，缺乏整體觀照在現代政治學以及人文社會學中，是屢見不鮮的事實。

政治社會學研究之重要原則

對政治社會學的研究，為有效提昇研究者的洞察力，吾人要點歸納重要原則如下：一、客觀的精神，及符合科學解釋的意願，乃是政治社會學和社會科學所要追求的目標；二、政治社會學致力於問事實「是什麼」(what is)，並試以描述和解釋，而不是只強調或追問「應該如何」(what should be) 的規範性 (normative) 問題；三、在抱持著追求實然的態度和立場上，敢於研究，向禁忌挑戰，揭開社會事實的神祕 (debunking)，而不是為習以為常的傳統作辯護，要能瞭解社會的困境，找出社會的「矛盾」(contradictions) 和「對立」(antagonisms) 的問題所在，並尋求解決方案；四、研究過程中，研究的態度應是價值中立 (amorality)，先擱置情緒化的偏好，嚴防陷入中心主義的窠臼中，避免只關心自己社會的地域偏見 (provincialism)；五、檢視政治現象，應採總體宏觀的研究途徑 (macro sociological approach)，並建立宏觀的理論，在理論的導引下理解當代社會問題的成因，並檢測可能的各種發展趨向，社會中的任何情境，無不受結構因素的影響，認識總體結構，探研結構交錯的因素，才能較好地掌握社會困境的肇因；六、政治社會學一定是比較的、歸納的，研究的目的是要理解社會的變遷發展。

在這種基礎上，吾人認為，在理解社會實然情勢之後，也應省思現實

的社會，表達必要的「批判」，因為政治社會學的研究也有著文化使命。

批判的政治社會學──有道德自主性的價值

研究事實需要擱置價值判斷的科學精神，因而在研究政治現象和考察歷史事實時，應先避免以道德家的立場來分析事實。但嚴格地說，任何人文社會學科也無法全然擺脫價值判斷，政治社會學也不可能成為一種完全中立的學術，任何知識和任何問題的研究，最終對研究對象不能不給予必要的批判，尤其對於一些駭人聽聞的事實，予以批判以警世人時，不應被指責為高調或過於情緒。

有關政治的作品最終很難擺脫其價值之選擇，事實上每一位人文社會學者也都避免不了價值的選擇，並蘊含在其所有作品中。然在意識型態宰制的社會中，學者對價值的選擇受到壓制，甚至還要扮演一定程度的意識型態工具角色，為政府的施政辯護。因而，問題的重點在於，面對事實，學者是否有道德自主性的價值，能否澄清自由和理性的理想。

本著文化使命，人文社會學者都應保有「省思的風格」(style of reflection)，其心智會提昇文化的內涵。因此，無論是政治學者或是其他人文社會學領域的學者，應在研究過程中，先釐清事實，把事實從價值中過濾出來，盡可能地在「價值中立」的原則下，先釐清問題，揭露問題的真相，在這樣的研究基礎上，再來捍衛自由與理性，例如在一個民主與憲政都不健全的社會中，試著激勵民主與憲政的成長，是學者應有的政治角色。

如同後來受到「新左派」和「後現代」(post-modern) 學者所推崇的美國學者米爾斯所提醒的，對現實環境的省思和批判，甚至對政治時事的分析都有賴於學者的研究和「想像力的品質」，它是知識活動與文化感受力的活力所在；透過親近的感受和想像力去理解自身與大社會之間密切關係，「讓人類的理性在人類事務上扮演更重要的角色」。⑩英國當代社會學者紀登斯也指出，「作為批判理論，社會學不把社會世界視同一種固定物或已知

---

⑩　C. Wright Mills, *The Sociological Imagination*, op. cit., p. 15.

數 (a given)，而是要提出議論，論那些社會變遷的型態是可行的，且是想要的，而且我們應如何達成?」❺¹

　　政治社會學的研究致力於揭露社會的實然面貌，必要時也要批判現實社會不當的政治現象，這終究是政治社會學所無法擺脫的職責與任務。事實上，政治社會學也是一種有助於抗議運動成長的知識力量，甚至對某些社會——如封閉的社會，帶來顛覆或激勵革命的效果。在很多國家，政治社會學的研究，多被當權者歸類為「左傾」，因其所揭示的真相經常威脅、甚至顛覆到當權者所依賴的合法性基礎——政治「神話」。❺²

❺¹　Anthony Giddens, *Sociology: A Brief but Critical Introduction*, op. cit., p. 157.
❺²　政治社會學的基本參考書：

Tom Bottomore, *Political Sociology*, New York: Harper & Row Publishers, 1979.

Seymour Martin Lipset, *Political Man: The Social Bases of Politics*, Baltimore: Johns Hopkins University Press, expanded edition, 1981. 中譯本：張明貴譯，《政治人》，臺北：桂冠，1991 年。

Irving Louis Horowity, *Foundations of Political Sociology*, with a new introduction by the author, New Brunswick (N.J.): Transaction Publishers, new edition, 1997 (originally published, 1972).

Harold D., *Lasswell, On Political Sociology*, edited and with an introduction by Dawine Marvick, Chicago: The University of Chicago Press, 1977.

Roobert E. Dowse and John A. Hughes, *Political Sociology*, London: John Wiley & Sons, 2nd edition, 1986.

Martin N. Marger, *Elites and Masses: An Introduction to Political Sociology*, Belmont (CA): Wadsworth, 2nd edition, 1987. 此書將政治社會學對焦在統治階級與被統治階級之研究。

Anthony M. Orum, *Introduction to Political Sociology: The Social Anatomy of the Body Politic*, Englewood Cliffs (N.J.): Prentice-Hall, 3rd edition, 1989. 中譯本：張華青等譯，《政治社會學》，臺北：五南，1991 年。

Michael Rush, *Politics and Society: An Introduction to Political Sociology*, Harlow (England): Longman-Pearson Education, 1992.

George A. Kourvetaris, *Political Sociology: Structure and Process*, Boston: Allyn and Bacon, 1997.

Keith Faulks, *Political Sociology: A Critical Introduction*, Edinburgh: Edinburgh University Press, 1999. Keith Faulks 認為政治社會學致力於政治與社會間的互動關係研究。該書中，Keith Faulks 以國家與公民社會 (civil society) 間的權力

關係為分析主軸，且論及全球化對國家的衝擊，以及當代的國家與公民社會的理論。

Kate Nash, *Contemporary Political Sociology: Globalization, Politics and Power*, Oxford: Blackwell, 2000. 中譯本：林庭瑤譯，《當代政治社會學》，臺北：韋伯文化，2001 年；林庭瑤譯，《全球化、政治與權力：政治社會學的分析》，臺北：韋伯文化，2004 年。Kate Nash 向後結構主義認同，可視為是學術論壇上對話的一方，所拋出的議題旨在強調，全球化中傳統主權民族國家式微，其中心地位已然不再。吾人認為，這還言之過早，有待觀察。

Shaun Best, *Introduction to Politics and Society*, London: Sage Publications, 2002. 論及「後現代政治」(postmodern politics)，以及現代社會至後現代社會發展的中心傾向，和新社會運動的發展。

Thomas Janoski, Robert Alford, Alexander Hicks and Mildred A. Schwartz (eds.), *The Handbook of Political Sociology: States, Civil Societies and Globalization*, Cambridge: Cambridge University Press, 2005. 這本書有八百多頁篇幅，其中有一些超出「政治社會學」的內容。

由於作者過去留學法國，因此本書之著作，參考了眾多法文的政治社會學專書，其要者：

Maurice Duverger, *Sociologie de la Politique: Eléments de Science Politique*, Paris: PUF, 1973. 中譯本：黃一鳴譯，《政治社會學：政治學的要素》，臺北：五南，1997 年。

Roger-Gérard Schwartzenberg, *Sociologie Politique*, Paris: Montchrestien, 1977.

Gaston Bouthoul, *Sociologie de la Politique*, Paris: PUF, 4e édition, 1977.

Jean-Paul Buffelan, *Introduction à la Sociologie Politique*, Paris: Masson, 1969.

Georges Balandier, *Anthropologie Politique*, Paris: Quadrige/PUF, 1967.

Jean-Pierre Cot et Jean Pierre Mounier, *Pour Une Sociologie Politique*, Paris: Éditions du Seuil, 1974.

Monique Chemillier-Gendreau et Claude Courvoisier, *Introduction à la Sociologie Politique*, Paris: Dalloz, 1978.

Mattei Dogan et Dominique Pelassy, *La Comparaison Internationale en Sociologie Politique*, Une Sélection de textes sur la demarche du comparatiste, Paris: Librairies Techniques (Litec), 1980.

Mattei Dogan et Dominique Pelassy, *Sociologie Politique Comparative: Problèmes et Perspectives*, Paris: Economica, 1981.

Patrick de Laubier, *Introduction à la Sociologie Politique*, Paris: Masson, 1983.

Dominique Colas, *Sociologie Politique*, Paris: PUF, 1994.

中文的政治社會學專書：

馬起華著,《政治社會學》, 臺北: 正中, 1981 年。

陳秉璋著,《政治社會學》, 臺北: 三民, 1984 年。

南方朔著,《「反」的政治社會學: 近代新反抗運動》,臺北: 久大文化, 1991 年。

洪鎌德著,《當代政治社會學》, 臺北: 五南, 2006 年。

王晧昱著,《追逐理想國: 政治福音與社會重建》,臺北: 韋伯文化, 2000 年。

第二章　從人性論政治

第一節　人──問題中的問題

人類社會所要因應的最大難題就是政治問題，而政治研究上所面對的最大難題就是──人，人是「問題中的問題」(the question of questions)，但對人的知識，至今仍所知不足，只是些浮面的論斷；長久以來，伴隨著時代所出現的政治學作品顯示，人的生性本質 (human nature) 問題，也普遍被忽略。

盧梭 (Jean-Jacques Rousseau, 1712–1778) 在《論人類不平等的起源和基礎》(*Discours sur l'Origine et les Fondements de l'Inégalité parmi les Hommes*, 1754) 一文的序言中指出：「我認為在各種人文知識中，最有用但又最落後的，就是關於『人』的知識」，「認識自己」最為重要，但也是最為深奧的學問。❶

如從人性這個「問題中的問題」論起，並作為政治社會分析的起點，這或許會被很多學者歸類為「馬基亞維利主義者」(machiavellist)──馬基亞維利的信徒。因為馬基亞維利 (Nicclo Machiavelli, 1469–1527) 把「人性」作為政治學探討的起點，「人性論」是馬基亞維利思想的基礎，他對人性悲觀的見解，導致為霸術和君主專制 (absolutism) 辯護。

事實上，在馬基亞維利之前，對人性的探討是傳統政治思想家政治分析的起點，學者雖不一定在其著作的首章中加以議論，但卻散佈於學說的每一角落，成為其政治學說立論的重要依據，本書列專章探討人性，也是為了與後面的章節，在解釋上有所呼應。在此吾人從政治思想史的發展，

---

❶　Jean-Jacques Rousseau, *Discours sur les Sciences et les Arts* (1751), *Discours sur l'Origine et les Fondements de l'Inégalité parmi les Hommes* (1754), Paris: Garnier-Flammarion, 1971.

檢視各時代重要思想家對人性的看法，以及所引申出的政治見解，做出學術上對人性見解的歸納，這或許是突顯人類本質較好的方法。❷吾人先簡要論述中國的傳統思想。

第二節　中國傳統思想對人性的思索

「性無善惡」與「人性本善」

在中國古代思想家所謂的「性」，是指「天性」，其義與英文 'nature' 一字相當。先秦各家對人性的見解頗有出入。依《孟子》一書記載，戰國時期的思想家告子主張「性無善惡」之說，認為人可以為善亦可為惡，他「以水喻性」，指出：「性，猶湍水（急流）也，決諸東方則東流，決諸西方則西流。人性無分於善不善，猶水之無分於東西也」。❸告子認為人的欲望是

---

❷　從人性論政治，可參：

Graham Wallas, *Human Nature in Politics*, Boston: Houghton Mifflin Co., 3rd edition, 1915. 中譯本：格雷厄姆・沃拉斯 (Graham Wallas) 著，朱曾汶譯，《政治中的人性》，北京：商務，1996 年。James C. Davies, *Human Nature in Politics: The Dynamics of Political Behavior*, New York: John Wiley and Sons, Inc., 1963. Robert Denoon Cumming, *Human Nature and History: A Study of the Development of Liberal Political Thought*, Volume One, Chicago: The University of Chicago Press, 1969.

對人性的一般性論述：

Edward O. Wilson, *On Human Nature*, London: Penguin Books, 1978. 中譯本：Edward O. Wilson 著，宋文里譯，《人類本性原論》，臺北：桂冠，1992 年。Christopher J. Berry, *Human Nature*, London: Macmillan, 1986. Roger Trigg, *Ideas of Human Nature: An Historical Introduction*, Oxford: Basil Blackwell, 1988. (Plato, Aristotle, Aquinas, Hobbes, Hume, Darwin, Marx, Nietzsche, Freud, Wittgenstein)

中國人性論的一般性論述：

徐復觀著，《中國人性論史——先秦篇》，臺北：臺灣商務，1969 年。

臺大哲學系主編，《中國人性論》，臺北：東大出版，1990 年初版。

❸　《孟子》・〈告子篇上〉。《孟子》一書，依據：朱熹彙編，林松、劉俊田、禹

自然的，自然界是無道德或不道德的屬性分別，因而主張性無善、無不善之說，認為人的價值與道德判斷並非與生俱來，而是社會文明的產物。事實上，告子的主張承襲墨子（墨翟，西元前 468–376），告子曾受教於墨子。墨子認為人生來如白絲，「染於蒼則蒼，染於黃則黃」。❹墨子、告子、以及後來漢朝時的淮南子等人，均認為人性如一張白紙，染上那種顏色，就是那種顏色的紙，善與惡都是後天環境影響，人性是無所謂善惡。

　　對人性的議論，在中國最被樂道的是孟子（孟軻，西元前 372–289）與荀子（荀況，西元前 313–238）。之前，孔子有關人性的言論只約略提到：「性相近，習相遠也。」從這句話推敲，孔子認為賢或不肖是後天環境的影響，而且強調：「惟上智與下愚不移」，認為人性有上下品級之差別。❺戰國時代中期的孟子認為「人性本善」，將上智與下愚平等看待，說「人皆可以為堯舜」，這已有別於孔子的見解。孟子指出「生之為性」，所謂「性善」，是指每個人本性生來就有善「端」，「端」就是根源的意思，他指出人有「四端」：「惻隱之心」、「羞惡之心」、「辭讓之心」、「是非之心」；從「四端」進而昇華為「仁」、「義」、「禮」、「智」「四德」。孟子認為只要肯「為」，盡心發展「四端」、「四德」，「人皆可以為堯舜」。❻因此，關鍵在於是否肯「為」，以致不是每個人都能成為堯舜——聖人。

　　孟子的性善說認為自然界有道德屬性，他相信人的可塑性，為了勉勵人發展高尚的人格，而主張「性本善」。但在根本上，孟子也指出：「人之所以異于禽獸者幾希，庶民去之，君子存之。」❼由於一般人是拋棄善端，而君子是要「存養心性」，以致有君子和庶民之差別。這就使得孟子的「性

　　　克坤譯注，《四書》，臺北：臺灣古籍，1996 年二版。

❹　《墨子》‧〈所染〉。《墨子》一書，依：墨翟原著，李漁叔註譯，《墨子今註今譯》，臺北：臺灣商務，1988 年六版。周才珠、齊瑞端譯注，《墨子》，臺北：臺灣古籍，2000 年。

❺　《論語》‧〈陽貨〉。

❻　《孟子》‧〈告子下〉。

❼　《孟子》‧〈離婁下〉。孟子的理性主義導引出：「民為貴，社稷次之，君為輕」的政治理念，表現出「貴民思想」。孟子重視人民的力量，認為「君有大過則諫之」，必要時甚至可把國君趕下臺，有革命的權利。

善」說，與荀子的「性惡」說差異不大，主要在於著重的面向不同。

「人性本惡」

戰國末期，批判各家、又集各家思想大成的荀子則認為「人性本惡，其善者偽也」。「偽」的意思是指後天「人為」教化的結果。荀子說：「……生之所以然者謂之性。……性之好惡喜怒哀樂謂之情。情然而心為之擇，謂之慮。心慮而能為之動，謂之偽。慮積焉，能習焉，而後成，謂之偽。」❽「性」是指人的自然本質，面對外在一切事物有好、惡、喜、怒、哀、樂，謂之情的自然反應——「天情」。但人的「天性」也會受「心」的節制——即思慮的影響：「天性有欲，心為之制節」。❾在荀子之學的用語中，心又被稱之謂「天君」，「慮」即思慮，「能」即知能，皆屬「心」的作用，對於本能反應的「情」，予以節制或抉擇。由於這些行為的表現皆受制於思慮，思慮的累積、學習而有的昇華都是「偽」，即「人為」的調整。

荀子指出：「今人之性，生而有好利焉，順是，故爭奪生……；生而有疾惡焉，順是，故殘賊生……；生而有耳目之欲、有好聲色焉，順是，故淫亂生……。然則，從（縱）人之性，順人之情，必出於爭奪，合於犯分亂理而歸於暴。」❿荀子的這段話，終究在強調：放縱人的性情，不加節制，最終會導致暴亂，如此就無法導向「正理平治」之理想社會。對此，荀子認為「化性起偽」——或用佛洛伊德的心理學用語來說，就是有「昇華」(sublimation) 作用的社會秩序、道德、價值、文化及一切典章制度的建立，這都不是自然產生，這都來自「聖人」的教導。⓫

相較於孟子所謂「人皆可以為堯舜」，荀子也贊同「塗之人（塗通「途」，指普通人）可以為禹」的說法，但兩者有所差異：孟子認為在人的本性中就有善端，先天就有道德觀念，只要將之發揚就可成為聖人；荀子則否，

---

❽ 《荀子》・〈正名〉。

❾ 同上。

❿ 《荀子》・〈性惡〉。

⓫ 同上。

認為道德的品行必須靠後天的學習。荀子進而指出：理論上，人雖藉助學習可達到聖人的境界，但卻不是每個人都有毅力去追求這種境界，因而有君子和小人、好人和壞人的差別。荀子強調：「能不能之與可不可，其不同遠矣」。⑫由於人的天性是惡的，是有破壞性的，以致人文的產物、人道的制度都是脆弱的，因而荀子進而主張「隆禮重法」的施政理念。⑬

　　荀子的弟子韓非——法家學說之集大成者，受其師荀子的影響，亦主張性惡說，指出人之利己心，強調「不可信人」的見解。⑭韓非之論利己心，言詞犀利無比，指出：「然父母之於子也，產男則相賀，產女則殺之。此俱出父母之懷妊，然男子受賀，女子殺之者，慮其後便，計之長利也。父母之於子也，猶用計算之心以相待，而況無父子之澤者乎。」⑮韓非另在〈備內〉一文中警惕君主「不可信人」，並提出一系列防奸措施。韓非也提醒君主只靠德政仁義是不能治國的，君主當以務實的心思決定大政方針，遵守「明主峭其法而嚴其刑」的施政原則，並提出法、勢、術相互為用的主張，認為無法不能統一政令，無勢不能行法，無術不能控馭臣下。

「善惡混」的見解

　　中國的思想到了漢朝，對於人之天性見解，曾出現「善惡混」的見解。揚雄（西元前 53—西元 18）在其《法言》一書中強調：「人之性也，善惡混。修其善則為善人，修其惡則為惡人。」⑯揚雄「善惡混」的見解，在解釋上並用了性善和性惡之論說。但這種「善惡混」的見解，與下文王充所稱道的周人世碩的創見——「有善有惡」，在王充的認知上是有所不同的。⑰

---

⑫　同上。

⑬　荀子也有重民思想，如把君民關係比作舟與水，「水則載舟，水則覆舟」，沿襲了儒家重民思想。《荀子》·〈王制〉。

⑭　《韓非子》·〈備內〉。

⑮　《韓非子》·〈六反〉。

⑯　《法言》·〈修身〉。揚雄的《法言》一書，依據：汪榮寶撰，陳仲夫點校，《法言義疏》，北京：中華書局，1987 年。

⑰　周人世碩（春秋陳國人，孔門七十弟子之一）的著作《世子》早已失散，只有

　　先前曾提及告子、墨子、以及後來漢朝時的淮南子等人，均認為人性如一張白紙，是無所謂善惡。當漢朝統治者開始罷黜百家，定儒家為一尊時，與「獨尊儒術」相抗衡的淮南子劉安（西元前 179–122）認為，人生來純樸天真，沒有仁義的屬性，但這種自然本質，對人與人互動和群體而言，就有善與惡的後果，必須靠後天教養來從「善」。他說：「人之性無邪，久湛於俗則易，易而亡本合而若性。」⑱ 這句話的意思是說，人之性生來純樸天真，沉溺於世俗後，本性變易，失去根本，合於他性，而自若本性。淮南子認為「善」與「惡」是社會才有的價值分別，因而對人的教育是非常重要的，必須透過教育來改變人，以期成為社會所認定的品德高尚和有才能的人。但淮南子也強調，在品質上終究沒有所謂十全十美的人，只能追求至善，即使聖賢也是有缺點的：「智者之所短，不若愚者之所修；賢者之不足，不若眾人之有餘。」⑲ 淮南子強調人人應在紅塵道場中學習：「自人君公卿，至於世人，不自彊（強）而功成者，天下未之有也。《詩》云：『日就月將，學有緝熙於光明。』此之謂也。」⑳

　　孟子說人性善，人生來就有道德品質，惡是後天環境的產物。荀子則認為人性本惡，善的品質是後天教育的結果。兩漢時期的大思想家、《論衡》一書的作者王充，致力於調和各家說法，認為孟子的性善說、荀子的性惡論，以及告子的性無善惡說雖有一定的事實為根據，但都「未能得實」。王充認為周人世碩的性有善有惡說「頗得其正」，認為「人性有善有惡，猶如人才有高有下也」。王充在孔子「惟上智與下愚不移」的認識基礎上，把人

　　王充《論衡》‧〈本性〉篇中略述其說：「周人世碩以為人性有善有惡，舉人之善性，養而致之則善長；性惡，養而致之則惡長。如此，則性各有陰陽，善惡在所養焉。」

⑱　《淮南子》‧〈齊俗訓〉。
　　《淮南子》一書，依據：王繼如譯注，《淮南子譯注》，臺北：建安出版社，1998年初版。《淮南子》一書因「淮南王」而得名，可以說是漢朝黃老之學的論文總集，是與中央統治者「獨尊儒術」相抗衡的代表作。

⑲　《淮南子》‧〈修務訓〉。

⑳　同上。《詩》中的這句話，意思是說：要日日有所成就，月月有所奉行，學而奮行，至光明之境。

分為三類，指出人有上、中、下之差別：「孟軻言人性善者，中人以上者也；孫卿言人性惡者，中人以下者也；揚雄言人性善惡混者，中人也。」㉑王充認為人受到出身環境和教育的影響極大，他說：「論人之性，定有善有惡。其善者固自善矣，其惡者故可教告率勉，使之為善。凡人君父，審觀臣子之性，善則養育勸率，無令近惡；近惡則輔保禁防，令漸於善。善漸於惡，惡化於善，成為性行。」㉒對人性的見解，王充可說是中國人性論的調和者，也試圖成為總結者。

第三節　西方政治思想史中的人性論

在西方政治思想的傳統中，早從柏拉圖的政治學著作，就以人性為其立論的根據。柏拉圖認為政治社會中的種種困難，並非僅僅是因為教育的不完善、經濟匱乏或政治家的缺失所造成，事實上人性本身就存在著毛病，以致人類社會必然有著難以根除的缺陷。

柏拉圖不僅探討人性，還深及人的精神意志、道德傾向，以及塑造自己命運的能耐。他認為經由人的理性所激勵出的道德意志，最終可導引社會進入太平盛世──理想國。

柏拉圖認為人性中有三種特質交相作用──欲望、意志和理性，惟有理性主控欲望與意志時，才能獲得真正的幸福，人如果沒有道德和自律的規範，則人和最野蠻的動物是沒有任何差別的。㉓人的可貴就在於人有追求善和完美的可能性；但由於人在德行上的差異，因而柏拉圖也進而強調階級的分別和由「哲王」統治的主張。然而從柏拉圖晚年未完成的作品──《法律論》一書中可看出，㉔柏拉圖思想的轉向變得較為悲觀，從早期的

㉑　《論衡》‧〈本性〉。

㉒　《論衡》‧〈率性〉。

㉓　Plato, *Republic*, a new translation by Robin Waterfield, Oxford: Oxford University Press, 1994, 572b, p. 314; 589d, p. 340.

㉔　Plato, *The Laws*, translated with an introduction by Trevor J. Saunders, London: Penguin Books, 1970.
對柏拉圖思想中的人性觀及其立論變化，可參本書作者的相關研究：王晧昱著，

「人治」──「哲王之治」，退而求其次地探求「次善的政體」──「法治」，就是明顯地表達出對人性脆弱的一種讓步。

柏拉圖的弟子亞里斯多德的思想則始終堅持「法治」，認為統治者也會有多樣的欲求，相信人無規範，將是所有動物中最粗鄙的，因此其「國家目的論」(Aristotle's teleological view of the state) 的見解，就是強調國家應促進人民的幸福生活，即指有德性的生活。後來古羅馬的政治思想以及法學家大致承襲著這種見解。

西方社會到了「中古時代」，由於一切思想受到宗教信仰──「基督教義」的宰制，相信「原罪」(*péché original*; original sin) 的教義，以致以罪惡觀來確認人的本性。基督教義對現世和人類的看法，都是從譴責墮落的人類本性為著眼點，以致其悲觀主義的信念，排斥人類的天賦才能，及其自然力量。❷⑤ 這與之前的人本主義思想走向，完全相反。

馬基亞維利主義

在人本主義的「再生時代」，全面以人性作為政治現象探討起點的是馬基亞維利。馬基亞維利在其《君王論》一書中強調──「人性本惡」(Men are naturally evil. Men are in general bad.)，他奉勸聰明的統治者應以此為根據，來統治其屬民。❷⑥ 馬基亞維利指出，人類的一切行為都是基於自利的

《追逐理想國：政治福音與社會重建》，臺北：韋伯文化，2000 年，頁 52–53, 74–80。

❷⑤ 基督教義對西方中古時代的政治效應，可參本書作者的相關研究：同上，第三章「從塵世到天國」，頁 93–154。

❷⑥ 《君王論》一書，參比：Machiavel, *Le Prince*, traduction, introduction par Yves Lévy, Paris: Flammarion, 1980. Machiavel, *De Principatibus/Le Prince*, traduction et commentaire de Jean-Louis Fournel et Jean-Claude Zancarini, texte italien établi par Giorgio Inglese, Paris: P.U.F., 2000. 英譯本：Machiavelli, *The Prince*, edited by Quentin Skinner and Russell Price, Cambridge: Cambridge University Press, 1988.《君王論》的中譯本，可參：何欣譯，《君王論》，臺北：中華書局，1977 年，九版。

《君王論》一書各章篇幅都很簡短。本單元中所評述的馬基亞維利思想，主要表現在《君王論》一書的第十五、十六、十七、十八章。

動機，受個人的利益、財富欲望所激勵，因此人永遠是虛偽、自私自利、貪得無厭和忘恩負義的。馬基亞維利甚至毫不含蓄的指出：人們比較容易忘掉他們父親的死亡，而不會輕易忘掉遺產的喪失。❷由於對人性持懷疑觀點，因此馬基亞維利奉勸國家的統治者，不可視其子民的忠貞與擁戴為理所當然之事，粗俗的大眾很容易受制於受蠱惑的情緒，無力深察事情的實際與究竟。

　　馬基亞維利認為，統治人的先決條件是要瞭解人，這是研究政治學最基本的首要原則。統治者也必須以人類社會的歷史為鑑，其立法必須預設在「人性本惡」的前提下，來應對現實生活中充滿著邪惡、叛逆與罪惡本質的社會大眾；如果受到「人性本善」的錯誤觀念所誤導，則不僅無法確切地瞭解人，而且國家也無法有效治理。馬基亞維利的理論與亞里斯多德所強調人天生有社會性，政治社會是自然發展而成的論點截然不同，認為政治社會緣起於要救濟這種因私利而發生互相爭奪、殘殺的無政治狀態，以維持永續的和平。

　　馬基亞維利指出，過去很多作家已用寓言教育統治者，如講述阿奇里斯 (Achilles) 和很多君王，都要從人首馬身的奇倫 (Chiron the centaur)，接受嚴格的教育。這種寓言的中心要義，就是要強調一位君王必須要從這位有著「半人半獸」(*un mezzo bestia e mezzo uomo*) 特質的導師，學會兩種風格，因為缺乏任何一種性格的支持，就無能力統領社會。既然一位君王必須學習有時如野獸般行動，他就應該以獅子和狐狸為榜樣：「君主要有獅子之威猛及狐狸之狡猾。獅子雖威猛，但無辨別陷阱的才能；狐狸雖狡滑，但無抵禦豺狼之力，所以，君主必須要像狐狸一樣，認出陷阱，又如獅子之威猛，嚇走豺狼。」❷他又說：「解決爭端，有兩種方式，一是用法律，一是用暴力。只有人類才懂得使用法律，野獸只會使用暴力。但是人類只用第一種方法——法律，常常不足以因應，於是就必須訴諸於武力。因此，一國之君必須要知道什麼時候應用法律，什麼時候應用武力」。❷馬基亞維

---

❷　Machiavelli, *Le Prince*, op. cit., Chapitre XVII.

❷　Ibid., Chapitre XVIII.

❷　Ibid.

利甚至教導君主：不必真的要符合道德的要求，但應裝做有道德之狀；因為有道德的君主實行道德是最危險的事，沒有道德而裝著有道德，在必要時又能施展不道德的行動，這才是君主最需要的性格。

他認為統治者的最大職責就是要維護國家的安全，和追求「共同福祉」(common good)，因此一切為了這種動機與目的而施展的作為，皆值得被稱讚。當國家處於危急存亡之秋，人們就不該追問何者為公正或不公正、仁愛或殘酷、光榮或恥辱，而應採取任何可能的手段，以求挽救國家於危難。

馬基亞維利從人性為惡觀點，並考量當時義大利的情勢，最終推論出君主「專制」(absolutism) 的主張，其見解在政治學上被稱為「馬基亞維利主義」(Machiavellism)，而且馬基亞維利主義成了政治上狡詐、偽善、冷酷、以及對人性悲觀的代名詞。㉚

悲觀中對理性的期望——霍布斯

同樣為君主專制做辯護，並提出有關主權 (sovereignty) 學說的法國政治思想家布丹 (Jean Bodin, 1530–1596)，其理論出發點也是建基於人性論。他也認為人性本惡，是凶殘劫奪的，人類群體依照弱肉強食的叢林法則出現強者或弱者，命令者或服從者，戰勝者或奴隸的差異。布丹進而也否定國家自然形成的見解，認為國家是武力造成的。㉛

㉚ 承襲培根、史賓諾莎、黑格爾等人的讚賞，知名的德國政治哲學家 Ernst Cassirer 認為：「如果馬基亞維利主義意指欺詐或虛偽，那麼馬基亞維利本人不是馬基亞維利主義者。他從來就不是一位偽君子。當讀到他的平常信函時，吾人會驚訝地發現一位全然不同於往常我們已有的觀念和偏見的馬基亞維利；他是一位說話坦率、虛心而又天真的人。……這位政治謀略的大師，或許是一位最誠實的政治作家。……他從不掩飾自己，也不隱瞞他的主張和判斷；他堅定而率直地說出他心中的話。對他來說，最無畏、清楚的言詞，總是最好的用語。他所展現的思想和風格毫不含糊，是清晰、鋒利、不容誤解。」出自：Ernst Cassirer, *The Myth of the State* (1946), New Haven: Yale University Press, 1974, p. 120. 此書第十章為「馬基亞維利的新政治學」。

㉛ 下一章——政治社會之緣起及其演化，即國家論中，論述布丹在人性的基礎上，所推出的國家論見解——「武力說」。

　　不久後，英國政治思想家霍布斯 (Thomas Hobbes, 1588–1679) 也是從負面的人性觀點，進而推演出原始的「自然狀態」(the state of nature) 是混亂的戰爭情勢 (the war of all against all)。㉜但從霍布斯開始，對人性觀點，有著明顯的轉向──在悲觀的基礎上，再度萌芽出「理性」，以及理性限制自由的觀點。

　　霍布斯從自私自利、欲望無窮而又怯懦、競爭的人，推演原始的自然狀態是人人互相爭奪的無政府情勢 (anarchy)。在「自然狀態」中，「自保」(self preservation) 是人類一切行為的基本動力，人為了趨利避害，人人都以絕對的自由為所欲為；因此，在這種既無法律又無公權力主持正義的無政府狀態下，人的「自然權利」(natural rights)，無論是人的自由、生命和財產，都無法得到保障。當時，人的自然權利是人人可爭奪，甚至侵犯他人，在這種惡性循環的自然環境中，惟一的限制就是自己的能力。

　　由於在原始的自然狀態中，人類為追求其利益，相互間產生傷害的敵對關係，使得人人相互疑懼，疲於防禦以求自保。霍布斯指出：人們或許難以相信原始的自然狀態是人人相戰的局面，因而霍布斯提示人們觀察一下未開化的野蠻人，以及文明社會中人對人、國對國之間互相防範的狀況，以及社會陷入危機動亂時所會有的情況，還有領導人之間的權力鬥爭等現象，就不難想像原始的自然狀態有多惡劣。㉝

　　霍布斯進而強調，人類為了終結這種自然狀態，即戰爭狀態，發揮理性，放棄為所欲為的權利，透過「社會契約」(social contract)，組織政治社會，以脫離自然狀態；自此，人的自然權利和生活，都得到了安全的保障，也確立了私有財產制。在這種理論基礎上，配合時代，霍布斯進而為君主

㉜　霍布斯《利維坦》(*Leviathan*, 1651) 一書，參比：Thomas Hobbes, *Leviathan*, edited by Richard Tuck, Cambridge: Cambridge University Press, 1990. Thomas Hobbes, *Leviathan*, edited by A. P. Martinich, Peterborough (Ontario): Broadview Press, 2002.

　　'The state of nature is a state of war, a war of every man against every man.' (Part I, Chapitre. XIII)《利維坦》一書的第一篇、第十三章，霍布斯主論「人類的自然狀態」(Of the Natural Condition of Mankind)。此章約四頁。

㉝　Ibid.

專制辯護。 ㉞

樂觀觀點——自由主義思想

在文藝復興和宗教改革 (the Reformation) 所造就的新思想環境的激勵下，歐洲十七世紀以後的思想家都是理性主義者，對人類的理性力量有著無比的信心。㉟

十七世紀的歐洲政治思想家，尤以英國的洛克 (John Locke, 1632–1704) 為代表，反對霍布斯的思想。洛克在其《政府論》(Two Treatises of Civil Government, 1690) 一書中，對吃力不討好的人性問題看法，有意迴避，且顯得模稜兩可。㊱但從其展現的理論中可看出，洛克遠比霍布斯為樂觀，但他並未因此而強調人性本善。洛克深信人有追求「完美」的可能性，他反對奧古斯丁對基督教義原罪論的詮釋，然也反對道德的樂觀主義，而強調教育和教育環境的重要，洛克認為人心本來淨如白紙，後天的成長環境讓人變得善良或邪惡，有用或無用。

對政治公權力尚未形成前的自然狀態，洛克與霍布斯的觀點完全相反，認為原始的自然狀態並非是「放縱狀態」(state of licence)，而是人人自由、平等、獨立的狀態，每個人都是國王，但不會造成無法無天的放縱狀態，因為自然狀態中有上帝的命令 ('divine commands')——自然法 (law of nature) 的規範，以及理性的約束，有分辨好或壞的是非和道德觀念。㊲

洛克之後，十八世紀的思想家對人性悲觀看法雖仍然存在，然一種新

㉞　對霍布斯終結自然狀態，組織政治社會的申論，請參下一章。

㉟　對十七世紀以後，歐洲近代思想發展史中人性問題的析述，可參：Franklin L. Baumer, *Modern European Thought: Continuity and Change in Ideas, 1600–1950*, New York: Macmillan, 1977. 中譯本：Franklin L. Baumer 著，李日章譯，《西方近代思想史》，臺北：聯經，1988 年。

㊱　John Locke, *Two Treatises of Civil Government*, edited with an introduction and notes by Peter Laslett, Cambridge: Cambridge University Press, 1988. 洛克受後人注重的思想言論，主要在後冊。

㊲　Ibid, Book II, pp. 269–271.

的看法顯已形成，相當肯定人類的可塑性和改善世界的能力。崇拜盧梭的康德 (Immanuel Kant, 1724–1804) 則認為盧梭是這種信念的倡導者。

盧梭 (Jean-Jacques Rousseau, 1712–1778) 認為，原始的人是天真無邪、無拘無束、自由、平等的「高貴野蠻人」(noble savage)，他們生活在孤居獨處的環境中，順隨自己的本能，只求滿足單純的欲望，因此在此種狀態，根本談不上好或壞的道德標準。但盧梭也強調自然狀態是假想狀態，要有這種假設觀點的原因，是要藉以突顯現在的狀態。

盧梭認為道德是文明社會的產物。在盧梭看來，人最初只有本能的「自利情感」，即一切作為皆求自利；相對於這種本能的特質，盧梭也指出，人不僅是觀念的被動接納者，人也以其意志去聽從良知與理性的判斷，從而改善自己的品格。在盧梭的《愛彌爾》(Émile, 1762) 一書中，家庭教師一再強調一種主張，那就是：人所特有的良知與理性能改善人。㊳

盧梭以三階段解釋人類脫離自然狀態的發展：一、高貴野蠻人；二、殘酷的時代；三、脫離自然狀態，進入文明社會。人類為了克服自然環境，以求生存，必須相互協助與分工，此時天賦才能的不同便顯現出來，分出強者、弱者，智者、愚者，也體會到一人能獲得兩、三人的所得時，更能滿足私心，於是私有財產之主張出現，平等消失，進而出現貧富差距，一切不平等的根源產生，殺戮戰爭、恐怖之事也隨之而起，其結果使得原始狀態中所沒有的罪惡皆浮現出來，根本危害到集體的生存；為了擺脫這種殺戮的局面，理性意識啟發人們依「社會契約」建立政治社會，以保障共同生活之安寧。㊴

㊳　Jean-Jacques Rousseau, *Émile*, translated by Barbara Foxley, London: Everyman/J. M. Dent, 1993.

㊴　Jean-Jacques Rousseau, *Du Contrat Socail: ou Principes du Droit Politique* (1762), Paris: Garnier-Flammarion, 1966. 盧梭在其《論人類不平等的起源和基礎》一文中認為，「私有制」是人類永恆災禍的始作俑者。
盧梭之《社會契約》及《論人類不平等的起源和基礎》英譯本，可參：Jean-Jacques Rousseau, *The Social Contract and Discourse on the Origin of Inequality*, edited and with an introduction by Lester G. Crocker, New York: Washington Square Press, 1964.

惡在消失中

　　十八世紀是西方現代文明的「啟蒙時期」，人們深信理性與科學會推動人類社會之進步。洛克、盧梭與康德等雖未對人性抱持毫無保留的樂觀態度，但他們均認為：人即使不是天生善良，至少也有一定程度的能耐，追求「完美性」(perfectibility)，使自己過一種有德行和有貢獻於社會的生活。這些樂觀主義者都相信有某種固定的人性存在，人生來就有良知和理性，這種特性使得人有自我改善的能力及追求完美的可塑性。這種主張在法國大革命的暴亂氣氛中達到頂點。❹

　　啟蒙運動與「百科全書派」(Encyclopedists) 所激發的樂觀主義，和投身法國大革命的樂觀主義，以及受各種社會主義學派樂觀主義氣氛的感染，思想界對於未來充滿信心，讚歎人類社會的變化。樂觀主義的樂觀是相對於基督教的悲觀思想而言，基督教義對現世和人類的看法，都是從譴責因「原罪」──墮落的人類本性為著眼點，排斥人類的天賦才能。相對而言，遠自「再生時代」復辟的人本主義則是完全不同的走向，它確信人的力量，承認並接受自然，除了致力科學的研究外，進而發展出新的倫理學、新的社會學、新的政治學，在知識上試圖全面否定和改變基督教的悲觀主義觀點及其壓抑的發展。❹

　　德國社會主義者費爾巴哈 (Ludwig Andreas Feuerbach, 1804–1872) 在其《基督教之本質》(*Das Wesen des Christentums*; The Essence of Christianity, 1841) 一書的第一章中探討了「人之本質」，指出人與其他動物之差別在於人有「意識」(consciousness)。這種意識使得人類不但能依本能而行動，更能省思自己的本性。在費爾巴哈看來，人的本性包含了理性 (reason)、意志 (will) 與情感 (affection) 三要素──費爾巴哈稱之為「人身上的神性三位一體」(divine trinity in man)，這些要素是激勵人體力量的「本質」(essence)。❹

---

❹　Franklin L. Baumer, *Modern European Thought: Continuity and Change in Ideas, 1600–1950*, op. cit., p. 169.

❹　Claude Delmas, *La Civilisation Européenne*, Paris: PUF, 1980, p. 96.

❹　Ludwig Andreas Feuerbach, *The Essence of Christianity*, translated by Marian

馬克思 (Karl Marx, 1818–1883) 則指出，人類受到生存環境的影響，尤其是在私有財產制與資本主義的剝削下，人變得自私而又邪惡，已將人性的本質「異化」(alienation)；馬克思強調只有消除私有財產制與資本主義的社會，建立共產主義無階級分別的社會之後，人性的本質才能恢復——真正人道主義的社會開始。㊸

整體而言，恢復人的真正本質，是十九世紀歐洲社會主義者的道德目標。當時自由主義學派的邊沁 (Jeremy Bentham, 1748–1832)、彌勒 (John Stuart Mill, 1806–1873) 等也認定人有一種本質性的人性存在，然而是指負面的本質——惡，但也傳達惡是可以治癒的信息。彌勒在其《功利主義》(*Utilitarianism*, 1863) 一書中，就不時突顯，宇宙中存在一種道德秩序，世上的壞事在人們的關心和努力下，大都可以清除或克服。㊹

第四節　令人困擾與不安的人性
——對理性主義的糾正

打破理性主義的傳統

承續大革命後的餘震，以及工業革命後的帝國主義擴張，十九世紀的歐洲也日益顯示出不安的世紀氣氛，戰爭的威脅不曾消失，且各國仇外的民族主義情緒，普遍處在被激化的狀態，在革命與反動、擴張與反擴張的抗衡衝突中，浪漫主義 (romanticism) 者覺察到人性中的非理性因素和人類

Evans (her pseudonym George Eliot), edited and abridged by E. Graham Waring and F. W. Strothmann, New York: Frederick Ungar Publishing Co., 1957.

㊸ 馬克思在其《1844年經濟學哲學手稿》(*Economic and Philosophical Manuscripts of 1844*) 的「異化勞動」一節中，對「異化」有廣泛的議論。馬克思著，伊海宇譯，《1844年經濟學哲學手稿》，臺北：時報文化，1990年。有關「異化勞動」，見頁47–61。

㊹ John Stuart Mill, *Utilitarianism*, edited by Roger Crisp, Oxford: Oxford University Press, 1998.

悲劇性的處境，以及人性中「神性」與「獸性」所引起的身心不和諧。《意志和表象的世界》(*Die Welt als Wille und Vorstellung*; The World as Will and Representation) 一書的作者、悲觀傾向的德國哲學家叔本華 (Arthur Schopenhauer, 1788–1860) 就抨擊黑格爾理性主宰世界的樂觀見解，以及視歷史的發展是理性和有意識過程的歷史哲學與辯證法。㊺叔本華認為社會是人類求生的意志，而非理性的產物，甚至理智也是為求生的意志服務，求生的意志才是社會變遷的動力。

叔本華認為永不能滿足的欲望，或說人性中的「本惡」(radical evil)，使人捲入痛苦的深淵，除非捨棄欲望，否則不能解脫痛苦的煎熬。叔本華強調，人並非他所裝出來的樣子，人隱藏著自私、自利，以及永不能滿足的欲望；由於受到生存之苦的持續折磨，以致人都是希望讓別人多受磨難，以慰藉自己的痛苦。

十九世紀後半，歐洲對人性的思維經歷另一次轉變。此後，西方對人性的論戰，偏重於人的「非理性本質」──探討人的生存本能、侵略性、以及與動物的親屬關係。達爾文的「人」，已預告了佛洛伊德與二十世紀「非理性人」(irrational man) 的到來。㊻在這種學術氛圍中，很多「存在主義」(existentialism) 的思想家，強調宇宙的發展並無計畫，即無靈魂，也無上帝，且公開討論「上帝之死」──「反基督」(*Der Antichrish*)，表現出對神學的反感。㊼

㊺　Arthur Schopenhauer, *The World as Will and Representation*, translated by E. F. J. Payne, New York: Dover Publications, 1966. 叔本華的意志、意欲，有如佛洛伊德的本我 (id) 之說。

㊻　Franklin L. Baumer, *Modern European Thought: Continuity and Change in Ideas, 1600～1950*, op. cit., p. 350. 另可參：William Barrett, *Irrational Man: A Study in Existential Philosophy*, New York: Anchor Books, 1990 (originally published 1958). 中譯本：威廉·白瑞德著，彭鏡禧譯，《非理性的人：存在哲學研究》，臺北：志文，1969 年臺初版。

㊼　「存在主義」初由丹麥人齊克果 (Søren Kierkegaard, 1813–1855) 所倡，人與哲學為其中心議題。後由德人海德格 (Martin Heidegger, 1889–199?) 加以發揚。存在主義的思想認為，人生存於先其存在的世界中，展現自己，並苦思理解存在的意義為何？對存在主義而言，存在的特性是「陷溺」，即喪失其自身個性

在《悲劇的誕生》(*The Birth of Tragedy*, 1871) 一書中，尼采 (F. W. Nietzsche, 1844–1900) 認為人性中有兩種相互衝突的本質：一是人的自然本能衝動，這種生命的動力有著激情、放縱和自由的特質，尼采稱之謂「戴奧尼索斯精神」(Dionysiac spirit, Dionysus 是希臘酒神，又稱巴克許斯 '*Bacchus*')；另一種是理性、節制和自律的能力，尼采稱之謂「阿波羅精神」(Apolline spirit，希臘神話的太陽神── *Apollo*，也是音樂與藝術之祖師爺)，節制並壓抑人的七情六慾。❹憤世嫉俗的尼采認為在阿波羅元素居優勢的時代，人受到全面的壓抑，社會化的工具──學校的教育也是要培養出一代代「默從的人」(*Herden-Menschen*)。尼采不時譴責邊沁等功利學派的學說，指出人類並不必然地懂得追求快樂和自己的利益，也絕非始終都在理性地行動，人會隱瞞自己，自己欺騙自己，甚至選擇混亂與毀滅。

非理性的人與動物的親屬關係

在尼采的時代，歐洲正興起生物進化論的學說。達爾文 (Charles Darwin, 1809–1882) 及赫胥黎 (T. H. Huxley, 1825–1895) 等人認為，每一種物種──不只是動物，都是依照「生存鬥爭」(the struggle for life, for existence) 的物競天擇原理演化。❹這是西方學術發展史上，被視為是會徹

向一般習俗同化，自身也呈現出焦慮、甚至畏懼和慌恐的情緒，而人類最終的恐懼是要面對死亡，惟能「以理化情」，理解死亡的必然，不畏懼死亡，才能掌握真實的人生。對存在主義哲學研究，可參上註威廉‧白瑞德的《非理性的人：存在哲學研究》。

❹ Friedrich W. F. Nietzsche，*The Birth of Tragedy* (1871) *and Other Writings*, translated by Raymond Geuss and Ronald Speirs, Cambridge: Cambridge University Press, 1999。中譯本：尼采著，李長俊譯，《悲劇的誕生》，臺北：三民，1970 年。

❹ 達爾文主義：Charles Darwin, *The Origin of Species* (1859), edited with an introduction and notes by Gillian Beer, Oxford: Oxford University Press, 1998.《物種起源》一書於 1895 年出版後，曾多次修訂，早期的完整書名為："*The Origin of Species by Means of Natural Selection, or the Preservation of Favoured Race in the Struggles for Life*"。中譯本可參：達爾文著，葉篤莊、周建人、方宗熙

底解構《聖經》教誨、褻瀆神明的科學學說，必然激起教會勢力的撻伐。

有如盧梭的觀點，達爾文等人認為「自然狀態」既不是道德的，也不是不道德的，而是非道德的，人類的是非和道德之良知觀念，源自社會；因此，「社會本能」(social instinct) 乃善行之根源。達爾文認為人類道德觀念之所以發展，主要歸因於道德觀念有助於部落或社會對客觀環境的生存鬥爭。達爾文主義深信──「演化的結果可改變人類之天性」，相信野蠻人的後裔，經天擇的演化，會有更高尚的未來；生存的鬥爭與戰爭是社會的常態，也可促進社會的進步。

演化學派生存鬥爭的思維，自然強調人天生才質的差異，導致人的不平等和社會地位的差異，而且也有意、無意地為放任的自由主義做了辯護。赫胥黎進而強調，從人口、食物與資源的爭鬥中也可看出，種族對種族的永續鬥爭和天擇原理。[50]「達爾文主義」(Darwinism) 之生存鬥爭和不平等的見解，以及優秀種族與劣等民族之分，後來助長了德國「納粹主義」種族中心與自大的偏見。由於達爾文主義指出人與動物間的親屬關係，因而也引發學者對人類原始本能之研究。達爾文主義的演化論，至今仍深切地影響著西方對人性論的見解。[51]

佛洛伊德學說──人潛藏著多元的「心理衝突」

首創精神分析學、著重人的「潛意識」和內驅力分析的佛洛伊德

葉篤莊修訂，《物種起源》，臺北：臺灣商務，1998 年二版。

[50] T. H. Huxley, *Evolution and Ethics* (1894), with New Essays on Its Victorian and Sociological Context by James Paradis and Georges C. Williams, Princeton (New Jersey): Princeton University Press, 1989. 嚴復譯著的《天演論》就是赫胥黎《演化論與倫理學》一書的節譯本。

[51] 可參：Janet Radcliffe Richards, *Human Nature after Darwin: A Philosophical Introduction*, London: Routledge, 2000. 演化學派對人性問題的較新見解：Paul R. Ehrlich, *Human Nature: Genes, Cultures, and the Human Prospect*, New York: Penguin Books, 2002. 中譯本：埃力克 (Paul R. Ehrlich) 著，李向慈、洪佼宜譯，《人類的演化：基因、文化與人類的未來》，臺北：貓頭鷹出版社，

(Sigmund Freud, 1856–1939)，也承繼非理性主義的思潮，且有著更悲觀的傾向，指出人格的形成是充斥著矛盾與衝突的發展過程，人潛藏著多元的「心理衝突」，現實與潛意識的本我世界，總是處在衝突的情勢，且不時逃避或拒絕承認客觀現實。佛洛伊德因而強調，理性並不像人們所想像的那樣可指導人的行為，反而經常鬥不過本能的潛意識，人甚至不是自己軀體的主人。佛洛伊德如是說：「人類幼稚的自尊，曾遭受科學之手兩次沉重的打擊。第一次是人類認識到地球不是宇宙的中心，僅僅是無邊的宇宙體系中的一小點，這使我們憶起哥白尼……。第二次是生物學的研究摧毀了人異於其他動物的特權地位，淪為動物界的物種之一，也具有難以抹滅的獸性……。然而人類的狂妄自大 (human megalomania) 正遭受第三次、且也是最難受的打擊，這次是來自於當前心理學的研究，企圖證明每個人的自我也不是自身軀體的主宰」。(52)

早期，佛洛伊德曾提出意識「二部結構」的學說，認為人的心靈是「潛意識」(unconscious) 與「意識」(conscious) 的運作。潛意識是人的本能欲望和衝動，是需要滿足的生理本質——「七情六慾」，循「快樂原則」尋找出路，是人最原始、最本能的欲望；意識則遷就現實，表現人們所稱的理性，或通俗地說就是心靈的「良知」(conscience)，當意識不能約束潛意識，就會產生心理衝突，甚至出現精神病的症狀。

佛洛伊德後期的思想提出「人格三部結構說」，指出人的行為受三種心理特質——「本我」(*id*)、「自我」(*ego*)、超自我 (super-*ego*) 的交互作用和支配。「本我」是與生俱來的七情六慾，有著與「獸性」可比擬的本質，「本我」的衝動是深層的本能慾求，不能用善惡、倫理、道德的價值標準評審，因為「本我」的衝動是人內心心靈最本然的意旨，毫無是非、善惡、倫理、道德價值的考量。「自我」則是自利的思慮，考量現實的原則下，有節制「本

(52) Sigmund Freud, *Introductory Lectures on Psycho-Analysis*, translated by James Strachey, New York: W. W. Norton & Co., 1989, Lecture 18, p. 353. 中譯本可參：佛洛伊德 (Sigmund Freud) 著，彭舜譯，《精神分析引論》，臺北：貓頭鷹出版社，2001 年。
對佛洛伊德心理學學說的最佳導引：Richard Wollheim, *Freud*, London: Fontana 2nd edition, 1991.

我」衝動之趨利避害作用。當「自我」與「本我」相互處在長期僵化的衝突時，就會出現精神「病」的症狀。「超自我」則是後天學習到的文化和規範，通俗地說昇華人的良知，導引人格有高尚化的表現。「超自我」與「本我」之間也是相互衝突不斷，由「自我」平衡。當「本我」、「自我」、「超自我」相處和諧時，人就會身心寧靜；當「本我」恣意妄為、無所顧忌，而「自我」無力節制時，造成「超自我」的挫折，以致良知有罪惡感。 ❺❸

佛洛伊德進而以泛性論傾向的「里比多」(libido)──性慾和渴望，或說「原慾」，來突顯「本我」，這種難以禁住的本能衝動，也是人的生命動力所在，在這種本能衝動中，尤以「性慾」最為突顯。佛洛伊德認為人類「壓抑」(repression) 里比多，而有「昇華作用」(sublimation)，道德、法律、文藝、宗教等文化現象，都是壓抑「里比多」的產物，將人的本能衝動導引到高尚化目標。

在 1929 年所發表的《文明中的不適》(Das Unbehagen in der Kultur) 一書中，佛洛伊德強調，任何文化的內容皆有壓抑的特質，倫理、道德、禮俗、宗教、法律、家庭、婚姻、社會生產等制度，都是文明的具體內容，其功能皆在規範人的衝動和自由，以換得社會的秩序。宗教就是所有規範中，最有效的約束力量之一。 ❺❹

---

❺❸　Sigmund Freud, *New Introductory Lectures on Psycho-Analysis* (1933), translated by James Strachey, New York: W. W. Norton & Co., 1989, Lecture 31: The Dissection of the Psychical Personality (pp. 71 ets.). 中譯本：佛洛伊德 (Sigmund Freud) 著，汪鳳炎、郭本禹等譯，《精神分析新論》，臺北：知書房，2000 年。

❺❹　佛洛伊德最初將此書定名謂 "*Das Unglück in der Kultur*" (Unhappiness in Civilization)──「文明中的不幸」，但後來將 'Unglück' 改為 'Unbehagen'。'Unbehagen' 一字相當於法文的 'Malaise'，意指「不適」，在英文中則找不到適當的字，因而被英譯為 'Discontents'──「不滿」。Sigmund Freud, *Civilization and Its Discontents*, translated by James Strachey, New York: W. W. Norton & Co., 1989. 中譯本：佛洛伊德著，賴添進譯，《文明及其不滿》，臺北：南方出版社，1988 年。

在《文明中的不適》一書中，佛洛伊德對「文明」和「文化」兩詞並行使用。這本書的第二章中，佛洛伊德如同馬克思及尼采，認為宗教是一種神祕和壓抑性的烏托邦理想。

　　為追求群體利益，人類社會造就各種文化成果，壓抑人的原慾是文明的種苗。❺文明是人類對自然本性的防禦和調伏所累積的文化成果。由於文化是建立在對人的壓抑上，因此對人的生性本能而言是不幸的，佛洛伊德的幸福是指能滿足貪淫的需求而言。但為了保障人類的生存與社會的和平秩序，文化壓抑人的本能衝動，將其衝動導引到社會有用的目標——如職業成就或藝術創作等。

　　由於文化的壓抑本質，因此文明的發展限制了人的原慾和自由。社會的公平與正義要求每個人都要受到規範，然由於事有不盡然者，因而社會中渴望公平與追求自由的表現是對現實不公的反抗，這種舉動有助於文明的進一步發展，甚至帶來劃時代的革命性變革。

　　然而靠著各種文化克制人類本能衝動的結果，必然也會造成某些人心理行為上的不平衡，出現不同情況的「精神官能症」(neurosis)，甚至嚴重時出現所謂的「性變態」行為。這是因為無法承受社會的壓抑性規範，而出現的身心症狀；同理，那些逾越規範，或無法適應社會規範、壓抑不住本能衝動的人，就會被歸類為罪犯或惡徒。佛洛伊德認為人類優於其他動物，可從人易患「精神官能症」的能力看出；相對於人類易患精神官能症的能力，也顯露出人類文明的發展力。❻佛洛伊德指出，不只是精神病患者，即使所謂正常人也有內心衝突的苦痛，這種心理狀況——即內心衝突，因人而有強弱不同，嚴重者就要安置在「瘋人院」。佛洛伊德強調性壓制仍是當代社會「精神官能症」的主要肇因；相對於此，社會中的成員也會以其他不同的形式——如群眾示威等，表現抗議的情緒。佛洛伊德學說的重點並不在譴責社會對人的壓抑，而是肯定文化的「昇華作用」及純化現象，將人的情慾和被抑制的衝動，導向於對社會有用的高尚目標。❼

---

❺　佛洛伊德另在《愛情心理學》、《圖騰與禁忌》等文中皆一再倡言此種見解。

❻　Sigmund Freud, *Introductory Lectures on Psycho-Analysis*, op. cit., Lecture 26, p. 515.

❼　對此，曾受業於佛洛伊德的奧國心理學家萊施 (Wilhelm Reich, 1897–1957) 則持不同見解。萊施雖啟發自佛洛伊德，但受到馬克思學說的影響，轉向反佛洛伊德學說的立場，指責佛洛伊德的退卻，尤其質疑「昇華作用」。萊施認為這是心理分析學說上的布爾喬亞思想，是為維持「現狀」(statu quo)，為當道

　　佛洛伊德雖處心積慮地將研究人的心理行為現象科學化，然而研究人類潛意識的心理學——即以潛意識為本的多層次結構人格學說，仍然是難達科學真理境界的神祕學說。但在佛洛伊德的啟蒙下，現代人對自我的認識，比過去人來得深切，且也糾正了理性主義的傳統，正視人類行為的非理性因素。從此人文社會學也與心理學密切的連結，不能再漠視人的心理現象。

　　二十世紀初，由於社會群眾運動此起彼落，政治學者、社會學者也注意到群眾運動所挑起的動亂，和人在群眾中的不理性行為，以及政治人物運用群眾不理性行為之操作，讓人們重視到政治社會中的矛盾和衝突現象，因而也質疑政治社會是全盤理性規劃下的產物。❺⑧

　　二十世紀的兩次世界大戰去除了佛洛伊德等人對理性所抱持的企望，戰爭揭示人的「原始」本性。最駭人聽聞的是，第二次大戰期間，希特勒領導下的納粹德國，在盲目排外和種族優越的前提下，為「淨化種族」而設的「納粹集中營」(Nazi Concentration Camps)，科學地以毒氣處決了近九百萬人，這場「大屠殺」(the Holocaust) 中有六百萬是猶太人。❺⑨追根究底，對歷史上的犯罪行為應負責的是人類自己。

資本主義文明辯護的心理學說，有意地要鼓勵社會大眾向資產階級學習、昇華。

❺⑧　法國群眾心理學家勒朋 (Gustave Le Bon, 1841–1931) 在其 《群眾心理學》(*La Psychologie de la Foule*, 1895) 一書中強調，理性在群眾活動中所扮演的角色也是次要的。勒朋的看法後來影響了法西斯主義者對群眾的理解。這本書的英譯本：Gustave Le Bon, *The Crowd: A Study of the Popular Mind*, New York: Vinking, 1960.

❺⑨　J. M. Roberts, *History of the World*, New York: Oxford University Press, 1993 p. 772.

第五節　人性與政治——不完美的社會

自私的利益矛盾與社會衝突

　　現今的政治學著作，普遍漠視人性的問題。雖然二十世紀初，英國著名政治學者、費邊社運動的重要理論家瓦拉斯 (Graham Wallas, 1858–1932)，在其《政治中的人性》(*Human Nature in Politics*, 1908) 一書就曾呼籲，應重視人性中「非理性」(irrationality) 因素的巨大潛能，建構新的政治學。瓦拉斯指出以往「唯理智論」的政治理論，強調人的理性，認為人總是會從理性的動機出發，因而會造就出一個明智而又無私的民主政體，是錯誤且又危險的見解，事實是，人類的行為以及他們的政治態度，大半憑著本能的好惡來決定——也就是說非理性的，因此民主政治所呈現的種種弊端是可以想見的。❻⓿ 一個世紀以來，瓦拉斯的呼籲在政治學界並未發生多大作用。

　　在政治社會學的視野中，人的生性本質問題是不能忽略的。人類的本性並不像樂觀主義者所主張的那般「理性」而又富有正義感，是不可否認的事實，但人也不是毫無理性和道德良知，人若無良知並採取理性的行動，則不可能建立善惡的道德規範和社會秩序，並帶動文明社會的發展。若以持平的言詞，跳出善、惡論的爭論，吾人從普遍時空中的經驗，還是可歸納出人性的共性特徵，那就是：求生本能下的人是自私自利、欲望無窮的；怯懦的人在競爭的環境下，為了自保，人人皆是趨利避害的；人雖有理性和可塑性，然其不理性、甚至破壞理性的一面，也有足夠的敗壞力，此時不僅導致害人害己，理性也顯得薄弱無力。

　　人人皆有多樣的欲求，這也影響到人的喜怒哀樂情緒，人的自然傾向

---

❻⓿　Graham Wallas, *Human Nature in Politics*, Boston: Houghton Mifflin Co., 3rd edition, 1915/New York: Macmillan, 4th edition, 1950. 中譯本可參：格雷厄姆‧沃拉斯 (Graham Wallas) 著，朱曾汶譯，《政治中的人性》，北京：商務，1996 年

就是趨樂避苦。一般動物也有欲望，但這純屬生理範圍的欲望，只要溫飽和情慾得到滿足就沉靜下來；但人類則不同，人有無窮的貪婪本質，人是唯一不以為人而感滿足的動物。羅素 (Bertrand Russell, 1872–1970) 在其《權力論：新的社會分析》(*Power: A New Social Analysis*, 1948) 一書的首頁就指出：「人類的欲望只受限制於想像所及的範圍，假若可能，每個人都想成為神。」 **❻❶**

在社會生活中，人也不可避免地受到各種社會風氣的影響，社會可引導人的理性，也可助長其不理性，甚至還激勵了人的貪婪，以致陷入集體愚蠢、異化的局面。但人是經過理智掙扎後，知道要求自己昇華的動物，因此人還是要靠著理性與道德的力量來規範和改善先天的弱點，人的可貴就在其有追求善的可能性：品德的高貴就是人能調伏本性，彰顯出人的神性一面，敗壞就是人在獸性的宰制下，展現出不是自身軀體的主人。人惟有理性主控欲望與意志時，才能獲得幸福，因此，人應時時檢視自己，注意心靈的安寧，德行上讓自己成為更好的人而感到快樂。

教育可有效地調伏並昇華人的本性；除教育因素外，因人的資質、個性、智能、出身及後天努力程度和發展的差異，造成「人的多樣性」(the human variety)。在人與人之間有著極大差異的社會中，謀求自我利益是人類一切行為的基本動機，盡其能力追求財富，並維護或提昇其既有的社會地位，以滿足自我。人類趨樂避苦的利益差異，容易造成對立與分歧，自身利益的謀求，也使得人類社會永遠處在矛盾與衝突狀態，舊的矛盾、衝突不見了，會有新的矛盾、衝突出現。由於人的利益、好奇、貪婪、與野心，會激勵出新的作為，因此社會矛盾和衝突的內容也會一再翻新。 **❻❷**

社會不可能完美

政治社會中的任何現象，都不是全盤理性規劃下的產物，而是各種利

---

❻❶　Bertrand Russell, *Power: A New Social Analysis* (1948) London: Unwin, 1963

❻❷　對社會的矛盾與衝突更深入的分析，可參：Ralf Dahrendorf, *Class and Class Conflict in Industrial Society*, Stanford: Stanford University Press, 1959.

益、理念、行動、和客觀環境交互運作後的結果，因而人類社會的歷史就是人的意願和相互利益的衝突史。由於社會矛盾和衝突內容的一再翻新，使得人類社會有解決不完的難題，隨著時代的發展，社會也會產生新的問題，任何因應的措施，都無法徹底解決問題，而且人對自己所推動的變革，也不能全面掌握其意義和動向，甚至還會產生一些負面的和預期不到的影響。

由於人的不完美性，因此人類社會就更不可能完美。任何企圖解決社會負面有害因素的作為，已承認了人和社會不完美的事實，人類所建立的社會制度就是為了達成規範人的目的，以期尋求共同的福祉；但沒有任何制度，或任何辦法，能夠帶來社會永續的安寧。任何企圖改善社會情勢的政治思想或社會制度設計，應認識到人有與生俱來的弱點，任何企圖挑戰人性的政治，只會產生更惡劣的後果。

人們不應妄想，透過某種社會和政治制度，可一勞永逸地邁入完美的社會。人類應該接受現實，承認人類自然本質上的弱點和社會不可能完美的事實，不遮掩社會的矛盾和衝突，勇於分析，認清事實，並檢視社會中可能有的敗壞，在這種認識的基礎上，持續帶動人類社會的改革，去追求一個更好的政治社會。❻❸

---

❻❸　對人性與政治，以及不完美的社會，可續參作者的論點：王晧昱著，《追逐理想國：政治福音與社會重建》，臺北：韋伯文化，2000 年，第七章「幻想與現實：不完美的社會」。

第三章 論國家
——政治社會之緣起及其演化

第一節 「人是政治動物」

社會學研究人類群體——從家庭到民族國家之形成，而政治學所重視的是已組成「國家」的政治社會；換句話說，政治學所要研究的是人類群體發展的後階段。政治上涵蓋面最廣的結構單位是「國家」，在政治學的傳統上「國家」被視為是研究的最重要單位 (prime unit)。

政治學的研究在過去一向是致力於「國家」研究，這是起自古希臘的政治學傳統主題；但是當代的發展則另創新意，對政治的研究涵蓋了所有有關「權力」(power) 現象之問題。至今，主張政治學為研究「國家的科學」仍為西方眾多學派所擁護，如前巴黎大學法學院院長普雷洛 (Marcel Prélot, 1898–1972) 終其一生堅持此一主張，致力於探討國家的起源、類型、性質、要素、主權、政府、發展等課題。❶美國政治學者阿爾蒙 (Gabriel A. Almond,

---

❶ 普雷洛所著的《政治思想史》就是以國家為核心議題，檢視西方政治思想之發展：Marcel Prélort et Georges Lescuyer, *Histoire des Idées Politiques*, Paris: Dalloz, 8 ème édition, 1983.

主張政治學為「國家學」的經典作品：H. J. Laski, *The State in Theory and Practice* (1935), London: Allen & Unwin, 1956. 中譯本：王逢時譯，《國家的理論與實務》，臺北：商務，1968 年。Robert M. MacIver, *The Modern State* (1926), Oxford: Oxford University Press, 1955. Franz Oppenheimer, *The State: Its History and Development Viewed Sociologically* (1907), with a new introduction by Paul Gottfried, New Brunswick (N.J.): Transaction Publishers, 1999. 中譯本：薩孟武譯，《國家論》，臺北：東大，1977 年。

對國家理論的研究，可參：Martin Carnoy, *The State and Political Theory*, Princeton (N.J.): Princeton University Press, 1984. 中譯本：卡諾伊 (Martin Carnoy) 著，杜麗燕、李少軍譯，陳坤森校閱，《國家與政治理論》，臺北：桂

1911–2002) 及包威爾 (G. Bingham Powell, Jr.) 等人的「結構功能分析」(structure-functionalism)，也是致力於「國家研究」(country studies)。 ❷

　　從希臘字源 'polis' 和 'politeia' 意義而言，政治學應對焦於「國家」是毋庸置疑的。英文的「政治」'politics'、法文 'politque'、德文 'politik' 均源自於古希臘文的「城邦」──國家，「城邦」的古希臘原文，以拉丁文字母拼字為 'polis'，指小國寡民、自給自足的「城邦國家」(city-states)，後來英文、法文、德文等歐洲國家語文中的「政治」，都由 'polis' 這個字根所組成。古希臘時代的學者認為，政治就是城邦之事務，政治學就是「城邦之學」，即研究「國家」的學問，除城邦的體制 (politeia) 外，更重視它可能有的病症和醫治之道。亞里斯多德說「人是政治動物」(zoon politicon; political animal)，是指人必須生活在「城邦」之中，政治學就是從這個論點出發，研究政治社會的運作。

　　後來羅馬人的拉丁文稱城邦國家為 'civitas'，與 'polis' 同義，但隨著疆域的擴大和政治情勢的改變，羅馬人也用 'status reipublicae' 以指稱其政治實體是追求「共同福祉的狀態」。中世紀末期，君主專制、中央集權的「民族國家」興張之後，各政治體習以追求共同福祉的「狀態」('status') 一詞，

冠，1995 年。另可參： Andrew Vincent, *Theories of the State*, Oxford: Basil Blackwell, 1987. Patrick Dunleavy and Brendan O'Leary, *Theories of the State: The Politics of Liberal Democracy*, Basingstoke: Macmillan, 1987. 論及新右派、精英學派、馬克思主義、新多元主義 (neo-pluralism)。

對國家的社會現象研究： Bertrand Badie et Pierre Birnbaum, *Sociologie de l'État*, Paris: Grasset, nouvelle édition, 1982. 英譯本： Bertrand Badie and Pierre Birnbaum, *The Sociology of the State*, translated by Arthur Goldhammer, Chicago: The University of Chicago Press, 1983. David Held, *Political Theory and the Modern State: Essays on State, Power and Democracy*, Cambridge: Polity Press, 1989.

對「國家至上」的研究： Friedrich Meinecke, *Machiavellism: The Doctrine of Raison d'État and Its Place in Modern History*, translated from the German by Douglas Scott, New York: Frederick A. Praeger, 1965, first published in 1957 by Yale University Press.

❷　請參下一章、第二節「對政治體系的結構功能分析」。

指稱新型的政治實體，以致英文 'State'、法文 *'État'*、義文 *'Stato'*、德文 'Staat' 陸續被使用，西方的「國家」概念就是致力追求安寧與和平的共和狀態 (quiet and peaceful forms of Commonwealth)。

　　政治社會學對「國家」的看法是一種社會的國家學說 (*soziale staatslehre*)，即將國家看成人類為追求共同生活而組成的最高組織階段來研究。對「國家」這個議題，政治社會學與政治哲學的差別，可從其目的論 (teleology) 來分別，政治哲學偏重於議論國家應該如何 (what the State ought to be?)，而政治社會學則著重於國家實際的情況 (the State as it actually is)。

　　為方便後文之探討，吾人在此先將「國家」界定為：以土地、人民、主權、政府為要素的政治社會。因為在西方和現代的習慣用語中，「國家」有廣、狹二義，交相運用：廣義的「國家」，如吾人所指，指以土地、人民、主權、政府為要素的政治社會；狹義的「國家」，則指國家的「政治權力」──最高的公權威或說中央政府。

　　對國家的瞭解，如能檢視其起源與演變，以及在政治思想史上的發展，則較能獲得更明確的認識。

第二節　中國政治思想上對國家之理念

　　在中國人的用語中，現今所說的「國家」、「社會」等，都是西潮下所湧入的概念，尤其「國家」一詞是感受西方帝國主義侵略後，所必須接受的民族國家觀念。歷史上，中國社會的政治理念，沿秦漢以來，兩千年未曾有大的變革，因而梁漱溟 (1893–1988) 稱處於「盤旋不進狀態」。 ❸

　　相較於西方國家的政治社會型態，中國學者提出中國自古是「天下國」的見解。如羅夢冊強調：中國有其國家性，又有其天下性的一面，因此是「天下國」。羅夢冊指出，一民族自治其族者，為「族國」──民族國家；一民族統治他民族者，為「帝國」；一民族領袖他民族以求共治者，為「天

---

❸　梁漱溟著，《中國文化要義》(1949)，臺北：里仁，1982 年，頁 150。另可參此書第九章「中國是否是一個國家」，頁 163–195。

下國」。羅夢冊認為中國就是一個超「族國」、反「帝國」之「天下政治」、「天下機構」、「天下國家」，是國家之進步形式。❹羅夢冊所要強調的是，中國傳統的國家觀與西方是不同的。

在先秦「周」的時代，古人以「天下」指當時的全「中國」，天子將「國」分封給諸侯——即其子弟或功臣，受封的諸侯又將其領地分封給子臣，這些受封的貴族稱「家」，所以「家」也是當時政治上的一種地方組織。此外，「社稷」在古代也是國家的代稱，「社」是土地神，或指祭土神的地方，「稷」是穀神，因此在政治號召上常說：「執干戈以衛社稷」。

從「周朝」以後，政治思想上逐漸形成了「中國」這個概念，從此以中原華夏文化為中心，來吸納四方各民族之認同。《詩經》有言：「惠此中國，以綏四方。」❺在秦、漢統一之前，有「中國」和「夷狄」之別，即以中原華夏為道統，相對於此，有「南蠻、北狄、東夷、西戎」殊俗之分；這是文化差異，在於有沒有接受華夏文化，而不重視種族血統。因此，「中國」也是文化概念，血統上它可以兼容，遐邇一體，如錢穆 (1895–1990) 所言，表現出「中國人的和合性」。❻至秦統一中國後，至漢朝才從容地將不同種族、部族予以融合，成為「漢族」。兩千年來的天下國心態，至前清中葉，經歷了西方帝國主義的侵略和剝削後，被迫進入國際社會，進而學習成為現代「民族國家」(*l'État-nation*; Nation-State)。

社會及國家的起源

在中國政治思想史上，《墨子》一書中的〈尚同〉三篇，論及國家之起

---

❹　羅夢冊著，《中國論》，重慶：商務，1943 年，第一講、第三節「中國之國」與「中國之世界主義」，頁 15–19。

❺　《詩經》・〈大雅・民勞〉。
　　《詩經》之創作大抵是周初至春秋中葉的作品，原作者不詳。本書依：唐莫堯譯注，《詩經》，臺北：臺灣古籍，1996 年。另參比：向熹譯注，《詩經》，臺北：建安，2000 年。

❻　錢穆著，《從中國歷史來看中國民族性及中國文化》，臺北：聯經，1979 年，頁 42。

源。照墨子（墨翟，約西元前 490–403）的學說，人類在還沒有形成政治社會之前的原始狀態是「交相虧害」之狀態，「天下之亂，若禽獸然」。❼這與霍布斯 (Thomas Hobbes, 1588–1679) 所假設的「自然狀態」(state of nature) 頗為類似。

墨子認為原始的自然狀態，即「政長」和「刑政之治」還未建立之前，「天下之亂，若禽獸然」，人人互相爭鬥、互相傷害，是完全沒有是非標準的無政府狀態。墨子指出「天下之人異義。是以一人則一義，二人則二義，十人則十義，其人茲眾，其所謂義者亦茲眾。是以人是其義，故交相非也。」❽從這種互相爭鬥的自然狀態中，人們「明乎天下之所以亂者，生於無政長，是故選擇天下之賢可者，立以為天子」，於是國家誕生。❾形成政治社會後，君主的命令就是法律規範，「上之所是，必皆是之；上之所非，必皆非之。」❿

墨子如同霍布斯，為君權至上——「君主主權」作辯護。墨子相信有明確意志的「上帝」存在，在君權神授的主張下，「天子」應為人民服務。當統治者能「順天之意，奉而施之天下，則刑政治，萬民和，國家富，財用是，百姓皆暖衣飽食，使寧無憂」。⓫

商鞅的理論分類

後來中國歷史上的法家——道地的政治學者，對遠古社會的歷史發展都有一種類似的認識，其中先秦思想家商鞅（約西元前 390–338）最具代表性，在商鞅的學說中，還「理論分類」了人類遠古社會的可能發展，也很接近二千年後英國思想家霍布斯的主張。商鞅指出的三種「理論類型」(theory types)，雖不盡然與歷史事實相符，但可看到商鞅的用意，即試圖宏觀地解釋人類政治社會的起源及其發展，這種解釋不僅可啟迪「社會學的

❼　《墨子》一書，參比：墨翟原著，李漁叔註譯，《墨子今註今譯》，臺北：臺灣商務，1988 年六版。周才珠、齊瑞端譯注，《墨子》，臺北：臺灣古籍，2000 年。

❽　《墨子》·〈尚同上〉。

❾　同上。

❿　同上。

⓫　《墨子》·〈天志中〉。

想像力」(sociological imagination)，而且史料上還有相當的參考價值。商鞅在其〈開塞〉一文中有系統地提出這方面的政治理論。⓬

　　商鞅假設原始的「自然狀態」，以茲比較，並藉以突顯當時的社會特徵。商鞅認為人類的「上世」，即上古原始社會，是「民知其母而不知其父」的母系社會，人人處在互相爭戰的狀態，因此人人都不能平安的生活，生命和財物都無法得到保障。「賢者」的出現，改善了原始社會無政府的局面。在商鞅所稱的「中世」社會中，賢者樹立了「中正」──即正義的規範，以及社會制度，也出現了私有財產制、男女名分和階級差別的規範；為了有效的統治和管理，不僅建立了統治的公權力，也發展出官吏和國君的制度。但此一「尚賢」且有著禪讓制度的社會，隨著「立官」和「立君」制度的鞏固，相對地社會從此尊重的是權貴，以致「尚賢」的風氣就沒落，導致第三種社會的出現。第三種「下世」的時代是君主專制的時代。商鞅認為在君主專制的時代，社會之安寧只有仰望大公無私的法治──「嚴刑」。⓭為此，在等級秩序與禮治之外，商鞅也為公權力施展的武力辯護，認為必要時得以暴力維護社會的秩序，即「內行刀鋸，外用甲兵」。⓮他說：「以戰去戰，雖戰可也；以殺去殺，雖殺可也。以刑去刑，雖重刑可也。」⓯商鞅在其〈畫策〉一篇中，毫不含糊地表達了以武力統一天下的國家觀，以及以嚴刑峻法統治國家的政治觀。

　　倡民主憲政的英、美學界，為了區別在二次大戰前，德、日等國所推行的「法治」，習以貶義的 'legalism' 稱德、日等國的「法治」。這種重視政府威信，追求紀律和效率的「法治」，與英、美重視人權、防範公權力侵害的「法治」(rule of law) 觀念不同。這種嚴刑峻法的法治觀念，較接近中國戰國時期的法家思想，西方社會在「民族國家」興張時期，也是擁護這種不重視人權，也無防範公權力侵害的「法治」。

⓬　《商君書》依：商鞅著，張覺譯注，《商君書》，臺灣古籍，1997 年臺初版。

⓭　《商君書》‧〈開塞〉。

⓮　《商君書》‧〈畫策〉。
　　在《管子》‧〈君臣下〉篇中也有類似的見解。《管子》一書，依：方一新、王雲路譯注，《管子譯注》，臺北：建安，1998 年初版。

⓯　《商君書》‧〈畫策〉。

　　法家的思想要求人民嚴守法令，同時也警告統治者要守法，如果治者
領先壞法，則法律作為統治工具就失去了規範力。不過法家學說，基本上
是為統治者著想，從未論述和激勵「公民意識」；在法家思想的堅持下，難
以發展權利思想和憲政主義的走向。但商鞅也認為政治社會的制度永遠處
在臨變狀態，不會有永久不變的制度，世勢改變，不同的相應的制度和政
策就要產生，不同的時代要有不同的治理原則──即「世事變而行道異」，
因為社會的形勢不同。**❶❻**

儒家的見解

　　中國儒家學說並不擅長系統化的政治社會分析，因而也少有系統化的
政治社會理論，思想和言論上多是應然的規範論調──本於「仁」而強調
「仁政」和「禮治」，來「化民成俗」，實踐上仰望聖君賢相之「人治」。誠
如梁啟超 (1873–1929) 所言：「儒家舍人生哲學外無學問」，「儒家政論之全
部，皆以其人生哲學為出發點。」但梁啟超也指出，儒家中，戰國末期集各
家思想大成的荀子論社會起源最為精審。**❶❼**

　　荀子認為：「天有其時，地有其財，人有其治，夫是之謂能參。」**❶❽**「能
參」是指人與天地並立，「人有其治」是指人類懂得建立政治秩序。由於人
「能群」，即組成社會，因而使得人類能夠成為自然界的強者。荀子說：「人
⋯⋯最為天下貴也。人力不若牛，走不若馬，而牛馬為用，何也？曰：人
能群，彼不能群也。人何以能群？曰分。分何以能行？曰義。故義以分則
和，和則一，一則多力，多力則彊（強），彊（強）則勝物⋯⋯。⋯⋯故人

---

❶❻　《商君書》‧〈壹言〉。

　　當時，商鞅對於那些到處遊說開講的儒生、巧辯之民深惡痛絕，因此強調：「聖
人之為國也，壹賞，壹刑，壹教。」簡單地說，商鞅除了要統一獎賞與刑罰的
制度之外，最終還強調官方宰制的「意識型態」──「壹教」，因為「壹則下
聽上」、「民知於民務，同無異俗」。《商君書》‧〈賞刑〉）

❶❼　梁啟超原著，賈馥茗標點，《先秦政治思想史》，臺北：東大，1987 年再版，
頁 82。

❶❽　《荀子》‧〈天論〉。

不能無群，群而無分則爭，爭則亂，亂則離，離則弱，弱則不能勝物……。」⑲

　　為因應人類自然狀態的亂象，荀子進而指出：「先王惡其亂世，故制禮義以分之」。⑳「禮」制補助了刑罰的不足，也可防範人的犯罪行為，尤其在精神和道德層面來防範人的欲望和忿爭，為群體的秩序謀求根本的安定。㉑而且在這種基礎上也有了人倫尊卑之「別」；「別」就是「貴賤有等，長幼有差，貧、富、輕、重皆有稱者也」。㉒「皆有稱者」即指各得其宜，套近代西化後的語言，就是「共和」的意思，但荀子的論點在強調，人類社會為求公平，因而有所不平等。

中國的武力說

　　後來在思想史上，唐代思想家柳宗元（西元 773–819）被視為是承繼荀子的思想，與同時代推崇孟子的韓愈思想有所對立。孟子在社會起源問題上，有「天生蒸民，作之君，作之師」的君權神授見解，可說是致力維護統治權威的地位。柳宗元的思想，受荀子「明天人之分」、「制天命而用之」等衝破天命神學觀念的影響，認為決定歷史發展的主要因素是「勢」──客觀形勢，社會的治亂決定於統治者治理的因應措施是否適宜。柳宗元在其〈封建論〉中也說明了他對社會起源的見解。他說：「彼其初與萬物皆生，草木榛榛，鹿豕狉狉，人不能搏噬，而且無毛羽，莫克自奉自衛。荀卿有言，必將假物以為用者也。夫假物者必爭，爭而不已，必就其能斷曲直者而聽命焉。其智而明者，所伏必眾，告之以直而不改，必痛之而後畏。由是君長刑政生焉。故近者聚而為群，群之分，其爭必大，大而後有

---

⑲　《荀子》・〈王制〉。「群」就是現今所謂的社會或團體。因此，西方所稱的「社會學」，早期中譯謂「群學」。

⑳　同上。

㉑　「禮起於何也？曰：人生而有欲，欲而不得，則不能無求，求而無度量分界，則不能不爭。爭則亂，亂則窮。先主惡其亂也，故制禮義以分之，以養人之欲，給人之求，使欲必不窮乎物，物必不屈於欲，兩者相持而長，是禮之所起也。」《荀子》・〈禮論〉。

㉒　《荀子》・〈禮論〉。

兵有德。又有大者，眾群之長又就而聽命焉，以安其屬，於是有諸侯之列。」[23]

柳宗元的意思是說：如同荀子所言，人類雖與其他生物同時生長在世上，但人不像其他生物那樣能養活自己和保護自己，生存上人必須利用萬物。由於要利用萬物，人之間就必然陷入爭奪，以致必須尋求明智者做出是非曲直的判斷，而這些明智者也得到人們的信服。對於不聽從裁斷者處以懲罰，令他們畏懼，如此也出現了「君長刑政」的制度，以致鄰近的人就聚而為部落，部落與部落之間必有大規模的爭鬥，因此要靠軍隊和共同規範來排除紛爭。爭鬥中也必出現令人更畏服的強者，那些部落的首長就聽命於這位君主，這些擁護者也成為君主的諸侯。追根究底，柳宗元的言論所要強調的是，政治社會是由開國君主所創立，有著類似法國布丹「武力說」的論調。

事實上，創建民國的孫中山 (1866–1925) 也強調：「民族是由于天然力造成的，國家是用武力造成的。……王道自然力結合而成的是民族，由于霸道人為力結合而成的便是國家。」[24] 若以今判古，中國傳統政治思想在孫中山之前，對政治社會的理論構思和解釋，基本上總是為統治者著想，一向欠缺類似西方政治思想家如洛克等人所激勵的公民意識思想，以及重視人權、防範公權力侵害的民主法治觀念；此外，由於中國社會兩千年來未曾有大的變革，處於「盤旋不進狀態」，以致有關國家的理論和政治主張，難跳脫出傳統的窠臼。

第三節　西方政治思想上國家理念之演變

反觀西方世界，隨時代的不同，而有不同型態的國家發展，同時也出現不同的國家理論和政治主張。[25] 一般說來，除了十九世紀的社會主義者

---

[23]　柳宗元著，《柳宗元集》，北京：中華書局，1979 年一版。柳宗元著，劉禹錫纂，《柳河東全集》，臺北：世界書局，1999 年二版。〈封建論〉編列於第三卷卷首。

[24]　孫中山著，《三民主義》‧〈民族主義第一講〉，《國父全集》第一冊，臺北：中國國民黨中央黨史委員會編訂出版，1981 年再版。

[25]　論述從古至今西方國家型態的發展，可參：Graeme Gill, *The Nature and*

外，西方政治思想的主流傳統是承襲著古希臘政治思想家的主張，認為政治社會即國家的出現，是為了要追求「共同福祉」(common good)。

人是政治動物——生活於「城邦」之中

如前所述，歐洲文化的源頭——古希臘時代的政治社會型態，是小國寡民的「城邦國家」(*polis*; city-state)。亞里斯多德認為人由自然的結合，組成家庭，進而形成村落，最後發展成自給自足的「城邦」——即國家，而城邦是人類社會最高的自然結合。在亞里斯多德看來，家庭是為滿足日常生活的需要如照顧、餐食和繁衍後代的需要，村落是滿足物質需要，城邦國家則是為了集體道德與理智的需要，以實現完美的生活。亞里斯多德承繼蘇格拉底及柏拉圖等人的主張，認為人只有生活在「城邦」中，才能得到充分的發展與保障，才能生活得有價值、有意義。亞里斯多德認為，除了神仙和禽獸才能離群索居外，人是「政治動物」，即必須生活在國家內的動物。而且，亞里斯多德強調，人天生就有這種社會性，國家也是因群體生活之必要，自然發展而成，在城邦中服從法制規範、發展工藝、開創科學、藝術、宗教和多方面的文化成就，也只有在城邦社會中，那些代表人類良知、智慧和文化的成就，才能得到充分的發展。❷❻因此，亞里斯多德強調，國家的終極目的和責任就是道德責任，國家是一種道德集合體，政府施政的最高原則不在於追求經濟上的致富，而在提昇群體的德性，追求最高的善良，這種主張使得亞里斯多德的國家目的論見解 (Aristotle's

---

Development of the Modern State, Basingstoke: Palgrave Macmillan, 2003. Roger King, *The State in Modern Society: New Directions in Political Sociology*, Chatham (N.J.): Chatham House Publishers, 1986.

❷❻ Aristote (Aristotle), *La Politique*, introduction, notes et index par J. Tricot, Paris: Librairie Philosophique J. Vrin, 1982, 1253a, p. 28. 對亞里斯多德的政治學，另參比：Aristote, *La Politique: L'Homme Animal Civique*, texte français présenté et annoté par Marcel Prélot, Paris: Denoël/Gonthier, 1980. 英譯本：Aristotle, *The Politics of Aristotle*, edited and translated by Ernest Barker, Oxford: Oxford University Press, 1958.

teleological view of the State)，是道德的目的論。

　　現今被視為是代表古希臘主流思想的蘇格拉底、柏拉圖和亞里斯多德等人的政治學說，自始至終也都是為小國寡民的城邦政治做辯護。歷史上，亞里斯多德是最後一位為小國寡民、自給自足的城邦政治，以及奴隸制度辯護的古希臘政治思想家。從亞里斯多德的作品中可看出，他一點都沒料到「帝國」(empire-state) 的來臨，也從未嚮往一個允許蠻族與希臘人同化的平等社會。㉗然而，亞里斯多德的弟子亞歷山大，卻改變了希臘世界，建立了橫跨歐、亞、非三洲的大帝國；從此，城邦政治瓦解，霸權宰制的帝國替代了城邦政治的理想。

分崩離析的封建社會

　　羅馬人再造了橫跨歐、亞、非三洲的大帝國，然而帝國總是會從鼎盛時期走向衰亡。西方自西羅馬帝國滅亡後，大一統的局面不復存在，「日耳曼蠻人」(Germanic barbarians) 登上歷史舞臺，西方文化史上的「中古時代」(the middle age) 開始，政治上形成分崩離析的封建社會。分割舊羅馬帝國疆域的各蠻王，只視自己的王國為私人產業，並導入封建制度 (feudal system)，君王以領邑賞賜諸侯，貴族亦將其領業分封於臣屬，如此形成一種世襲的階級結構，而其基層則是支撐經濟的佃農及農奴。在封建的層級制度下，從屬雙方間的關係，是負有義務的契約關係──統治的貴族階級要保護其屬民，以換得屬民的效忠與稅捐。

　　但是實施封建制度和權力下放的結果，當王室走上衰敗後，無能的君主只能任大權旁落於地方貴族之手，封建黷武的貴族不時發動戰事，以期併吞鄰近的封建領邑，致使中世紀的歐洲社會，陷入連年的戰爭狀態。㉘當時歐洲各地除由封建勢力盤據外，統治權也被各地的教會、領主、氏族、

㉗　Jean-Jacques Chevallier, *Histoire de la Pensée Politique*, Paris: Payot, 1979, p. 110.

㉘　Wallace Ferguson and Geoffey Bruun, *A Survey of European Civilization*, Boston: Houghton Mifflin, 3rd ed., 1963, pp. 165–166.

行會等相對立的勢力和團體所蠶食。然而政治上分崩離析的歐洲中古時代，在文化方面卻存在著一種極為重要的凝聚力量，那就是在宗教信仰上，「基督教義」對歐洲社會構成全面的宰制，基督教的神學變成一切學問之母，一切知識均為基督教的信仰服務。思想與信仰在「基督教義」的宰制下，人們對現世的藐視，取代了正常的社會態度，從此天界「神國」(*civitas dei*)成為追逐的理想，有著「國家末世學（終世論）」(the eschatological theory of the State) 的見解。㉙

「民族國家」的興張與主權論

人本主義的「再生時代」，也是近代「民族國家」(*l'État-nation*; Nation-State) 興張的時代。思想上，民族國家強調一個民族必須要形成自己的國家，一國的疆域應與民族的自然生活區域相一致。實踐上，當時的民族國家是在有利的新時代環境和民族意識的激勵下，融合著種族與地域的一體感，以及親密的語言和文化關係而形成，政治上也必須透過王朝及其統治權威來鞏固，不僅要去除內部封建的壁壘，進而也要整合離析的勢力。從此，政治上同仇敵愾的民族主義精神，成為激化國家團結的神奇力量，至少在政治上取代了先前基督教的信仰。

為了要達成求存與圖強的願望，當時新興的歐洲民族國家致力於整頓內部分崩離析的封建勢力，並對抗外權的干預，思想上力主高於一切封建勢力與教會勢力之上的君主，在一統的國家疆域內，是共同福祉與法律秩序的創造者和維護者。

中央集權的民族國家首先在西歐出現——如葡萄牙、法國、西班牙、荷蘭、英國，之後才在歐洲其他地區發展——如波蘭，甚至遙遠的俄羅斯。中世紀的封建體制陸續地被中央集權的君主王權所取代，而且城市經濟的發展、海外貿易的興起、殖民地財富的流入、民族意識的激發、甚至新教

㉙　對天界「神國」的理想追逐，可參本書作者的相關研究：王晧昱著，《追逐理想國：政治福音與社會重建》，臺北：韋伯文化，2000 年，第三章「從塵世到天國：末世的政治神話」，頁 93–154。

革命等因素，均有利於王權之鞏固。因此，到了十六世紀，封建制度在西歐已近絕跡；而中歐部分地區則到十八世紀末仍保有封建特質，即演化成民族國家是頗為晚近的發展。

民族國家興張的時期，也是西方歷史上的「君主專制時代」(age of absolute monarchy)。中央集權的民族國家，為保障一體化的發展，建立了常備軍隊和層級化的官僚體系，以及定期的賦稅制度，彰顯出全國在中央的控制下。❸⓪這種中央集權的「一體制」(unitary system) 國家，相較於封建格局的情勢而言，保有強大的軍備與公安力量，對於周邊仍處在封建統治的社會，構成存續上的威脅，因而也成為促使其他封建社會往民族國家整合的外在激勵因素。

此種情勢下，政治思想上的常道理論，就是致力於鞏固民族國家的「主權」(*souveraineté*; sovereignty; *majestas*) 理論，即強調國家——中央政府，擁有獨立自主和至高無上的統治權。❸① 這種先期的主權理論，主張君主主權的法統，為君主專制作辯護，思想上重要的代表人物就是馬基亞維利、布丹及霍布斯等人，認為主權之擁有者——君王的行動是自主的，不僅不受教會和外權的干預，更不同意在國家之上有「上位政府」(super-government) 的存在；在他們的用語中，國家等同政府 (State-Government)，或說最高的公權力，他們為「國家」一詞，充實了現代的意涵。

民族國家是現代國家發展的普遍型態。中國在前清中葉，天下國的心態遭受到西方帝國主義的打擊後，被迫進入國際社會，進而也學習成為現代國家。

---

❸⓪　可參：Anthony Giddens, *The Nation-State and Violence*, Cambridge: Polity Press, 1985.

❸①　對主權的分析：Bertrand de Jouvenel, *Sovereignty: An Inquiry into the Political Good*, translated by J. F. Huntington, Indianapolis: Liberty Fund, 1998.（法文原著：Bertrand de Jouvenel, *De la Souveraineté: A la Recherche du Bien Politique*, Paris: Librairie de Médicis, 1955.）F. H. Hinsley, *Sovereignty*, Cambridge: Cambridge University Press, 2nd edition, 1986.

西方的武力說

為君主專制做辯護，並提出有關最高「主權」學說的法國政治思想家布丹 (Jean Bodin, 1530–1596)，也提出國家起源的「武力說」。❸布丹理論的出發點也建基於人性論，進而否定國家自然形成的見解。布丹不認為原始的君主，是人民從道德出眾之人士中推舉出來的，布丹認為君主是最幸運的戰士，歷史也證明開國君主都是武裝領袖，以武力迫使人民服從，創造了一統的政治秩序，以致布丹認為國家是武力造成的。

布丹所處的時代正是民族國家興張的時代，布丹的主權論學說致力為民族國家的政治型態以及君主專制做理論辯護。就如同馬基亞維利期盼有統一義大利的人君出現，布丹也認為法國當時的政局一定要有一位眾所公認的主權者。布丹承襲亞里斯多德和羅馬法學家的見解，認為人類經由自然結合組織家庭；由於有謀求共同利益的「社會本能」，因而人類超越家庭，形成社會結合，即在謀求共同利益的社會本能驅使下群居，形成多樣的社會和文化組織，如商業和宗教團體等。布丹與亞里斯多德的見解不同的是，布丹認為人類在社會結合的基礎上，另透過武力達成「政治上的結合」，進化為國家，而國家與其他社會組織的差別，即在於國家擁有至尊和排他性的「主權」，它是國家的要素。布丹強調「主權」有三種特性，那就是至高無上 (absolue)、永久存在 (perpétuelle)、和不可分割的 (indivisible)。布丹認為國家是人類社會組織中最高與最後的發展型態，國家運用主權的強制力，必要時運用武力，統治人民及各種社會組織。❸

---

❸ 布丹最具代表性的政治學著作就是《共和國六篇》(Les Six Livres de la République, 1576)。《共和國六篇》的擇要英譯本：Jean Bodin, On Sovereignty: Four Chapters from the Six Books of the Commonwealth, edited and translated by Julian H. Franklin, Cambridge: Cambridge University Press, 1992. 布丹對「主權」的特性，論述於第一篇、第八章 (Book I, Chapter 8)。

❸ 布丹強調國家主權只受神意法 (divine law) 及自然法的約束，它們是宇宙的「根本大法」(leges imperii)。

第四節　霍布斯與洛克的國家理論——「契約說」

從無政府狀態到「巨靈」的誕生

現代西方的國家理論，除布丹的主權論外，也深受霍布斯 (Thomas Hobbes, 1588–1679) 與洛克 (John Locke, 1632–1704) 學說的影響。霍布斯最具代表性的國家論著作就是《利維坦》(*Leviathan*, 1651) 一書；在批判霍布斯國家論的基礎上，洛克進而引申出「有限政府」的主張。

霍布斯從自私自利、欲望無窮而又怯懦、競爭的人，展開其立論，強調原始的「自然狀態」是人人互相爭奪的「戰爭狀態」(state of war)，人人各盡其智，各盡其力，日日爭戰，以求「自保」(self preservation)。[34] 由於人人為了趨利避害，都以絕對的自由為所欲為，以致在這種交相虧害的戰爭狀態中，人的「自然權利」都無法得到保障。

人類只能在有秩序的政治社會中，在公權力和法律的保障下，才能論及公道與正義，在人人相戰的「無政府」(anarchy) 狀態，暴力與狡詐才是不可缺少的生活手段，以致在原始的自然狀態中，就沒有受到保障的私有財產。霍布斯認為在這情勢下，人類追求生存上的自保，只有展現理智與期盼，以期脫離無政府的情勢。人類靠著自然理性——良知的啟發，產生試圖避免和糾正這種自然狀態的意圖。人類畏懼生存的威脅，而有追求和

---

[34]　霍布斯對人性的見解，以及對人類「自然狀態」的推論，請參本書第二章、第三節之「悲觀中對理性的期望——霍布斯」。

霍布斯在《利維坦》一書之前，曾出版《論公民》(*De Cive*, 1642) 一書，專論政治社會與政府，也是從「人類的自然狀態」析論。這些書最早皆以拉丁文出版。Thomas Hobbes, *De Cive* (English Version): *Philosophical Rudiments Concerning Government and Society*, edited by Howard Warrender, Oxford: Oxford University Press, 1983. Thomas Hobbes, *On the Citizen*, edited and translated by Richard Tuck and Michael Silverthorne, Cambridge: Cambridge University Press, 1998.

平之念，這是符合自保之道。理性也阻止人們做有害或無益於保全其生命律動之事，理性指示人們——「希望別人怎樣待我，我也應該那樣待人」。這種體會乃緣自於求自保和自利，不過經過生活上的教訓和對未來做出較理性的思考，自保之道變得傾向開明。霍布斯指出人類的理性認識到的首項自然法的原則是：有和平之可能時，就應傾力追求和平；如不能求得和平，則只有靠爭戰以求自保。人們為求終生的生活安全保障，每個人都不得不自我約束，而這種理性的考量為人們提供了可以追求和平的機會。㉟

從人性推演，霍布斯探討了自然狀態與自然權利，進而在自然法督導的理性要求下，霍布斯要說明人類是如何脫離自然狀態，相安於邁入文明的政治社會——國家中。霍布斯指出，動物社會之結合出於自然，螞蟻、蜜蜂等也是亞里斯多德所指的有群居性的「政治動物」，而人類社會則出於人為的創造，透過「社會契約」(social contract) 結合而成，契約就是「權利之讓渡」，契約也必須有賴於「公權力」(common power) 之維護，並依契約負責治理，以保障群體的利益。㊱

為求生活的安全與保障，並抵禦外來的侵略，惟有捨個人之意志，將個人為所欲為的權利，託付於追求共同福祉的「公權力」，契約將眾人結為一體，建立所謂的「國家」(Commonwealth)——偉大的「利維坦」(*Leviathan*)就誕生了。

公權力與政治社會的成立是基於人類的自保，理性指示人們要脫離戰爭的自然狀態，其不二法門就是要人人自我約束，共建「公權力」。有兵力為後盾、有刑罰相威脅的公權力，不僅規範其人民，同時也給予保護。霍布斯為比喻國家之角色，以「利維坦」——「巨靈」相比擬，「牠是一切野獸之王」。㊲ 人們從「永生的上帝」(immortal God) 之外，從這俗世的「有終的上帝」(mortal God)，即國家，得到生存與和平的保障。「利維坦」將眾

㉟　Thomas Hobbes, *Leviathan*, op. cit., Chapitre. XIV.

㊱　Ibid.

㊲　在《舊約聖經‧約伯記》(The Book of Job) 第四十一章講道，「利維坦，是一隻大海怪，這隻怪物」，「眼睛像東升的旭日……，口中噴出火焰，膚甲像鐵皮一樣堅硬……，心像磨石一樣頑強，……地上沒有其他動物可跟牠相比；牠是無所畏懼的動物。牠連最高傲的動物也不放在眼裡，牠是一切野獸之王。」

人的意志化為單一的意志，將原來烏合之眾結合成單一「人」，這就是受到治理的政治社會——國家。代表國家人格與意志的人，即稱「最高統治者」(sovereign)，其權力稱之謂「最高統治權」——「主權」(sovereignty; sovereign power)，或稱「糾正權」(coercive power)，其餘的人都是最高統治者的屬民 (subject)。

霍布斯也強調「最高統治權」是不可分割的，因為統治權之分裂就是國家的分裂，國家分裂就不再是原先那個完整的國家。霍布斯也指出，雖然在政治社會中，至高的統治權，限制了人們在自然狀態下為所欲為的自然權利，即人的自由，但較之人類長久處於無政府的自然狀態而言，好似天壤之別，從此人們在生活上可以得到保障。在霍布斯的思想中，即使最壞的暴政，也勝過無政府狀態，他認為公權力在本質上是不會迫害其人民利益，因為惟有人民生活安樂，國家才能繁榮、富強。在霍布斯的概念中，國家與政府的意義是相同的。霍布斯在政治上也致力於為「君主主權」及「君主專制政體」辯護。

洛克的自由主義論點——受限的政府

十七世紀的政治思想家，尤以洛克為代表，反對霍布斯的契約論見解，認為霍布斯契約論中的「棄權條款」——自由人放棄所有自然權利的見解，視人民如同統治者的奴隸。後來十八世紀「啟蒙運動」(the Enlightenment) 時期的思想家，承繼著這種神聖權利不可放棄和轉讓的主張，致力對抗和翻修君主專制的體制。這種思想運動在法國大革命達到頂點。

洛克在其《政府論》(*Two Treatises of Civil Government*, 1690) 一書中，樂觀地為政治公權力尚未成立前的自然狀態辯解，認為原始的自然狀態並非是「放縱狀態」，而是自由、平等、獨立的狀態，每個人都是國王，且有分別是非、善惡的道德觀念，受神命的自然法 (law of nature)——即道德和理性的約束。 ㉘

㉘　John Locke, *Two Treatises of Civil Government*, edited with an introduction and notes by Peter Laslett, Cambridge: Cambridge University Press, 1988. 洛克受後人

　　洛克強調，任何人不應侵犯到他人的生命 (life)、健康 (health)、自由 (liberty) 和財產 (possessions) 等「自然權利」(natural rights)，是人類生活行為的指針，這些與生俱來的權利，不是有了政治社會才產生的。論及生命，人類行為的最基本動機就在保全生命，人類所享有的自由除受自然法之約束外，不受任何約束；至於財產，洛克則強調，由於上帝把全世界交給人類共有，因此只有那些因勞心、勞力的工作成果，才屬於自己的私有財產。

　　既然在自然狀態中，人人都是自由、平等、獨立地享有自然權利，那為何要脫離自然狀態，而建立政治社會呢? 洛克的解釋是: 在自然狀態中，雖享有自然權利，也有自然的道德法和理性的約束，但權利的享有仍然不能確保，仍有「種種不便」(the Inconveniences)，還是有可能被侵犯之虞。[39] 因為在那種狀態中，每個人都是自己解釋，自己應用，自己執行自然法，沒有公認的權力機關來保障適法的公正性；相對地，因年齡、智慧、閱歷以及客觀的因素和利害關係的不同，會導致解釋上的差距，而且每個人也難免厚己薄彼，因此會出現紛爭。更具體地說，自然狀態中欠缺具體明細的法律，人的理性雖受自然法的約束，但這種天理都是由個人去解釋；由於個人的主見與利害，或對該法的認知不同，容易出現解釋上的偏差，導致紛爭局面的出現。這種局面下，沒有權威的仲裁者來解決爭端，仲裁後也沒有可以執行裁決和負責懲罰的公權力，因而難以了斷群居生活和交往關係上所可能有的紛爭或失序情勢。洛克進而歸結到，解決這種群居生活上的種種不便與不安的最有效方法，就是創立公權威——「政府」(civil government) 來化解，以致人類必須結束自然狀態進入政治社會。洛克強調「政府是對自然狀態不便的適當療方 (remedy)」。[40] 政治社會之出現，即國家的目的與責任，就是要化解這種生活上的不便，保障人民的自然權利。

　　所注重的思想，主要在後冊。

　　對洛克政治思想的歷史評價: John Dunn, *The Political Thought of John Locke: An Historical Account of the Argument of the 'Two Treatises of Government'*, Cambridge: Cambridge University Press, 1969, reprinted 1990.

[39]　John Locke, *Two Treatises of Civil Government*, op. cit., Book II, pp. 269–271.

[40]　Ibid., p. 276. 'Civil Government is the proper Remedy for the Inconvenience of the State of Nature.'

　　政治社會之出現，建基於共同約定。❹人們彼此同意組織政治社會，以謀求生活安寧，但約定的內容是有限的，而不是全面的「棄權」：每個人都同意約束其部分自然權利，將明訂和執行自然法細則，以及必要時對違反自然法者施以懲罰的權力交與政府；政治權威 (political authority) 的功能，即在於明訂何種情況違反自然法，並懲罰違反者，以保障社會的福祉 (public good)。

　　法律的目的，不在剷除或消滅自由，而是保障並擴大自由；因此，洛克並不主張絕對無限的統治權，洛克主張政府的權力是有限的——「受限的政府」(limited government)。洛克也將政府與「公民社會」(civil society) 截然劃分，洛克一反君主主權之主張，認為公民社會及人民才是最高權力所在。

第五節　馬克思的國家論

　　面對十九世紀的自由主義，或說資本主義的宰制走向，馬克思等社會主義者提出尖銳的批判。在馬克思之前，黑格爾 (Georg Wilhelm Friedrich Hegel, 1770–1831) 的國家論學說正為普魯士的「國家至上」奠定深厚的基礎。黑格爾駁斥各種形式的「社會契約論」，認為出自個人獨斷意志 (arbitrary will) 的國家契約論主張是一種毫無根據的謬論。黑格爾以類似古希臘城邦時代國家論的論調，認為國家的存在是必要的，它是道德和倫理的整體 (moral and ethical whole)，人只有生活在國家中才能得到充分的發展。❷黑格爾將國家神聖化的結果，使得國家神格化為塵世「實在的上帝」(actual God)，有如霍布斯所形容的「有終的上帝」。

---

❹　用語上，洛克較常用共同的「約定或協議」(compact, agreement)，而少用「社會契約」(social contract)。

❷　Georg Wilhelm Friedrich Hegel, *Elements of the Philosophy of Rights*, edited by Allen W. Wood, translated by Hugh Barr Nisbet, Cambridge: Cambridge University Press, 1991, pp. 105–106, 277–279, 290.

階級鬥爭與壓制的工具

馬克思雖深受黑格爾的辯證思想影響，但其哲學信念和歷史史觀是「辯證的唯物主義」(dialectical materialism)，且其國家論的見解與黑格爾完全不同。馬克思與恩格斯在其 1848 年《共產主義宣言》(*Communist Manifesto*)中強調，「至今任何社會的歷史都是階級鬥爭史。自由人與奴隸、貴族與平民、領主與農奴……」，簡言之，就是壓迫者及被壓迫者間，形成頑強的對立情勢，進行無休止的鬥爭。❸

在馬克思與恩格斯看來，在任何社會中，總是有壓迫者與被壓迫者、剝削階級與被剝削階級的對立，而且兩陣營間永遠處在鬥爭的狀態。這種階級的對壘，是任何私有財產制社會之常態，階級鬥爭也是社會變遷的起動力。

經濟上的宰制或剝削階級，即指擁有生產工具的階級，因此歷史上隨著生產型態的改變，宰制的剝削階級也會更替，如十八世紀之前是土地貴族，到了十九世紀，生產是靠工業設備與資本時，此時新的宰制階級就是擁有資本、崇尚資本主義的「布爾喬亞」(the *Bourgeoisie*)——資產階級。布爾喬亞階級以剝削勞工階級——「無產階級」(the *Proletariat*) 的勞力，來獲取利益。

馬克思主義的學說在階級鬥爭的理論基礎上，提出有別於以往主流思想的國家理論，強調：經濟上的宰制階級，也是政治上的統治階級，即領導國家的階級；在階級鬥爭中，「國家」——或說政府、統治權威，只是表達和執行宰制階級的命令，是一個階級用來對付另一階級的壓制工具，擁有軍隊、公安、行政和司法機構的國家，是宰制階級為維護其宰制地位，而組成的公權力，是壓迫、規範、和處罰被統治階級的工具。❹

---

❸ Karl Marx et F. Engels, *Manifeste du Parti Communiste*, Paris: Editions Sociales, 1976, p. 30. 英譯本：Karl Marx and Frederich Engels, *The Communist Manifesto*, translated by Samuel Moore (1888), London: Penguin Books, 2002. 中譯本，可參：馬克思與恩格斯著，唐諾譯，《共產黨宣言》，臺北：城邦文化，2001 年。

❹ 類似的見解在柏拉圖的《共和國》(亦譯「理想國」) 一書首卷中，哲士派的特

後來在二十世紀，深受馬克思主義思想影響的歐洲結構主義代表性思想家阿圖塞 (Louis Althusser, 1918–1990) 進而說明，為達成統治的效果，國家的機器有兩大類：一是「國家的壓制機構」(*Les appareils répressives d'Etat*, ARE; repressive state apparatuses)，如政府、行政機關、軍隊、警察、法院、監獄等，必要時藉助暴力來發揮功能；一是「國家的意識型態機構」(*Les appareils idéologiques d'Etat*, AIE; ideological state apparatuses)，如教會、學校、政黨、工會或職業組織、大眾媒體和文化組織等，讓意識型態在社會中根深蒂固，以維護並保障社會結構在預定目標下正常運作。 ❹⑤

拉西馬許斯 (Thrasymachus) 與蘇格拉底辯論「正義」的意義時，就強調：「正義便是強者的權益」(Justice is only the interest of the stronger.)。Plato, *Republic*, a new translation by Robin Waterfield, Oxford: Oxford University Press, 1994, 338c, pp. 18–19.

摩爾 (Thomas More, 1478–1535) 在其《烏托邦》一書中也指出：社會中充斥著富人的陰謀；這些既得利益者將情勢合法化，以法律來維護既得的利益與被剝削者的悲慘情勢。Thomas More, *Utopia*, edited by George M. Logan and Robert M. Adams, Cambridge: Cambridge University Press, 1989, p. 108.

莊子（西元前 369–286）也有類似的見解，指出強權就是公理。莊子在老子見解上，揭露了國家的真相，從根本上質疑和否定了儒家和墨家的學說，指出：國家只不過是少數統治者殘暴的壓制工具，而取法於聖人治理國家的法度——仁義王道也是竊國和壓制人民的工具。莊子說：「彼竊鉤者誅，竊國者為諸侯。諸侯之門，而仁義存焉。則是非竊仁義聖知邪?」(《莊子》‧〈胠篋〉) 莊子要說的是，同樣的竊奪，小盜被誅，竊國的大盜就成了國君，而且向他所認定的仁義看齊，以致連仁義、良知都被竊奪了。因此，莊子對現實的一切人文制度持一種全面否定的見解，認為國家和王道都是虛假的價值，而且認為社會越變越壞，因而拒絕參政，只想做個遁世的逍遙者。莊子的政治理想是倒退到返璞歸真的社會，那是一種原始、素樸的「至德之世」，沒有文明，「同與群獸居，族與萬物並」。(《莊子》‧〈馬蹄〉)《莊子》一書，依據：莊周原著，張耿光譯注，《莊子》(內篇、外篇、雜篇)，臺北：臺灣古籍，2002 年三版。

❹⑤ Louis Althusser, "Idéologie et Appareils Idéolgiques d'Etat", *La Pensée*, No.151, Juin, 1970, pp. 3–38. 彙編於：Louis Althusser, *Positions* (1964–1975), Paris: Éd. Sociales, 1976. 英譯本：Louis Althusser, "Ideology and Ideological State Apparatuses", in *Lenin and Philosophy, and Other Essays*, London: New Left Books/New York: Monthly Review Press, 1971.

意識型態的宣導與維護是某類知識分子的責任。為了區別這類知識分子，義大

國家枯萎說

馬克思主義強調，在資本主義社會中，國家就是資產階級用來對付無產階級，和自我保護的統治工具，進而預言：資本主義社會的內在矛盾，將引發無產階級推翻資產階級的鬥爭，這是必然的宿命結果，因為持續擴增的無產階級在「異化的勞動」(alienated labour) 情勢下，變得更窮，造成資本增加與貧窮增加的惡化情勢，以致社會的根本矛盾不斷加深，使得「無產階級的革命」(proletariat revolution) 無法避免；無產階級革命的勝利，造就「無產階級專政」(dictatorship of the proletariat) 的時代，致力去除以往私有財產制下的生產體系，促成生產工具的社會共有，以終結階級鬥爭的矛盾，不再有剝削者與被剝削者之對立。馬克思主義深信，無產階級的解放將促使社會整體的解放，但在無產階級專政的過渡時期，國家暫時保存，以防布爾喬亞階級勢力的死灰復燃；然而無產階級的專政，將促成真正自由、平等、和博愛的「共產主義」社會來臨，在此一「無階級的社會」(classless society) 中，由於不再有階級的對立，因此就無國家壓制的必要，屆時，階級鬥爭的歷史停止，真正的人道主義社會開始。恩格斯進而解釋到，在這種社會中，國家變得無用而枯萎，只剩下服務管理及指揮生產的單位，㊻

利新馬克思主義的領導者格拉姆西 (Antonio Gramsci, 1891–1937) 稱之謂「建制內的知識分子」(organic intellectuals)，並將其歸類為「上層結構的公務員」。Antonio Gramsci, *Selection from the Prison Notebooks of Antonio Gramsci*, London: Lawrence and Wishart, 1971, pp. 3–9. 不同於馬克思，格拉姆西強調：「政治科學和政治藝術就是建基在統治者與被統治者、領導者與被領導者這個最原始和頑固不化的事實基礎上。」

㊻　Friedrich Engels, 'Socialism: Utopian and Scientific', in *Karl Marx and Frederick Engels: Selected Works in Two Volumes*, Moscow: Foreign Languages Publishing House, 1955, pp. 150–151. Friedrich Engels, *Anti-Dühring* (1878), Paris: Éditions Sociales, 1973, p. 320.
恩格斯強調：「國家不是被廢除，而是自己枯萎」(The state is not 'abolished', it withers away.)。但德文英譯也被譯為："The state is not 'abolished'. It dies out."
見：Friedrich Engels, *Socialism: Utopian and Scientific, with the Essay on "The*

這就是馬克思主義的「國家枯萎說」(the doctrine of the withering away of the State)；其理想是在未來真正的「共產主義」社會，人民不再感受到國家是壓制的工具。

　　但「國家枯萎說」可說是馬克思學說中最粗糙的部分。在紅色革命成功後，共黨政權以「以黨領國」(the Party-State) 和黨國一體的宰制局面，反而更全方位的仰賴國家的職能，空前壯大國家的角色和政治權力，將美其名的「無產階級專政」導向「極權主義」(totalitarianism) 的社會。❹

第六節　國家、社會與政府

　　自十九世紀末葉，探詢國家和政治權力性質的言論，導向法學家主導的時代，在政治的先驗觀點並無減少的情況下，將問題更趨抽象化。在忠於拿坡崙戰爭和普法戰爭所激勵的「民族國家」信念引導下，為滿足當時激昂的民族主義情緒，很多法國和德國的學者都將重點安置在國家與民族的關係上，把民族界定為國家重要的組成要素之一，認為國家是一個民族法制的形式。

　　無論法國或德國的法學家，普遍認為國家是一政治實體，如同自然人，是一種享有權利和義務的「法人」(*une personne morale*)。國家表達人民的意志，實現共同的目標，其法制創立公權力機構和制度，國家不僅享有權利、擔負義務的行為能力，同時也有訴訟、締約或遣使、納使的自主權。而國家與其他「法人」的最大不同點在於：國家擁有至高的「政治權力」──即「主權」。由於國家是擁有政治權力的社會組織，以國家之名施展統

Mark", translated by Edward Aveling, New York: International Publishers, 1985, p. 70. 譯為 'dies out' 有絕滅、消失之意，國家之絕滅、消失，會讓馬克思主義的國家理論，更無活化解釋的餘地。

對「國家枯萎說」另可參列寧的詮釋：V. I. Lenin, *The State and Revolution* (1917), New York: International Publishers, 1943.

❹　對馬克思主義更詳細的說明，可參本書作者的相關研究：王晧昱著，《追逐理想國：政治福音與社會重建》，臺北：韋伯文化，2000 年，第五章「共產主義的福音與無階級的社會」，頁 211–259。

治權力，因此承續這種見解的法國政治學者比爾多 (Georges Burdeau, 1905–1988) 認為：「國家就是制度化的權力」。**48**

「武力說」之再興

進入二十世紀，歐陸眾多學者認為國家的法制觀是無用的見解，承襲布丹等人的見解，認為國家是武力所造成的。重要學者如法國的法政學者迪吉 (Léon Duguit, 1859–1928)、德國的政治社會學者韋伯和奧本海默 (Franz Oppenheimer, 1864–1943) 等，均指出法制只是確認了國家存在的事實，而不是由它來創造國家，國家之創造最初均來自統治者及其統治團體成功的壟斷壓制權。

就國家的原始起源而言，吾人認同布丹、孫中山、奧本海默等人的主張，認為國家是由武力征服所造成的 ('conquest theory' of the State)。**49**但這種武力可能用於征服，即強的部落以武力征服弱的部落；或是為共同防禦，即部落間結為攻守同盟後，進化而來。但無論如何，後續發展上，為求長治久安，必須由武力高壓的「霸道」，進化為強調公正、凝聚社會情感和國家認同的「王道」社會，否則存續上終將是戰禍連年的衝突局面。

國家是在聚集眾多社群的疆域中，由武力造成的政治體，其內有統治者與被統治者、命令者與服從者的位階分別。為了長治久安，防範內部可能的叛亂和外來的侵略，統治階級必須持續配置武裝力量，建立有統治效果的機構，發展出各種政治社會的典章制度，並運用有效的手段或一體化政策來化解衝突，而強制的工具就是政治權力機關，負責落實統治階級構思的政策和計畫。

---

48 Georges Burdeau, *L'État*, Paris: Éditions du Seuil, 1970.

49 可參：Franz Oppenheimer 著，薩孟武譯，《國家論》，臺北：三民，1977 年臺初版。

「國家」與「社會」、「民族」、「政府」概念上的差異

　　廣義地說，不論霸道或王道統治的社會，國家乃是強調以統治主權為基礎的政治社會組織。而「社會」(society) 則泛指人群組織，且是依生活上的需要，或依同類意識 (consciousness of kind)、或因利益的連帶關係而形成的人群集合體，有小至村落社會，大至國際社會的差別，且比著國家而言，在演化的程序上，社會是先國家而存在。但社會與國家的差別在於，國家是人類集合體中最權威的政治集合體，強調其統治關係；反觀社會，並不享有至高無上的統治主權，也無政治權威治理的型態。

　　再者，「民族」與國家也不同，民族強調血緣、歷史與文化關係，是一個國家的凝聚力量，但心態上轉向狹窄的地域「種族」偏見時，不僅成為仇外的因素，也可能造成國家內部族群的分裂。❺⓪受到拿坡崙戰爭和普法戰爭的激勵，為體現激昂的民族主義情緒，很多歐陸學者把民族界定為國家的要素之一，將重點安置在國家與民族的關係上，認為國家是一個民族法制的形式。本書雖未對民族問題，立專章予以論述，但它絕對是研究某一國家時，不容漠視的重要單元。

　　至於「國家」與「政府」的差異，自馬基亞維利以來，或在馬克思主義的學說中，「國家」有等同「政府」的意涵。在此，經解說各家有關國家之理論學說和見解後，吾人可釐清「國家」與「政府」在概念上的差異，並理解其相互關係。吾人在本章之前段，已將「國家」廣義地界定為：以土地、人民、主權、政府為要素的政治社會。在時間上，國家有永久性和不朽性的預期，然政府不同，政府是國家藉以表現權威的工具，在憲政民主的國家中，政權因民意的改變而有所更替。從當代民主憲政的概念分析，政府是依據國家根本大法——憲法所規定的程序，取得並運用因人民委託而衍生出的權力 (derivative power)，因此，政府的政務官是要隨著選舉後的

---

❺⓪　有關國家與民族：Hagen Schulze, *States, Nations and Nationalism: From the Middle Ages to the Present*, translated from the German by William E. Yuill, Oxford: Blackwell, 1996.

政黨交替而進退。雖然在政治發展落後的國家，有時仍然會以革命或政變的手段，來達到奪權的目標，或以專橫的手段持續當政，然而無論如何，新政府出現，或舊政府退位，國家仍然存在；如果國家發生變化，如實質亡國的局面發生時，則政府必隨之消失。總言之，本質上，國家包含政府，但政府並不等同國家。由於政府是執事者，且總以「國家」之名行事，因此在用語上，人們習慣將「國家」和「政府」交互使用。

國家與政治權力

　　政治學中思考「國家」，主要是為了對「政治權力」的存在及其作為，給予正當和應然的解釋，讓統治與服從的關係成為必然，讓國家成為統治權力的所在和支撐。對公權力的服從，形式上不是屈從於人的意志，讓人民對統治權力的服從變得高貴化，為政治權力提供一種可鞏固其基礎的排場，讓社會大眾同意統治者與被統治者間的差別，以期政治權力能為社會帶來長治久安的功效。因此，國家有其神祕的一面，也是權威的一種形象。

　　國家就是權威的安定住所，統治者不時以其名負責統治。他們炫耀國家的聖名，實際上是表達了統治者的性情、情緒和利益，但都歸因於國家，有時像馬克思所譴責的國家成為「壓制的工具」，藉以鞏固和維護統治者的既得利益。

　　隨時代的變遷和公民意識興張的影響，國家的理念和權力的型態都有所改變，普遍表現在擺脫「人治」的傳統，轉向認同「法治」，以致不再認同「朕就是國家」(L'État, c'est moi.) 的說法，轉而認同國家才是權力所在的主張，政府的領導權成為政治人物競爭的目標，誰能成為主宰者，誰就擁有難以匹敵的行動資源，可創建有利其權威的法治規範。被認為是國家代理人的統治者，擁有正當和合法的統治地位，其政敵或反抗者只有忍受國家機關所准許的規範，否則就要採取反叛的行動和體制外的隨機手段，並接受武力的考驗。

　　人民對國家的認知是一種迷思，吾人服從公權力，並不是因為官員的意願決定我們的行為，而是國家的權威。譴責政府官員無能、民代失職，

這種評價隨著公職人員展現人性的弱點，愈不稱職，則愈受人民嚴厲的譴責，認為是一種罪過，因為權威並不是他們專屬的財產。當國家領導人變換時，國家持續存在，當人民對國家的信念堅定，則這種信念可支撐政治權力和政體之運作；沒有這種信念，則政治社會的一切可能瓦解。

第七節　國家的理論分類與普遍的民主政治走向

柏拉圖的分類

在政治學的傳統習慣上，對國家之分類，主要以政體為指標，分類每一時期不同的國家。在柏拉圖與亞里斯多德著作中，出現了以後西方政治學中對國家分類所沿襲的方法。柏拉圖在其思想過渡時期的作品——《政治家》(*Statesman*) 一書中，依據二項標準：一是行使最高權力者的人數，一是政府是否受法律的約束，並且為全民謀福利，分出六類國家：君主政治 (monarchy)、暴君政治 (tyranny)、貴族政治 (aristocracy)、寡頭政治 (oligarchy)、溫和的民主政治 (moderate democracy)、偏激的民主政治 (extreme democracy)。(51)

這是典型的理論分類，為的是要方便解釋，並藉以分類比較上百個城邦國家。柏拉圖的弟子亞里斯多德就沿襲其師的六分法，曾彙編一五八個城邦國家的政治型態。柏拉圖和亞里斯多德的六分法，為後世的羅馬法學家所遵守，也成為西方政治學分析上理論分類的基準。

---

(51) Plato, *Statesman*, edited by Julia Annas and Robin Waterfield, translated by Robin Waterfield, Cambridge: Cambridge University Press, 1995.
柏拉圖在其最有代表性的政治著作——《共和國》(*The Republic*) 一書中，曾力倡應由「哲王」(Philosophers-Kings) 主政的理想政治社會。由於這種強調「人治」的「賢人政治」(sophocracy)，難以實踐，因而只有退而求其次——行「法治」，這在柏拉圖觀念中歸類為「次好」。有關柏拉圖的理想國研究，可參：王晧昱著，《追逐理想國：政治福音與社會重建》，臺北：韋伯文化，2000 年，頁 43–91。

後來霍布斯則指出，最高統治權之行使，依其屬於一人或眾人之議會，而有不同類型的國家，但由於國會又可分為人人可參與的公民大會，和只限於某些少數人參與的議會，因此主權之所屬，計有三類型的國家：一是主權屬一人的君主政治；二是主權屬於公民大會的民主政治；三是議會歸少數人把持的貴族政治。除此三類型外，別無他種類型，因為國家之統治必在一人、或少數人、或全民。霍布斯指出，以往政治名稱上，有暴君政治、寡頭政治和無政府之名稱，都不是國家的類型，而是經好惡之價值判斷而有之稱謂。霍布斯認為國家或政體的種類是不能因人之好惡而有所增減。❷

開放社會與封閉社會──民主與獨裁

十九世紀後，歐美國家民主憲政的發展，以及二十世紀遭受極權政體的打擊，使得學者對國家型態的分類，除了主權之所屬外，更重視統治者與被統治者之關係，以及政治領導者產生的方式，和客觀大政治環境的情勢，因而出現現代的分類方法，如從社會環境面，予以總體宏觀的分類：一是容許政治勢力和平競爭的，歸類為多元的民主政治社會 (pluralist democracies)；反之，禁止反對勢力的存在，政治由一黨壟斷及權力一體集中者，則歸類為壟斷統治 (monocracies) 的國家。雖然形式上在壟斷統治的國家中，也有憲法，但那只有裝飾的作用。

巴柏 (Karl R. Popper)，在其《開放社會及其敵人》(*The Open Society and Its Enemies*) 一書中，有「封閉社會」(closed society) 與「開放社會」(open society) 的理論二分：這兩種純屬理論的二分類型，前者指專制和極權主義傾向的社會，有著高壓統治的制度及重重的禁忌，思想和言論也受到箝制；相對而言，後者則指自由主義傾向的社會，人人為社會地位競爭，社會的互動建基在個人的職責、自由與理性的基礎上，且批判的思想和科學的精

---

❷　霍布斯對國家和政體的分類分析，見《利維坦》一書的第二篇、第十九章 (Thomas Hobbes, *Leviathan*, op. cit., Part II, Chapitre XIX)。

神活躍。 ⑬

　　開放社會是當代政治社會的發展走向。開放的民主政治社會瓦解了舊社會在身分地位上的階級制度，讓每個人享有平等的權利，且在不威脅開放社會存續的原則之下，容許百家爭鳴，允許質疑主流思想和當權者。開放社會的「多元主義」(pluralism) 認定社會中對追求「共同福祉」(common good) 之內容，不可能有一致的見解，且對不同的人會有不同的意義，因此尊重個人出於自身利益的考量，所選擇的政治參與行動。在開放的民主政治社會，政治人物以競爭人民之選票，來確定政治領導權之誰屬，民主是一種透過選舉來授權執政者的政治市場運作機制，各政黨影響選民——政治「消費者」的偏好，不僅製造議題，且試圖掌控議題的發展。

　　現今，自由主義與憲政主義成為民主政治文化的重要內涵，歐美國家在憲政體制上提供了數種民主政體的典範，也成為其他國家「西化」——現代化的榜樣。這種強調由人民當家作主的民主憲政社會，普遍有的特徵，吾人至少可歸為以下八點：一、在平等的基礎上，保障人民的權利和私有財產；二、人民有思想、言論、集會和結社的自由；三、公民社會中形成競爭的政黨體系 (competitive party system)，且利益團體相互牽制；四、透過選舉，由人民來決定執政者，政權得以和平轉移；五、在野的勢力自由協議，可自主地批判執政者；六、政府的權力受到限制和規範，其一切作為應合於「正當法律程序」(due process of law)，依法而治；七、文人領導軍政；八、司法獨立。

　　現今，仍由歐美國家指引民主政治的發展方向。相較起來，愈是先進的國家，其公權力愈有所節制；反之，經濟上愈落後的國家，其政府愈專制，甚至有獨裁的走向。

　　事實上，經濟上落後的國家很難穩健地推行自由民主的憲政體制，這

---

⑬　Karl R. Popper, *The Open Society and Its Enemies*, London: Routledge, 1966. 中譯本：莊文瑞、李英明譯，《開放社會及其敵人》，臺北：桂冠，1989 年。
早在巴柏之前，法國哲學家貝格松 (Henri Bergson, 1859–1941) 就做出封閉社會 (*la société close*) 與開放社會 (*la société ouverte*) 之分。巴柏承襲了這種二分，但從思想史的角度，批判了他所謂的極權社會的啟蒙者。

大致可歸因於: 在政治方面, 維護既得利益的統治階級及其官僚體系, 結構腐化; 在社會方面, 根深蒂固的古老社會結構, 欠缺上進的中間階級; 在文化方面, 社會受到傳統宗教信仰文化的牽制, 精神上守舊、反動; 在經濟方面, 資源和資金匱乏, 以及受到或曾受到外來帝國主義殖民經濟的長期壓抑和剝削; 在科技方面, 生產技術落後, 生產不合經濟效益; 在地理因素方面, 生存的自然環境、氣候、和資源都不利於經濟發展; 在人口因素方面, 人口過多, 生產的成長率遠遠落後於人口的增長率。

美國政治學者李普塞 (Seymour Martin Lipset) 強調經濟發展與民主政治有很大的關連性。[54]他認為在經濟發展相對富裕的國家, 貧富差距縮小, 政治態度較為平衡的「中間階級」(middle class) 占多數, 而且利益團體之相互牽制, 以及民眾對政治的關注力, 皆有利於民主政治的發展; 此外, 教育程度的提升, 也有助於寬闊人民的包容心 (tolerance), 讓民主政治的信仰得以鞏固。

在民主社會中, 政治體系的運作致力容納並化解社會各種勢力和利益團體的訴求與衝突; 如此才能被社會群體所認同, 視其為合乎正統——有「合法性」(legitimacy)。李普塞即以化解社會衝突 (social conflict) 的效能, 與人民所認定的正統, 來解釋民主政治社會的穩定。[55]化解社會衝突的效能和人民認同為正統程度愈高的國家, 愈是高度民主的社會。社會衝突的惡化會帶來政治危機; 利益衝突的極端惡化, 將徹底質疑政體的存續價值。多元開放的民主政治社會, 相較於專制或極權的社會, 其制度之優點即在於能溫和地化解社會的利益衝突。

李普塞指出, 社會中的任何階層——無論上層、中層、下層, 皆有偏激 (extremist) 走向的可能; 而任何階層的偏激走向, 必危害到民主政治之延續。尤其貧窮國家的一般民眾, 只關心經濟生活之改善, 普遍漠視公民自由之議題, 也不積極參與民主政治, 不支持多黨競爭的發展, 且因教育

---

[54]　Seymour Martin Lipset, *Political Man: The Social Bases of Politics*, Baltimore: Johns Hopkins University Press, expanded edition, 1981. 中譯本可參: 李普塞著, 張明貴譯,《政治人》, 臺北: 桂冠, 1991 年。

[55]　Ibid., Chapter 3: Social Conflict, Legitimacy, and Democracy, pp. 64 et s.

水準的低落，很容易接受簡單而又僵化的政治教條甚至倒向偏激的信仰，接受可立即全面改善生活情況的政治宣傳，並屈從威權主義；但在教育普及、經濟發展先進的國家，人民普遍反對偏激的走向──如共產主義。**⑯** 但吾人也不能忽視的是，先進國家在過去發展過程中，當社會的中間階級利益受損或受威脅時，也會出現支持偏激走向的政治勢力，這在義大利、德國、法國和美國都曾出現過，如：義大利的「法西斯主義」(Fascism)，德國的「納粹主義」(Nazism)，法國的「布熱德運動」(*Poujadisme*)，和美國的「麥卡錫主義」(McCarthyism)。**⑰**

國家之新分類──新興國家政治發展走向

實踐民主憲政的理想是當代國家的普遍走向。二次大戰後，有六十多個國家走向主權獨立，且在大環境的督促和壓力下，無論在政治或經濟方面，也都致力於「西化」的改革，以期追趕歐美社會的生活水平。

美國學者杭廷頓 (Samuel P. Huntington) 提出三波民主化浪潮之說。杭廷頓認為，美國和法國大革命後，民主化潮流的「第一波」(first wave, 1828–1926) 主要由美國、英國和西歐等國家所帶動──杭廷頓主要以選舉權的普及為基準，其中美國、英國、愛爾蘭、冰島、瑞士、瑞典、芬蘭、加拿大、紐西蘭、澳洲等國家的民主政治持續穩健發展，而法國、德國、

---

⑯　Ibid., Chapter 4: Working-class Authoritarianism, pp. 87 et s.

⑰　Ibid., Chapter 5: 'Fascism'─Left, Right, and Center, pp. 127 et s.
1954 年布熱德 (Pièrre Poujade) 創立所謂法國「防衛小商人和手工業者聯盟」(*L'Union de Défense des Commerçants et Artisans*, UDCA)。法文中，「布熱德運動」(*Poujadisme*) 的貶義指「目光短淺的要求」。
所謂的「麥卡錫主義」(McCarthyism) 實指「麥卡錫恐慌」，即美國在冷戰初期──1946 年至 1955 年間，由威斯康辛州聯邦參議員麥卡錫 (Joseph Raymond McCarthy, 1908–1957) 所領導的參議院調查小組濫權，以不愛美國、顛覆美國等不實罪名，掀起恐共情緒，導致美國社會出現排斥「左傾」──「自由派人士」的作為。麥卡錫恐共情緒所帶動的社會不安，有著納粹主義興起時的初期症狀，所幸美國不久就有所警覺，譴責訴諸民粹走向的迫害，譴責聲浪最終迫使麥卡錫於 1954 年末辭去參議員一職。

奧地利、義大利、比利時、丹麥、日本等國，則遭受法西斯「反民主潮流」(first reverse wave/reverse wave of Fascism and Nazism, 1922–1942) 的衝擊，一度停頓。杭廷頓認為「第二波」的民主化潮流時興的時期較短 (second short wave of democratization, 1943–1962)，民主化的國家有哥斯達黎加、甘比亞、以色列、馬來西亞、委內瑞拉等國家，然巴西、印度、巴基斯坦、南韓、菲律賓、祕魯、土耳其等國，不久就遭受第二波反民主潮流 (second reverse wave, 1958–1975)──專制獨裁政治或軍人干政的打擊，而曾中斷；杭廷頓指出「第二波」在學術上帶動政治學的體系分析和政治文化的比較研究。杭廷頓認為「第三波」的民主化潮流，是從 1974 年葡萄牙獨裁政權的瓦解，往民主化方向發展開始，其後十五年，波及東歐、拉丁美洲、和亞洲國家，約有三十個國家民主政體取代了先前的獨裁專制政府：70 年代末，拉丁美洲國家如多米尼加共和國、薩爾瓦多、瓜地馬拉、宏都拉斯、尼加拉瓜、巴拿馬迎合民主潮流；到了 80 年代末，東歐共產國家和前蘇聯的加盟共和國也淹沒在「第三波」的民主化潮流中。❺⑧

　　二次大戰後新興國家的發展，激勵了眾多歐美學者投入政治發展的研究，進而也帶出對國家類型的新分類。在眾多有關政治發展的研究成果中，吾人選擇較好的理論分類──「希爾斯的分類」，藉以說明現今的國家類型。

　　希爾斯 (Edward Shils, 1910–1995) 在其《新興國家的政治發展》(*Political Development in the New State*) 一書中，將政治社會分為五種理論類別。❺⑨第一類是政治民主 (political democracy)，即指歐美式民主，其特徵在於：自由主義的原則下，主權在民，行自由市場經濟，各種政治勢力競向民意競爭，而且傳播媒體也極為活躍；社會組織功能多元且專業化，統治階層由多元的精英組成，政府的權力分立且相互制衡；此外，在司法獨立的原則下，人民的權益得到保障。

---

❺⑧　Samuel P. Huntington, *The Third Wave: Democratization in the Late Twentieth Century*, Norman (OK): University of Oklahama Press, 1991, pp. 13–26.

❺⑨　Edward Shils, *Political Development in the New State, Comparative Studies in the Society and History*, The Hague/Paris: Mouton, 1966.
　　對政治發展議題之進階思索，可參：Myron Weiner and Samuel P. Huntington (eds.), *Understanding Political Development*, Boston: Little, Brown and Co., 1987.

　　第二類是行「監護的民主」(tutelary democracy)，即自稱有民主政治的結構，受西化影響的政治精英，也以效法先進的歐美國家自我期許，也容許政黨競爭；但實際上，其政治情勢表現出相當濃厚的威權色彩，有賴強人的監護，行政權高漲，立法機構權力不彰，司法也不獨立。

　　第三類是「現代化的寡頭統治」(modernizing oligarchy)，普遍出現在政變或革命以及脫離殖民地地位之後。嚴格說來，這種國家並無民主政治，政治權力是由權勢幫派或軍人掌控，政治上壓制政黨競爭，憲法也被擱置，當政的統治階層雖可能標榜民主,但社會的現實情況是根本不存在所謂「競爭型的政黨體系」，執政黨之外的其他政黨只是陪襯性質。但在這種現代化的寡頭統治社會，統治者也必須尋求經濟發展，致力去除貧窮，掃除傳統社會惡習，改善人民生活。因此，在這種社會中，政治上雖是專制、威權的，但在經濟發展方面致力謀求現代化，成功的經濟發展，可能在後續發展上轉向「監護的民主政治」。

　　第四類型是行「極權的寡頭統治」(totalitarian oligarchy)，它與前三類不同的是：政治之控制擴及到社會的每一個角落，且行「一黨專政」、「以黨領國」，且統治者喜好「個人崇拜」，激勵人民慶典式參與，要求社會每一位成員，認同官方宰制的意識型態，否則視為異端。「極權的寡頭統治」又可細分為兩種類型：一是「布爾什維克式」，即共黨模式；一是「法西斯式」。吾人在此，可以弗雷德里克 (Carl J. Friedrich) 及布爾澤贊斯基 (Zbigniew K. Brzezinski) 合著的《極權獨裁統治與專制政治》(*Totalitarian Dictatorship and Autocracy*) 一書中，對極權政治的研究，來充實希爾斯的解說。他們認為，無論是布爾什維克式，或是法西斯式的「極權主義」(totalitarianism) 皆有六大特徵：一、有一種官方宰制的意識型態，即一套宰制生活各面向的政治信仰和官方學說；二、在發動個人崇拜的獨裁者 (dictator) 領導下，行一黨專政；三、有一嚴密監控人民生活各面向的公安體系；四、宣傳工具集中控制；五、全面控制各類武裝部隊；六）行中央管制經濟。⑩漢娜・鄂蘭 (Hannah Arendt) 在其《極權主義的緣起》(*The*

---

　⑩　Carl J. Friedrich and Zbigniew K. Brzezinski, *Totalitarian Dictatorship and Autocracy*, Cambridge (Mass.): Harvard University Press, 1956/New York:

Origins of Totalitarianism) 一書中指出：法西斯主義中最偏激特殊的典範類型——納粹的國家社會主義，與史達林主義的表現極為相像。**❻**

　　希爾斯分類的第五類型是「傳統的寡頭統治」(traditional oligarchy)，即指君主朝代型,政治社會的運作是建基在傳統習慣而不是憲政基礎之上，統治精英的甄補是依血緣出身，即世襲制，重視的是既得利益的維護，畏懼新時代的變遷要求。然而到了二十世紀 60 年代後，僅存的舊王朝也很難阻擋現代化的趨勢，因此，也轉化趨近「現代化的寡頭統治」，推動除貧政策，改善經濟情勢，希爾斯稱之為「傳統傾向的寡頭統治」(traditionalistic oligarchy) 以茲辨別。

　　希爾斯的理論分類，有助於當代國家之分類和政治社會變遷之研究。吾人為靈活運用其分類，來解說政治發展之變遷走向，或許可藉助下列簡圖，突顯當代社會之政治發展，和各類國家在光譜上的處境——‘1’ 代表第一類型，‘5’ 代表第五類型，‘5b’ 則代表第五類型的轉化型。為活化理論和樣版類型之運用，讀者可依「自由心證」，試將所熟悉之國家或政權安置於各類型，或類型間的「連續體」(continuum) 中思量和解說。此一簡圖可評比不同國家，亦可勾勒某一國家在歷史上不同政權的先後發展，不論是前進或後退。如果讀者對此簡圖並不感到滿意，或認為可增加新類型，則可另行嘗試以其他圖型，試以解說。

第八節　國際社會中多國之統合：邦聯與聯邦

　　近代的「民族國家」普遍是中央集權的「一體制」(unitary system)，地

　　　　Friedrich A. Praeger Publishers, 6th printing, 1965, pp. 9–10.

❻　Hannah Arendt, *The Origins of Totalitarianism*, New York: Harcourt, Brace and Co., 1951, pp. 303–304.

方政府的權力是由中央政府所賦與，且要聽命於中央政府，中央政府可收回地方政府的權力，甚至廢「省」。

在國際社會中，不乏多國進行政治統合的例子，歷史上多以「邦聯」和「聯邦」為「理想類型」(ideal types)，形成新政治組合。❷ 歷史經驗顯示，「邦聯」(Confederation) 是某些國家為某種目的或多種目的，透過條約或政治協定所達成的結盟狀態，其組織運作屬「政府間合作」(intergovernmental cooperation)；在這種結盟狀態下，邦聯的各成員國，仍然保留了原有的主權，由於主權的考量及決策上的「全體一致決」(unanimity) 要求，使得邦聯的組織結構鬆散，在歷史上存續的時間不長，現今的「大英國協」(British Commonwealth of Nations) 就是一個鬆散的邦聯。

歷史上也不乏邦聯成功地進化為聯邦的例子：如 1777 年到 1789 年的美國及 1848 年以前的「瑞士邦聯」(*la Confédération helvétique*; Swiss Confederation) 等，都是成功地進化為聯邦的最佳範例。瑞士至今雖仍然保留了「邦聯」之稱號，但實際上是「聯邦」國家。現今，如以邦聯與聯邦為標準，衡量歐洲統合運動的發展，那麼「歐洲聯盟」(European Union) 不是一個邦聯，也不是一個聯邦，而是在這兩種理想類型間，尋求定位的共同體。❸

聯邦制度──政治學上的一大發明

大體而言，邦聯制度畏懼主權的釋放；若要組合成「聯邦」──一種新的「上位國家」(super-State)，則各邦必須要依照約定釋出部分主權，造就一個「上位政府」(super Government)。「聯邦國」(Federal State) 之建立，

---

❷　國際社會中，國家聯合之形式──邦聯與聯邦，本書在界定上，接近國際法學者 Paul Reuter 及 Jean Combacau 的觀點：Paul Reuter et Jean Combacau, *Institutions et Relations Internationales*, Paris: P.U.F., 1986, pp. 119–131, 286–292.

❸　有關歐洲聯盟和歐洲統合運動的發展，可參本書作者的相關研究：王晧昱著，《歐洲合眾國：歐洲政治統合理想之實踐》，臺北：揚智文化，1997 年。

是一種更動政治實體的政治計畫，其目的是在維護各邦權益的基礎上，建立一個更強而有力的政治實體和「上位政府」；從此，聯邦政府就如同國家政府，直接對其屬民發生作用。聯邦政府可徵稅，為建軍而徵兵，並要求各邦及人民服從其決策，而且聯邦的法律高於各邦的法律，各邦要切實執行聯邦的法律。歷史經驗顯示，進化為聯邦國，除了有來自內部的要求外，外在情勢的壓力也是重要因素。

籌建聯邦的理想是建基在「補充原則」（或稱「輔助原則」，*le principe de subsidiarité*; principle of subsidiarity）上，以期在追求共同利益和福祉方面，發揮最佳的功效：即因事務的範圍及所顧慮的成果，由各邦無法有效達成，而僅能靠一體化整合的力量方為適當的領域，如國防、外交、貨幣、和內部大單一市場等事項，交予新創的「上位政府」來統籌管轄。⁶⁴ 實踐上，自聯邦憲法正式生效起，在這些極重要的領域，各邦已釋出主權，託付給聯邦政府管轄。建基於「成文憲法」的聯邦政府，與組成聯邦的各邦，要依憲法之規範，分權而治。在聯邦憲法的規範下，從此在各邦的法律秩序之上，疊構一種新的聯邦法律秩序，聯邦的法律凌居各邦法律之上，直接適用於各邦，而且聯邦擁有有別於各邦的自屬行政、立法和司法機構。至今，在一廣土眾民，且不願意接受中央集權的「一體制」，但又希望形成比「邦聯」有力的政治實體，則「聯邦」是一種最有效的「政治發明」(political invention)。⁶⁵

此外，美國的經驗顯示，致力尋求一體化整合的聯邦國，隨著相互利益的匯合和聯邦的鞏固，就不容許各邦擅自退出聯邦，1861 年南方七州脫離聯邦，造成美國「內戰」(civil war)──「南北戰爭」。

創建聯邦國的經驗顯示，大致可分為兩種不同目的所組合成的聯邦：一是「結合型的聯邦」(*fédéralisme par association*)，即原先各自獨立、自

---

⑥⁴ 同上，頁 45–47。

⑥⁵ 法國學者托克維爾 (Alexis de Tocqueville, 1805–1859)，在其《論民主在美國》 (*De la Démocratie en Amérique*, 1835) 一書中指出：美利堅合眾國的聯邦制度是「政治學上的一大發明」(*une grande découverte dans la science politique*)。Alexis de Tocqueville, *De la Démocratie en Amérique*, Paris: Garnier-Flammarion, 1981, Vol. I, Chap. 8, p. 233.

主的政治實體，為尋求更高的共同福祉，政治上結合成命運的共同體，美利堅合眾國或瑞士就是典型的代表；另一種則是「分解型的聯邦」(*fédéralisme par dissociation*)，即政治上統一在一國之內的對立民族，為擺脫中央集權，尋求一種可表現差異，並可繼續共存的統合方案，「比利時王國」就是典型的代表。❻❻

比利時從過去中央集權的「一體制」，進化為分權地方的「聯邦制」；這種晚近的發展，肇因於種族、語言、文化差異所形成的「社會分歧」(social cleavage)——國內兩個主要族群間的對立情勢。

解決「區隔化社會」的分裂危機

比利時是「區隔化的社會」(segmented societies)，全國被區隔為互相敵視對方語言的單語區：大致以雙語區比京布魯塞爾為界，其北為弗蘭德斯 (*Flandres*) 地區，聚居弗萊明人 (Flamands)，語文是荷語系的弗萊明語；布魯塞爾以南是瓦隆人 (Wallons) 的法語區；另在比利時東部則有人口只占百分之零點七的德語人口。

1831 年獨立的比利時王國，是在主控政治與經濟的瓦隆人主導下完成，因而當時獨尊法語，在中央與地方關係上是屬中央集權的一體制國家，這種情勢維持到 1970 年。比利時經 1970 年、1980 年、1988 年和 1993 年四次修憲的「憲政工程」改造之後，終於將比利時從過去中央集權的「一體制」，進化為分權地方的「聯邦體制」。相較於美國等國的「結合型的聯邦」而言，比利時的聯邦制度是一種「分解型的聯邦」走向。經修憲後的比利時憲法第一條明示：「比利時是聯邦國家」。❻❼

---

❻❻ Louis Favoreau, Patrick Gaïa, Richard Ghevontian, Jean-Louis Mestre, Otto Pfersmann, André Roux, et Guy Scoffoni, *Droit Constitutionnel*, Paris: Dalloz, 2000, pp. 423–424.

❻❼ 對比利時聯邦化改革：John Fitzmaurice, *The Politics of Belgium: Crsis and Compromise in a Plural Society*, with a foreword by Leo Tindemans, London: C. Hurst, 1983. John Fitzmaurice, *The Politics of Belgium: A Unique Federalism*, with a foreword by Guy Spitaels, Boulder (CO): Westview Press, 1996.

　　現今很多國家實行聯邦制度，除美國、瑞士、比利時外，還有德國、加拿大、墨西哥、阿根廷、澳洲、印度等國家。但各國間因政治文化以及聯邦和各邦間權責分配的差異等因素，導致聯邦制的風格有所不同，而且經驗顯示，設計上聯邦制度籠罩面的大小、強弱是可以調整的。但歷史經驗也顯示，聯邦國家為因應內外環境的變化，使得聯邦政府的權力有持續擴增的走向；但因此而認為各邦的自主性變得愈來愈弱的觀點，也是對聯邦體制錯誤的認識，因為各邦也致力於維護其所剩餘的主權，更細心監督聯邦政府的權限。

第四章　政治社會之運作
——政治體系的結構功能分析

　　在上一章中，吾人論述了政治社會的起源及其發展——尤其民主化的走向；在本章中則有必要對政治社會的內部運作予以要點論述。長久以來，政治學者就試圖建立一種可放諸四海皆準的分析國家架構，以期能全面觀照其運作情勢。至今在這方面較好的貢獻就是「結構功能學說」(structure-functionalism)，致力於對政治社會——「政治體系」做結構功能分析。

第一節　社會體系的結構與功能

社會體系——或說「社會有機體」

　　無論是「體系」或稱「系統」(system)，或是「結構」(structure) 和「功能」(function)，這些從自然科學所引進的概念用詞，用在人文社會學界，實有顯耀其科學走向的意圖。但這些學者所運用的用語，在意義的界定上也相當分歧，而且也因運用上的不夠生動，讓人有相當抽象之感，以致在美國社會學界被奉為大師級的人物——曾大力推廣「體系」概念和「結構功能分析」的「系統」理論代表帕森斯 (Talcott Parsons, 1902–1979)，其最著名的代表作——《社會體系》(*The Social System*) 一書，❶雖企圖為社會科學建構鉅型理論，然而令虛心的讀者不僅感到深奧、難懂，也為學子增加挫折感。在其書中，除了專門用語的無意刁難外，帕森斯令人難以親近

---

❶　Talcott Parsons, *The Social System*, Glencoe (Ill.): Free Press, 1951. 另可參比：Talcott Parsons and Edward A. Shils (eds.), *Toward a General Theory of Action*, Cambridge (Mass.): Harvard University Press, 1951.

的冗長文筆，也是有目共睹的不爭事實。❷

　　帕森斯的功能學說分別受到孔德、史本塞 (Herbert Spencer, 1820–1903)、以及英國波蘭裔的人類學家馬林諾斯基 (Bronislaw K. Malinowski, 1884–1942) 和德國社會學家韋伯的影響。功能學說中的「系統」、「結構」、和「功能」概念，主要受「生物有機體」(biological organism) 學說的影響。孔德、史本塞等人均曾視「社會」有如生物之「有機體」(organism)，在「功能整體」的邏輯和解剖構造的觀念下，思考和檢視客觀生存條件，以及有機體內緊密連結的結構和功能契合關係。史本塞在說明社會之結構和功能時，就偏好運用生物構造予以比擬社會，並以「社會有機體」(social organism) 稱之。照他的說法，社會也有各種系統的器官 (organs)，可與人體的器官相比擬，其主要者如：一、維持系統 (sustaining system)，就是社會的產業、工業組織 (industrial organization)，好像人體的食物及消化器官 (alimentary organs)；二、分配系統 (distributing system)，就是社會的商業組織 (commercial organization)，好像人體的循環器官 (circulatory organs)；三、調節系統 (regulating system)，就是社會的政治組織 (political organization)，好像人體的精神動力器官 (nervo-moter organs)，政治組織中的立法機構則有如人的大腦。有機體內的各組成部分，不僅相互緊密連結，且應功能契合。史本塞強調，各器官的特殊功能，在整體協同運作和功能契合的條件下，使個體能存活於所生存的環境，並在自然秩序的「生存鬥爭」(struggle for life) 環境中，加大生存的空間和機會。❸

　　以帕森斯為首的美國功能學派，所推廣的「體系」概念和結構功能分析的「系統理論」，所要致力的就是對「社會有機體」——即社會體系，進行結構與功能分析。功能學派認為社會體系中相互關聯、契合的功能特性，

---

❷　美國學者米爾斯認為帕森斯可以一百五十頁左右完成的專書，卻以令人難懂的冗長文筆，寫了五百五十五頁！(p. 31.) 米爾斯對帕森斯的批判：C. Wright Mills, *The Sociological Imagination*, op. cit., Chapter 2: Grand Theory, pp. 25–49.

❸　Herbert Spencer, *The Principle of Sociology*, New York: D. Appleton and Co., 1897, Vol. I–2, Part II, Chap. II–IX, pp. 449–548. 對「社會有機體」更摘要的節錄，可參：Herbert Spencer, *On Social Evolution*, edited by J. D. Y. Peel, Chicago: The University of Chicago Press, 1972, Midway reprint 1983, pp. 53–70.

連結成「功能體系」(functional systems)，體系內的各部門——「次體系」
(sub-systems)、「次結構」(sub-structures) 相互連結，協同運作，致力維護有
機體的平衡 (equilibrium) 與契合。帕森斯的社會體系是自我調整
(self-regulating)、自我平衡 (self-balancing) 的體系，分享相同的價值和信仰，
且有著自我再造 (self-reproduction) 的機制。

總體社會的「大理論」

功能學派運用「體系」、「結構」和「功能」等化約的概念用詞，有宏
觀解釋總體社會的意圖。簡單地說，「體系」就是相互連結的社會組合體，
小自家庭，大到國際社會，都可以「體系」為化約的分析概念。體系是多
面向多層次的，它可以包含「次體系」，也可能是另一體系的次體系。總之，
社會體系就是對社會化約的概念，強調整體性。在社會體系的概念下，「結
構」(structure) 及「結構主義」(structuralism) 的見解，也都是要強調社會現
象的有機連結和互為因果，但社會「結構」偏重社會內部構造，聚焦於社
會組織體。受到馬林諾斯基的影響，功能學派認為社會組織和社會制度的
存在，為的是滿足人類的需要，因此社會中的任何組織或制度，皆有其「功
能」。

功能學派為研擬總體社會之宏觀理論，認識上勢必將其研究對象，化
約到相當抽象的層次，雖然還未到「哲學」思維的假言演繹層面，但對欠
缺抽象思維能力者來說，難以親近，要靠想像力來理解。功能學派以社會
體系、社會結構、社會功能來指陳時，為的是要運用這些概念來化約解釋
總體社會運作的複雜現象，提供一種系統的鉅型理論，以瞭解社會之運作。

依帕森斯的功能學說，任何社會，或較抽象地說，任何社會體系，為
求其生存與穩定發展，必須發揮體系的四項基本功能，分別是：「適應」
(adaptation)、「目標達成」(goal-attainment)、「整合」(integration)、「潛藏」
或說「典範維護」(latency or pattern-maintenance)。再白話一點的說，帕森
斯認為社會體系為求其生存與穩定發展，必須要能：適應客觀大環境的考
驗，達成存續的目標，將其成員整合在社會體系中，並維護整體價值規範

的穩定。相對於社會體系的四項基本功能，帕森斯也稱社會體系謂「AGIL體系」(AGIL system)。「AGIL 體系」表現在社會制度上之協同關係結構——功能對應的「次體系」，分別是：經濟、政治、法律、文化體制。

帕森斯雖致力要建構一種「總體社會學的概括理論」(general sociological theory)——「鉅型理論」，但這位大理論家所展現的是一種概念的領域 (a realm of concept)，同時排除了長久以來研究人類社會的許多公認的結構面向——如歷史。而且按照帕森斯的主張，社會學研究的範疇反而縮小了，排擠到經濟和政治學者傳統的研究範疇——如市場競爭或權力鬥爭。致力於建立社會體系分析模型 (models) 的帕森斯體系及其概括理論中，特意強調「價值」(value) 是導引人類行為的準則，相信價值指導下的意志，可改變人類行動的方向，人類對價值的共識，會帶來穩定的社會秩序。帕森斯等功能學派學者所重視的「價值取向」(value-orientation) 和「規範結構」(normative structure)，解說的重點在於與正統有關的「主要象徵」(master symbols)，如自由與民主。但吾人必須認清的是，價值和規範並不是可自主的領域，而且帕森斯的社會功能分析體系無力面對多樣性的社會和歷史的變遷，理論中充斥著意義模糊的空泛字眼，也不時陷入主觀的價值判斷；當要論到變遷時，則又引用一些馬克思學說的概念和假定，且又自相矛盾。

帕森斯功能學說的「鉅型理論」所選擇的思考層次過於概括，偏執在極度的普遍性和抽象層次，缺乏對問題的切實感，也漠視歷史的背景，以致帕森斯的社會學見解，不僅難以增進對社會現象的瞭解，反而令人望而卻步。這種致力於價值取向之研究模式，將總體社會學的研究方向偏離，不再關心經濟或政治制度結構中，對「權力」之分析。而且在帕森斯的功能理論中，最大的缺點就是無法彰顯社會中的「衝突」現象，如：結構性的對立、大規模的暴動或顛覆政權的革命、或大眾的集體行為——群眾運動等。美國社會學者米爾斯就指出：這種認定社會是穩定且利益和諧的先驗主觀論點，可說比十八世紀哲學家所說的「自然秩序」(natural order) 來得更為保守。❹

---

❹　C. Wright Mills, *The Sociological Imagination*, op. cit., p. 42.

　　早在二十世紀 60 年代，批判功能主義理論曾是社會學界的一種時尚，爭先恐後地搶著要找出理論的缺陷與弱點所在。對社會體系的結構功能分析，備受攻擊的批判主要來自「衝突學派」，認為帕森斯等人的功能主義學說偏頗於社會的和諧，致力於展現社會的「平衡」。德國社會學家達倫道夫 (Ralf Dahrendorf) 等又稱「結構功能理論」為「平衡理論」(equilibrium theory)，達倫道夫雖也肯定結構功能理論的貢獻，但認為有意忽略社會的矛盾和衝突面向，顯現出維護現實體制與既得利益的保守主義傾向。❺ 衝突學派在批判功能學派的基礎上雖鞏固了自己的學術地位，但並未能發展出一套可替代功能學派的總體社會理論。事實上，就如達倫道夫所強調的，功能論者和衝突論者研究的是同一事實——工業社會的兩個面向。吾人將於下章中論介達倫道夫的衝突理論。

　　功能學派的墨頓 (Robert K. Merton) 曾為功能理論做了若干補充，如相對於嚴格的功能分化，墨頓以「功能替化」(functional substitute) 來補充說明，認為有可替代的社會因應行動；此外，墨頓提出會干擾體系存適和調整之「反功能」(dysfunctions) 見解——如印度教崇拜牛對經濟造成的嚴重後果，來增修所認定的正常功能，以活化功能分析；再者，墨頓提出更相對和深層的分析概念，如相對於以「顯性功能」(manifest functions) 突顯現實結果，墨頓也以「隱性功能」(latent functions) 來說明未預料的結果，進而補以「顯性反功能」(manifest dysfunctions) 和「隱性反功能」(latent dysfunctions)，來充實和活化功能學說。❻

---

❺　Ralf Dahrendorf, "Out of Utopia: Toward a Reorientation of Sociological Analysis", in *Essays in the Theory of Society*, Stanford: Stanford University Press, 1968, pp. 107–128. 該論文也集編於：George Kateb ed., *Utopia*, New York: Atherton, 1971. 中譯本：孟祥森譯，《現代人論烏托邦》，臺北：聯經，民國 69 年。

❻　Robert K. Merton, *Social Theory and Social Structure*, New York: Free Press, enlarged edition, 1968, pp. 73–138. 對結構功能理論之摘要彙編：Talcott Parsons, Robert K. Merton 等著，黃瑞祺譯，《社會學結構功能論選讀》，臺北：巨流，1981 年。

第二節　對政治體系的結構功能分析

雖然帕森斯的功能學說曾遭受嚴厲的批判，但功能主義的見解影響了社會學、人類學，也啟發了很多政治學者。過去的「去殖民化」及其後所帶動的對新興國家的研究，突顯出傳統政治運作的法制分析，過於僵固保守，新興國家即使採用了如同歐美國家的政治制度，由於彼此的文化、社會和經濟基礎以及大環境背景等因素的差異，使得局限於憲法結構和政治制度分析與比較的法制形式相對次要，且問題的範疇過於狹隘和不足，以致政治學者不再滿足於制度的檢驗，因為單看憲法和政治制度的分析，並不足以全面觀照政治社會的總體現象，更何況新興國家對憲法的實踐，並不十分忠實，還體會不出「憲政主義」的要義。

相對於法制分析與比較的研究困境，美國政治學者阿爾蒙 (Gabriel A. Almond, 1911–2002) 及包威爾 (G. Bingham Powell, Jr.) 等人，試圖將「結構功能學說」運用到政治學，對政治體系進行結構功能分析，企圖提出一種足以適用於全球所有國家的比較和分析模式——無論是先進的歐美國家或新興的開發中國家，大的國家或是小的國家，富有國家或貧窮國家。

政治社會之運作——體系、程序、與政策三面向結構功能分析

如果以功能分析途徑探討政治問題，則第一個要關切的問題是: 政治體系要達成的基本功能是什麼? 在社會體系中擔負何種角色? 由那些政治結構因應不同情況，發揮政治體系的功能。或更簡單地說，要相繼追問兩個問題: 一是政治體系應該達成那些功能; 再是，以何種結構及效率來發揮。由於此種對政治體系的結構功能分析，容易突顯出與其他社會之差異，因此必然推展出對政治體系的比較研究。此外，對某一政治體系先後的比較研究，瞭解政治社會的調適與變遷，以致可充實政治社會的發展研究。

阿爾蒙在 1960 年《發展地區的政治》(*The Politics of the Developing*

Areas, 1960) 一書的導論中，首次闡述其「結構功能分析途徑」在比較政治上的運用。❼1966 年，阿爾蒙與包威爾合著的《比較政治：發展途徑分析》(*Comparative Politics: A Developmental Approach*) 一書，在原先的理論中補充了有關政治文化、政治社會化和政治發展的見解。❽1978 年二版的《比較政治：體系、程序及政策》(*Comparative Politics: System, Process, Policy*) 一書中，阿爾蒙與包威爾將過去的理論做了重大的修正。❾此後，阿爾蒙與包威爾也不時補充和修飾比較政治上的「結構功能分析」，以期更能自圓其說。在此，吾人以 1993 年的《比較政治：一種理論架構》(*Comparative Politics: A Theoretical Framework*) 一書為依據，❿並參考 2008 年第九版《比較政治：世界的視野》(*Comparative Politics Today: A World View*) 一書第二章至第七章的理論摘要，且引用其一再使用的圖形，⓫要點彙整、說明「結構功能理論」，並藉以解說政治社會的運作。請先參考下面吾人所引用的三幅宏觀圖形，再藉此說明阿爾蒙與包威爾對政治體系的結構功能理論分析架構。

　　【圖一】要突顯的是政治體系與其大環境間的互動關係，任何國家的政治體系不僅受國內經濟、文化和社會環境的制約，而且也受到國際大環境的影響，必須對國內和國際大環境的督促與壓力，有所因應。因此，阿

---

❼　Gabriel A. Almond, "Introduction: A Functional Approach to Comparative Politics", in *The Politics of the Developing Areas*, edited by Gabriel A. Almond and James S. Coleman, Princeton (N.J.): Princeton University Press, 1960, pp. 3–64.

❽　Gabriel A. Almond and G. Bingham Powell, Jr., *Comparative Politics: A Developmental Approach*, Boston: Little, Brown and Co., 1966.

❾　Gabriel A. Almond and G. Bingham Powell, Jr., *Comparative Politics: System, Process, Policy*, Boston: Little Brown, 1978.

❿　Gabriel A. Almond, G. Bingham Powell, Jr. and Robert J. Mundt, *Comparative Politics: A Theoretical Framework*, New York: Harper Collins, 1993.

⓫　Gabriel A. Almond and G. Bingham Powell, Jr. (et al.), *Comparative Politics Today: A World View*, New York: Pearson/Longman, 9th edition, 2008. 中譯本可參：Gabriel A. Almond and G. Bingham Powell, Jr. 著，龔文庫等譯，《當代比較政治與政府》，臺北：風雲論壇，1995 年。（依第五版中譯。）

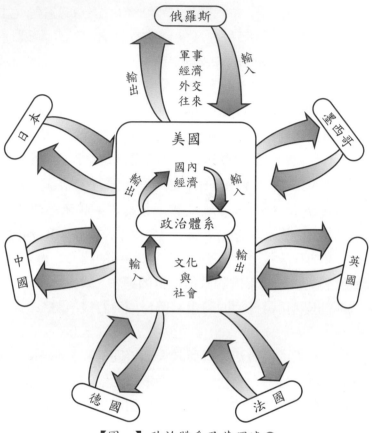

【圖一】 政治體系及其環境❷

　　爾蒙與包威爾等人曾一度在其《比較政治：世界的視野》一書的第四版(1988年) 首章的第一個小標題，強調其研究也是一種「對政治的生態學研究路徑」(an ecological approach to politics)。1992 年第五版之後，在用字用語上則不再提及易引起議論的「生態學」，然仍強調「體系環境分析路徑」(system-environment approach) 的重要性。

---

❷　Gabriel A. Almond and G. Bingham Powell, Jr. (et al.), *Comparative Politics Today: A World View*, op. cit., p. 30, figure 2.1.

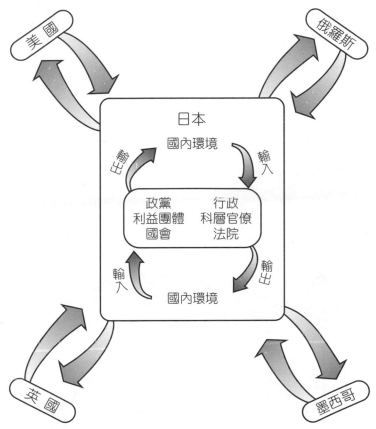

【圖二】 政治體系及其結構❸

【圖二】要突顯的是政治體系及其結構，以日本為例，彰顯政黨與利益團體，以及立法、司法和政府行政官僚體系，必須對來自國內和國外環境的督促和要求，有所因應。

【圖三】要突顯的是政治體系及其所應發揮的功能，結構功能理論分別從體系、程序、與政策三種面向，分析說明。

依照阿爾蒙與包威爾的結構功能理論分析原則，政治社會運作時，需考量三個面向，分別是：「體系」(system)、「程序」(process)、及「政策」(policy) 面向。他們強調這三種面向的分析，在書本上按體系、程序、及政

---

❸ Gabriel A. Almond and G. Bingham Powell, Jr. (et al.), *Comparative Politics Today: A World View*, op. cit., p. 32, figure 2.2.

策的順序說明，這只是解釋順序的安排，而不是相繼發生的各個階段，事實上三個面向是在同時運作。

　　簡稱「體系」面向的分析，注重於政治體系的維持與適應，它應發揮體系的功能 (system functions)；除體系面向，第二個要考量的領域是檢視政

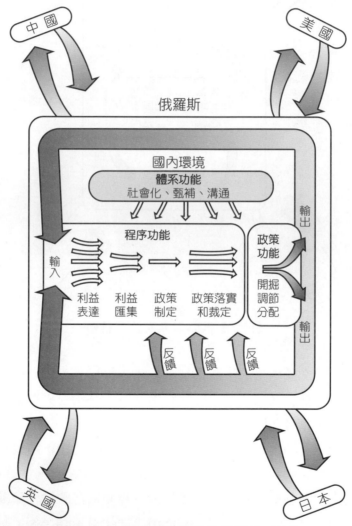

【圖三】政治體系及其所應發揮的功能⓮

⓮　Gabriel A. Almond and G. Bingham Powell, Jr. (et al.), *Comparative Politics Today: A World View*, op. cit., p. 34, figure 2.3.

治體系內部的程序運作，簡稱「程序」面向，相對地應發揮程序功能 (process functions)；第三個要考量分析的領域是政治體系與現實環境立即的關係——「政策」面向，相對地應檢視其所應發揮的政策功能 (policy functions)。

體系結構及其體系功能：政治社會化、政治甄補、政治溝通

政治體系為維持並適應大環境，應發揮體系的功能，體系的功能可說是政治社會的基礎功能，它有三種必須要達到的次功能，分別是：政治社會化 (political socialization)、政治甄補 (political recruitment)、政治溝通 (political communication)。

所謂「社會化」是指同化和內化社會規範之過程，社會成員吸取信仰和道德規範的知識，向所處的社會環境調適、認同，其思想和行為要符合社會的一般價值，否則嚴重者會被視為是社會的異端。在政治方面，政府要透過「政治社會化」將官方所認同的政治文化深植人心，即透過家庭、學校、傳播媒體，以及各種不同機構，讓人民內化一套政治價值與政治理想，以期強化人民對政治體系認同的態度。在有些國家，除了學校、傳播媒體、和政府機構，是負責政治社會化的有效單位外，政黨和宗教機構等也是突出的政治社會化機構。

但相對於功能理論對「政治社會化」的分析與解釋，在此吾人必須補充說明的是，當社會有一種超乎一切的宰制性目標或意識型態時，為了追求達成此一統治者所揭示的預定目標和官方所維護的思想，往往會以「國家至上」——以「國家利益為名的理由」(la raison d'Etat)，以及為謀整體福祉 (the good of whole) 的新道德準則下，迫使國民都忠於此種預定的目標和官方所維護的思想；為此，透過各種宣傳教育，將目標和思想內化到老百姓身上，強迫人民接受信仰。海耶克 (Friedrich Augutt von Hayek, 1899–1992) 就很明白地指出，極權政府的一切宣傳工具，企圖使每個人向官方的目標認同，並培養一致的心態，為形成集體主義的道德而教化，讓社會的理智迷失在一切毋庸置疑的氛圍中。❶ 海耶克進而指出「在極權制度中，

---

❶ Friedrich A. Hayek, *The Road to Serfdom* (1944), Chicago: The University of

將官方學說 (official doctrine) 內化為老百姓所共有的見解和價值，要靠內部所有擴散知識的工具——學校、報紙、廣播和電影等，來傳播鞏固領導中心的信仰。甚至，在人文學科方面的研究，如歷史、法律或經濟等，由於直接影響到政治見解，因而不允許公正無私的探研真理；致力為官方的主張辯護，才是唯一的學術任務……。因此，由官方來決定那些學說應該傳授和出版，就不足為奇了。」⑯ 在官方學說的宰制下，與官方學說相違背的理論與見解，就成為撻伐的對象。對相關議題之議論，如前所述，歐洲結構主義的代表性思想家阿圖塞 (Louis Althusser) 認為，為達成統治的效果，國家的機器有兩大類：一是「國家的壓制機構」，一是「國家的意識型態機構」。阿圖塞認為，意識型態的機構依時代環境不同而有所差異：在西方傳統社會，意識型態工具中，教會與家庭曾是最為重要的意識型態機構；現今則學校居首要地位，人們從孩童時期，就從學校被灌輸官方所容許的見解。⑰

　　研究政治社會化必也關切政治文化。吾人在此必須指出的是，「政治文化」是政治學晚近的用語，它很容易與意識型態相混淆，習慣上論及政治文化也必論及意識型態。在比較政治中，「政治文化」多用於自由民主的開放社會，著重民主的政治文化，聚焦於多元勢力和意識型態的競爭；而「意識型態」，雖由馬克思主義學說帶入政治社會學的分析中，意在批判資本主義社會，然而更適用於對封閉社會的分析。以現今的發展而言，馬克思主義的意識型態概念和現代社會學對意識型態的分析之間，有著很大的歧異。⑱

　　結構功能分析不僅強調政治體系的結構，以及各結構都應發揮自屬的功能，同時在結構與功能之外，也應重視到政治文化，強調政治文化應與

Chicago Press, 1980, pp. 153–154. 此書有殷海光節譯和意譯的翻譯本：《到奴役之路》，臺北：傳記文學，1970 年初版。

⑯　Ibid., pp. 160–161.

⑰　對阿圖塞的國家的機器與意識型態工具，請參本書第三章、第五節「階級鬥爭與壓制的工具」單元。

⑱　對意識型態及其作用，可參：王皓昱著，《追逐理想國：政治福音與社會重建》，臺北：韋伯文化，2000 年，頁 7–10。

政治結構相配合 (congruence) 的見解。對結構功能學派而言，所謂「政治文化」就是指某一特定人民的政治態度，以及群體所遵奉的政治信仰和價值之整體。當思想上重理性分析和科學經驗，有「文化還俗化」(cultural secularization) 的走向時，則有異於教條化的傳統文化，逐漸去除宗教宰制和教條信仰的成分，從此辨別是非的理性判斷，勝過信仰的狂熱，並淡化意識型態，而且在文化還俗化的過程中，也呈現文化結構的多元分化 (differentiation)。政治文化的現代化特徵在「務實導向」，造成意識型態之退縮，文化呈現包容和妥協的特色，這有利政治社會之開放和民主化發展。

　　結構功能分析在理論上曾分出三種政治文化：一是「區堂」(parochial culture)，人們偏狹的地域觀念濃厚，對國家及民族的認同概念模糊，即傾向認同政治次體系，向地區或部落認同。這種文化所配對的社會結構是部落、遊牧民族、封建社會。現今這種地域文化在傳統的地方分權結構中，以及在統合多樣族群的新興國家中，乃非常明顯，即形成多元的政治次文化 (political subcultures)。但這並非說在已開發或歷史悠久的國家就沒有地域文化，如美國「南方的地方意識」('deep south')，法國科西嘉島的獨立意識，以及加拿大魁北克的分離運動等，可感受到這種地域文化的實力。二是「從屬文化」(subject culture)，這種文化突顯人民屈服於國家，對政治權威概念是天高皇帝遠，不僅敬而遠之，且無力過問政治，只期盼政治權威的開明，能施展德政。從屬文化所協同的政治結構是中央集權的專制政治。三是「參與文化」(participant culture)，這種文化突顯人民的公民意識，政治上從屬民心態轉為參與者，公民透過其選票、請願、示威、遊行等方式參與，對當政者及有關單位施展壓力，這種文化激勵民主政治的發展。

　　三種政治文化是結構功能分析「理論」上的分類，為的是方便分析和解釋。事實上，並沒有純「單一性文化」的社會，任何社會的政治文化都是混合的，只能強調三種文化中，何種占優勢。結構功能分析認定第三種──「參與文化」占優勢的混合文化，謂「公民文化」(civic culture)，「公民文化」是能促成並活絡民主政治的文化。⑲

---

⑲　在阿爾蒙與維伯 (Sidney Verba) 合著的《公民文化》一書中，曾比較五個國家
　　──美國、英國、德國（西德）、義大利、墨西哥的公民文化，每個國家一千

　　結構功能分析強調社會化的過程也是溝通的過程，即使溝通並不一定能轉變人民的政治態度。歷史上，任何社會均依自己的情勢，創造出特有的「政治溝通」(political communication) 管道，來達成溝通的目的。當社會變遷，新的型態確立，溝通管道的改變也會帶動新的社會化。政治溝通與政治社會化是有所重疊的結構，均致力於凝聚社會，促進社會之和諧與團結。

　　依阿爾蒙等人的結構功能理論，政治溝通管道有五種類型。一是「非正式的面對面溝通管道」，這是指關心政治事務者，透過口頭傳播成為輿論的傳播者，這些意見領袖會影響他人的認知，讓他人間接地認識到時事或政府的施政政策，這種管道尤其在教育尚不普及、充斥文盲的落後地區，深具影響力，但資訊有可能被歪曲；即使在現今發達的社會，某些地方或特殊團體領袖，仍以這種方式發揮影響力。二是「非政治的社會管道」，如家庭、工作單位以及經濟或宗教組織，也是相當活躍的溝通管道。三是政治「輸入」(input) 的結構──意指行使附有壓力的政治訴求和督促，如政治性社團、利益團體、政黨都是民主政治體系中的重要溝通管道，不僅傳達訴求和督促，還可成為與民溝通的網絡，甚至傳達政府的意向──尤其是執政黨。四是政治「輸出」(output) 的結構，如由政府各部門和行政機構傳達有助於落實政策的資訊，不僅可尋求人民的支持，有時也可激勵人民，

　　人意見調查，目的在瞭解各國致力維持與適應民主政治結構的公民文化內容，結論是：並無純百分之百的公民「參與文化」；在各國，臣屬與地域文化因素仍占重要分量；理想的公民文化，即能促成民主政治良性運作的文化是一混合文化，能協和區堂地域文化、從屬文化、和參與文化的文化。

　　阿爾蒙與維伯認為，英國雖然建基於區堂地域的傳統文化，且「參與文化」凌駕對皇室與權勢集團的從屬心態，但長久的政治發展，英國將三種文化完全融合。美國是參與文化居絕對優勢的社會，呈現出公民活躍的現象；德國（西德）則其從屬性尚強；相較而言，義大利的參與性政治文化不強，偏區域與臣屬性文化優勢，因而民主體質並不健全；墨西哥混合有地域與參與文化，然對中央臣屬不足，以致政局不穩。Gabriel A. Almond and Sidney Verba, *The Civic Culture: Political Attitudes and Democracy in Five Nations*, Princeton (N.J.): Princeton University Press, 1963. 中譯本：張明澍譯、盧瑞卿校訂，《公民文化》，臺北：五南，1996 年。

甚至動員社會。五是專業化的大眾傳播工具，如報紙、電視等，可以快速便捷地將訊息傳播給社會大眾。

　　但對「政治溝通」結構，尚須檢視、評比一項重要問題——溝通結構的自主性問題。在全方位監控的極權社會中，溝通管道被官方所嚴密監控，各溝通管道只能負責傳達中央的指示，以利社會動員；但在自由民主的開放社會中，在言論自由和新聞自由的保障下，大眾傳播媒體的自主性高，甚至構成一股監督力量——「第四權」，如美國華盛頓郵報記者揭發「水門醜聞」(Watergate scandal)，最後終於導致尼克森 (Richard Nixon) 總統下臺的事件，就是開放社會所一再引以為鑑的案例。

　　再來，要解釋的是體系結構中另一項體系功能——「政治甄補」(political recruitment)。政治體系之運作仰賴眾多人才來分工推動，「政治甄補」就是招募、遴選、訓練專業人員擔任政府職務，承擔責任。甄補結果，如總統領導國家大政方針，將官主管軍令，法官執掌司法審判。現代民主政治的基本信念，建基於選舉權之普及，公民透過定期選舉，決定政治領導者或民意代表之去留。此外，國家的文官與武官亦各有法定的甄補管道。甄補最高政治領導者，關係著國內政治秩序之穩定與政權的鞏固，因為它經常是政治衝突的根源。民主憲政的重大成就，就是化解這種可能的衝突，透過選票——憲政程序，而不是武力來決定政權的輪替。

　　在行民主憲政之前，傳統社會主要是遵循「世襲原則」來延續政權；然世襲制度並不如人們所想像的那麼穩定，也很難避免繼承權的權力鬥爭，因而很容易引發宮廷政變或內戰。在與民主憲政相對立的非競爭型政黨體系——「一黨專政」國家，新一代領導人的產生多是經由首腦之指定，這種情勢下也很難避免爭奪繼承權的明爭暗鬥。在現今行民主憲政的先進國家中，要試圖發動政變推翻有合法地位的政權，可說是不可能成功的莽撞行動；只有在政權有合法性危機的國家，或民主政治根基不穩的社會，且其政府的施政和效率又引起老百姓恐懼和反感時，軍人政變的企圖才能成功。

　　對於政治甄補，至今在任何國家，有利的社會階級與教育背景，是在甄補過程中和權力階梯上，取得重要職務或進入統治階級的有利因素；即

使強調無產階級專政的社會，革命領袖大多來自中上階級。中國以前的科舉制度，原則上雖容許任何出身背景，皆可平等應試，然這種「上京趕考」之應試，要求多年的準備，以致實行的結果，有利於富家子弟之向上流動，貧困子弟在競爭條件上仍處於弱勢地位。

程序結構及其轉化的功能

　　結構功能分析要檢視的第二個大分析面向，是對政治體系內部運作的程序分析──簡稱「程序」結構；相對地，程序結構之運作應發揮程序功能，又稱之謂「轉化的功能」(functions of conversion)。阿爾蒙與包威爾所言的「轉化功能」，其靈感得自伊斯頓 (David Easton) 對政治體系分析動力輸入 (inputs) 和動力輸出 (outputs) 的理論。

　　轉化的功能就是政治體系在運作上將社會中的訴求和督促（即 inputs），轉化成具體回應的政策（即 outputs），在這種轉化的程序中，分別要發揮五種功能，其中「動力輸入」有二種，「動力輸出」有三種。[20] 在「動力輸入」方面，政治體系的程序結構要能發揮傳達利益並聚合利益的功能。所謂「利益的表達」(interest articulation)，即社會中的成員或各種不同勢力團體，向政治決策者提出訴求與督促，這是轉化過程中的第一個功能階段，在今天的社會中，利益的表達是透過「利益團體」。所謂「利益的聚合」(interest aggregation) 功能，則強調要調和不同利益團體所傳達的不同訴求，按輕重緩急予以整合，政黨就是發揮利益聚合功能的現代結構。政黨的聚

---

[20]　早在 1960 年的著作中，"inputs" 的功能有：一、政治社會化與甄補 (political socialization and recruitment)；二、利益的傳達 (interest articulation)；三、利益的聚合 (interest aggregation)；四、政治溝通 (political communication)。"outputs" 的功能有：一、規則制定 (rule-making)；二、規則施行 (rule-application)；三、規則裁定 (rule-adjudication)。見：Gabriel A. Almond, "Introduction: A Functional Approach to Comparative Politics", in *The Politics of the Developing Areas*, edited by Gabriel A. Almond and James S. Coleman, op. cit., p. 17.
阿爾蒙等人後來經過多次修正，才將政治社會化、政治甄補、政治溝通三項，確立於「體系功能」中。

合功能應發揮利益表達與政策制定之間的調節機制，並運用其力量監控政府所做的最後政策抉擇 (final rule-making choices)。

　　在「動力輸出」方面，所要發揮的功能有三：「政策制定」(policy-making)、「政策落實」(policy-implementation)、「政策裁定」(policy-adjudication)，可總稱之謂「政府功能」(government functions)。這三種「政府功能」名稱是後來修改的，之前分別稱之謂「規則制定」(rule-making)、「規則施行」(rule-application)、「規則裁定」(rule-adjudication)，其內容非常接近孟德斯鳩的立法、行政、及司法三權分立的概念；然阿爾蒙與包威爾強調，必須防範結構上的「先驗」思考，因為這三種功能不是必然的由三個不同機構來承擔，對不同的政治體系，應檢視其政府結構專責化的程度。

政策結構及其政策功能

　　結構功能分析的第三個分析面向，純粹從現實環境考量政治體系如何具體因應環境之要求，以及應發揮的「政策功能」(policy functions)。此一結構在阿爾蒙等人的早期理論中，強調要發揮四種次功能，後來改為三種。第一種是「調節管制」(regulation) 的功能，即協調、管制個人及社會各團體之行為。此種管制的能力，透過多樣的作為來推行，如以法律規範或政府機關及法院的行動，必要時得動用公安力量或軍隊來強制導正社會的秩序，因此，視社會的局勢和統治者的認定，政府公權力介入的力量有強弱的不同：在極權國家，政府企圖管控生活的各面向；在自由開放的社會中，則政府介入有限的領域，給予個人及社會各類團體相當自主的空間。「政策功能」的第二種功能是「開源」(extraction) 的功能。政府必須領導其人民從其國內環境或國際環境中，開發出國家所必須的資源，如：徵稅以資國家財政開支，開發人力資源以利經濟發展或抵禦外患，或在國際上尋求友邦的支援，或開拓霸勢地位等均可歸屬之。「政策功能」的第三種功能是「分配」(distribution) 的功能，即政府必須對社會的成員及社會不同團體提供服務，而且為了社會整體的利益，也要推動公共建設、普及教育、保障社會福利、維持社會正義，並將取自大環境的資源，適當的予以「再分配」

(redistribution)。因此財政預算的開源，雖屬於開源的功能，但同樣也可發揮所得再分配的效果，以利社會福利之推廣或國家建設之均衡發展。

在此也應附帶說明早期曾強調的第四種次功能——政府也應重視有「象徵意義的成績」(symbolic performance)，即指一切可宣揚政府德政，保障傳統禮數及價值延續的活動，如運用閱兵、重大慶典活動等，來激勵人民的情緒，喚起人民的向心力和支持，這對某些國家在危機時刻尤為重要。

總之，政治體系的政策功能應發揮「回應」(responsive) 社會的能力，對環境的督促和要求予以有效地因應。然而政治體系內的每一結構，事實上並不是都能迅速地有所反應，有些體制有很強的回應能力，同時也知道如何迅速的調適；反之，有些則僵化、被動，累積過多的不滿後，等待一次徹底的變革。

多國比較研究

以上吾人要略的簡述了「結構功能理論」對政治體系的分析模式和架構。阿爾蒙與包威爾期望，依其所羅列出的制式研究課題，比較古老的國家和新的國家、大的國家和小的國家、富裕國家和貧窮國家，認為政治體系的結構功能分析模式，有著普世的適用性，相信不論何種政治體系都必會發揮這些功能，有著放諸四海而皆準的分析企圖。因而這也容易引來「西方中心主義」或「種族中心主義」(ethnocentrism) 的指責。

阿爾蒙與包威爾在其《比較政治：世界的視野》(*Comparative Politics Today: A World View*) 一書中的前半，先介紹其比較政治的「結構功能學說」，羅列出制式的研究指標之後，由「結構功能學派」的十多位學者，依理論架構的引導——即依據約定的十多個結構功能理論的研究項目，在劃一的指標引導下，分別對英國、法國、德國、日本、俄羅斯、中國、墨西哥、巴西、埃及、印度、奈及利亞、和美國等國，進行「國家研究」(country studies)——政治體系的結構功能分析。 ㉑

㉑　這本書的新版：Gabriel A. Almond and G. Bingham Powell, Jr. (et al.), *Comparative Politics Today: A World View*, New York: Pearson/Longman, 9th

　　對於阿爾蒙等人強調宏觀分析的「結構功能學說」，吾人認為對政治學的最大貢獻在於，將社會學的功能分析途徑運用於政治學，將政治學與總體社會學結合，彰顯總體社會與政治體系間的密切關係，以及分析上不可忽略外在大環境的要求，進而以其結構功能的分析架構導引「比較政治」的分析；在「比較政治」方面，其主張雖易遭受批評，但至今還沒有能超越「結構功能分析」的理論或學說。然而吾人也認為結構功能理論的最大缺點是，就如衝突論的學者所批判的，理論中隱藏著「保守主義」(conservatism)，把現實的一切都合理化，過度強調社會結構的調合和平衡，有意、無意的替現實體制做了辯護，漠視了社會中的離心力量，沒有重視社會本身存在著多元的矛盾與衝突現象，分析架構中看不到階級、族群、職業、地域、宗教信仰等的對立矛盾和衝突。對於這種缺陷，吾人認為可以「衝突理論」來補充「結構功能學說」的不足──道之一隅，合而觀之。

---

edition, 2008.
另有一本對焦於歐洲的比較政治研究：Gabriel A. Almond, Russell J. Dalton and G. B. Powell, Jr. (eds.), *European Politics Today*, New York: Longman, 1999. 相比較的國家，分別是英國、法國、德國，以及西班牙、俄羅斯、波蘭、匈牙利，此外，還加上歐洲聯盟 (European Union)。

第五章　社會的矛盾與衝突
——社會階級、層級與不平等

社會的矛盾與衝突主要肇因於利益的不平等。人與人之間因為經濟上財富和所得的不均，以及政治上權威分配之不均，造成「社會的不平等」(social inequality)。無論從原始部落社會，以及後來奴隸 (slavery)、種姓 (caste)、封建層級 (estate)、階級 (class)，都呈現人類社會有著層級化的現象。❶事實上，雖然超出了本章研究的範疇，但吾人必須指出的是，甚至在國家之間也有著「全球性的不平等」(global inequality)。

研究社會不平等的現象是社會學的最重要領域之一；政治社會學對社會不平等現象的研究，則側重於因「權威」(authority) 分配之不均，所造成的統治階級——「政治精英」(political elites)，與被統治階級——「群眾」(masses) 之間的政治現象研究。❷在本章中，吾人致力於析論社會的不平等現象，並評介「社會衝突理論」；在下一章中，則探研政治權力與政治精英。

第一節　社會層級化

人民——被統治者

在中文中，「人」字在意義上，與「民」字或「人民」是有所不同的：

❶ 社會的不平等與層級化現象，可參: Louis Kriesberg, *Social Inequality*, Englewood Cliffs (NJ): Prentice-Hall, 1979. Harold R. Kerbo, *Social Stratification and Inequality: Class Conflict in Historical and Comparative Perspective*, New York: McGraw-Hill, 2nd edition, 1991. 另可參: Charles E. Hurst, *Social Inequality: Forms, Causes, and Consequence*, Boston: Allyn and Bacon, 3rd edition, 1998.

❷ 將政治社會學聚焦在統治階級與被統治階級之研究: Martin N. Marger, *Elites and Masses: An Introduction to Political Sociology*, Belmont (CA): Wadsworth, 2nd edition, 1987.

「人」是指一種動物——自然界的強者；而「民」或「人民」是政治學上的名詞，有政治意義，是相對於統治者而言，他們是「被統治者」。

人類社會的原始發展，起於家族，繼而發展為宗族，家有家長，族有族長，此階段無所謂奴隸；是戰爭的劫奪帶來奴隸。奴隸來自異族，靠戰爭整併了不同的族群部落，奴隸就是侵略所俘獲的異族，劫難後免遭屠殺的異族淪落為奴隸，以致郭沫若 (1892–1978) 推斷古代之時，「人民本是生產奴隸」。❸

在中國古代，「百姓」實指「百官」。古時貴族百官才被賜予世代相傳的族姓，一般人民沒有族姓，要到戰國時代才逐漸有稱平民為百姓的說法。此時，隨著時代環境變遷和思想的進步，在中國政治思想史上，也就出現強調民的重要性，如孟子有「貴民」的主張。但在孟子的思想中，也明確地表達了分工和階級差別的必然性。孟子指出人所組成的群體社會，必定是「分工」的社會，如此才能滿足人類生活上的需要，因為「一人之身，而百工之所為備」，而且社會生活有「通功易事」的效果，可將工作成果互換，「以羨補不足」，提供了人們生活上的方便。❹因此，孟子進而從分工的立場來說明階級的不平等是合乎社會的需要。孟子說：「有大人之事，有小人之事。……或勞心或勞力；勞心者治人，勞力者治于人。治於人者食人，治人者食于人。天下之通義也。」❺

人的不平等

吾人在第三章論及國家起源時，曾簡略說明荀子的見解。荀子認為由於「人有其治」——「能群」，即組成社會，因此人類能夠成為自然界的強者——「人……最為天下貴也」。荀子指出：「人不能無群，群而無分則爭，

❸　有關「人民」身分之演變，可參：郭沫若，《十批判書》(1945)，北京：東方出版社，1993 年版，頁 39。

❹　《孟子》・〈滕文公下〉。《孟子》一書，依據：朱熹彙編，林松、劉俊田、禹克坤譯注，《四書》，臺北：臺灣古籍，1996 年二版。

❺　《孟子》・〈滕文公上〉。

爭則亂，亂則離，離則弱，弱則不能勝物……。」❻荀子進而指出：「先王惡其亂世，故制禮義以分之」。❼在這種基礎上也有了人倫尊卑之「別」——即「貴賤有等，長幼有差，貧、富、輕、重皆有稱者也」。❽荀子還說：「使人載其事而各得其宜，……是夫群居和一之道也。」❾意思是說，使人們能擔負其工作，各發揮其所長，然後使俸給的多少、厚薄，與其所擔負工作相稱，這就是使群體和諧發展的辦法。荀子的論點主要在強調，人類社會為求公平，而有所不平等。

在荀子的政治學中有「君子」與「庶人」之分。荀子所謂的「君子」與「庶人」實指統治者與被統治者之分——「官人百吏」以上是「君子」；從事農、工、商的人則是「庶人」。荀子認為人本來就不平等——「不齊」，他說：「皇天隆（降）物，以示下民，或厚或薄，帝（常）不齊均。」❿意思是說，上天給予人們的，有的多、有的少，通常是不均等的。因此，荀子認為齊頭式的平等是假平等——「維齊非齊」，沒有了等級制度，人人平等，則無人聽從政令的指揮；依才能高下來論平等，各有等差，各有定分，才是真平等——「至平」。⓫

因時代客觀條件，荀子雖仍為世襲的專制君主辯護，但在追求「群居和一」、「皆有稱者」——即「共和」的原則下，荀子也重視庶民的利益，因為「庶人駭政」則統治者的寶座不可能安穩，就像古書上所說的：「君者，舟也；庶人者，水也。水則載舟，水則覆舟。」⓬為了等級制度的正當性和公平性，荀子重視社會階級間的流動，強調：「雖王公士大大之子孫，不能屬於禮義，則歸之庶人。雖庶人之子孫也，積文學，正身行，能屬於禮義，

❻ 《荀子》‧〈王制〉。《荀子》一書，參比：熊公權註譯，《荀子今註今譯》，臺北：商務，1984 年修訂初版。蔣南華、羅書勤、楊寒清譯注，《荀子》，臺北：臺灣古籍，1996 年初版。

❼ 《荀子》‧〈王制〉。

❽ 《荀子》‧〈禮論〉。

❾ 《荀子》‧〈榮辱〉。

❿ 《荀子》‧〈賦〉。

⓫ 《荀子》‧〈王制〉。

⓬ 同上。

則歸之卿相士大夫。」⑬事實上，早在荀子之前，春秋與戰國交替之際的思想家墨子就有過這種主張。墨子反對貴族的世襲特權和貴族的專政，力主選賢任能，認為「尚賢為政之本」。墨子強調：「官無常貴，而民無終賤，有能則舉之，無能則下之」。⑭墨子的這種言論，就是規範性的「精英循環」(circulation of elites) 論。⑮

「階級」與「層級」

在現代社會學中，「階級」(class) 意指社會內部因財富、聲望、和權力的不平等因素，所形成的上下區隔，分為若干不平等的「層級」(strata)。在用字用語上，「階級」偏重其對立性，「層級」則是較中立的社會學用詞，重視的是社會現象。⑯馬克思曾以「生產工具」(means of production) 之誰屬，分出資產階級與無產階級的對立。由於是分類，這就容易出現分類上的爭執。在現代社會學中，社會階級或層級的類別和區隔，是學者相當主觀的分類，為得是方便解釋，因而也是社會學中爭議最多的議題之一。

---

⑬　同上。

⑭　《墨子》·〈尚賢上〉。《墨子》一書，依：墨翟原著，李漁叔註譯，《墨子今註今譯》，臺北：臺灣商務，1988 年六版。周才珠、齊瑞端譯注，《墨子》，臺北：臺灣古籍，2000 年。

⑮　墨子也力倡一統的中央集權，為鞏固這種制度，墨子強調「是故選擇天下賢良聖知辯慧之人，立為天子，使從事乎一同天下之義。」墨子所言之「一同天下之義」──「尚同」就是重視國家的思想統一，在國家意識型態至上的原則下，思想由統治者宰制──「天子之所是，必亦是之；天子之所非，必亦非之」。《墨子》·〈尚同中〉。

⑯　有關社會階級和層級：Tom Bottomore, *Classes in Modern Society*, London: Routledge, 2nd edition, 1991. John Scott, *Stratification and Power: Structure of Class, Status and Command*, Cambridge: Polity, 1996.
名家對階級或層級議論之文摘彙編：Reinhard Bendix and Seymour Martin Lipset (eds.), *Class, Status, and Power: Social Stratification in Comparative Perspective*, New York: The Free Press, 2nd edition, 1966. 這本書就相關議題，彙集七十四篇文摘，可謂相關議題的全書；至今，雖也有許多類似的彙編，且篇幅厚達數冊，但內容鮮有超越。

　　雖然在政治思想史上，不時出現「烏托邦理想主義者」(utopists) 構思一種平等的理想社會，但人類自古以來的社會總是擺脫不了一定程度的「社會層級化」(social stratification)——不平等現象。標榜科學、立志實踐平等社會的馬克思主義，雖強調其理想有別於「烏托邦的社會主義」(utopian socialism)，而是「科學的社會主義」(scientific socialism)，且曾一再預告經「無產階級革命」(proletariat revolution) 和「無產階級專政」(dictatorship of the proletariat) 的時代之後，將會有人人平等的人道主義社會——「共產社會」的來臨，屆時在這「無階級分別的社會」(classless society) 中，勞力工作與勞心工作者之間不再有社會距離，豐裕的物資讓人們各取所需，不再是所得分配不均的社會，但馬克思主義所期盼的「共產社會」，很難令人有樂觀的期待，因為人的本質因素——利益和權力的爭奪，仍然會造成難以避免的不平等，尤其統治權威之分配，就會造成不平等，共產主義的社會仍然需要管理者——統治階級。

　　人類社會始終會有層級化現象。當吾人論及社會層級化現象時，指的是社會之運作所造成的地位不平等，這種現象與自然的層級化有所不同。愈是接近原始的社會，則愈有其自然的層級化，這是因為體能的強弱決定了社會層級的高低，因為勇武的行為是贏得尊榮和權力的最佳途徑；但在現代社會中，肌肉強健就不如頭腦靈活來得能獲取較高的職位。愈是在自由主義的社會中，社會層級化是才能競爭的結果，雖然競爭不盡然是公平的。社會層級現象及社會層級間的流動是政治社會學所不能忽視的內容，因為社會層級及層級間的流動現象，可突顯出不同社會的特徵。

　　當代社會學理論中，有關「社會層級」現象的分析，大致分成兩派：一是深受馬克思學說影響的「衝突學派」，重視不平等所造成的社會衝突面，並強調其歷史意義——激勵變革；另一派是保守派的見解，重視層級化的功能，如美國「功能學派」就認為社會的層級化主要是應社會的需要而產生，是社會所必要的，社會秩序也是美國「功能學派」帕森斯等人所關心的中心議題。功能學派受到涂爾幹等人的啟發，認為社會階層之起源是「分工」的必然結果；在這種基礎上，財富、出身、職業等皆成為區分社會階層的依據，社會流動的向上提昇，代表個人的成就。功能學派認為人是不

可能平等的，社會之運作必使其成員階層化，在正常運作的社會中，每位社會成員在不同的社會地位上，從事自身的工作；因此，重要的是，社會的運作能否讓人各盡其才，尤其是應由最適當的人擔負最重要的職位。衝突學派和功能學派立場和觀點的差異，主要是因為雙方所偏重的問題和面向不同：衝突論突顯階級衝突如何促使社會變革；反之，功能理論致力解釋社會為何需要層級化。

朗斯基 (Gerhard E. Lenski) 在其《權力與特權》(*Power and Privilege*) 一書，就致力綜合衝突論和功能學派的學說。[17]朗斯基認為衝突理論有部分真理，尤其社會利益的界定，向來與社會所有成員的利益並不契合，因為社會的集體利益總是向少數人認同，因而產生衝突；但朗斯基認為功能學派的分工理論也有其正確的一面，因為任何社會都是區分整合，依據一定的價值規範並行運作，因而也有合作的面向。朗斯基認為當道的兩種理論雖都有道理，但都有所不足：在社會生活中，功能學派所注重的「共識」，以及衝突論中所強調的「強制」(coercion) 皆同時表現其中，「合作」(cooperation) 與「衝突」(conflict) 是現實社會生活中的兩大現象。

朗斯基指出各種社會中「社會層級化」皆肇因於「報酬分配」(distribution of rewards) 的不均，是「分配體系」(distributive system) 運作後的產物；因此，最好將「社會層級化」視同「分配過程」(distributive process) 進行研究，並追問——「誰獲得什麼，為什麼？」(Who gets what, and why?) 朗斯基認為，如何分配工作生產的成果，是討論階級、層級及其結構關係時必須突顯的問題。[18]朗斯基指出決定分配的關鍵，有兩種交相衝突的因素：一是「需要」(need)，一是「權力」(power)。[19]生產的一定分量必然是用來分配給所有成員，因為生產是合力的生產，必須讓參與生產的每個人獲得一定的分量，以滿足其需要，但仍剩下一些剩餘成果成為可能爭取的分量，就

[17]　Gerhard E. Lenski, *Power and Privilege: A Theory of Social Stratification*, New York: McGraw-Hill, 1966. 中譯本：藍思基著，王慶力譯，《權力與特權》，臺北：遠流，1990 年。

[18]　Ibid., 'Who gets what, and why?' 是其書首章的標題。

[19]　Ibid., p. 44.

是這種剩餘部分造成社會的層級化，因為剩餘的分配主要依據權力獲得，很少有「利他」(altruism) 的考量。因此，可依自己意願左右社會關係的權力，決定了「特權」(privilege)，即可享有一部分的剩餘——更充裕地滿足自己的需要。朗斯基指出，在原始社會，生產力弱，分配幾乎是完全滿足生存的基本需要，少有剩餘；當生產增加，剩餘分配的問題相對的變得重要，以致權力變成呈現社會層級化現象的關鍵因素。

　　如同其他解釋社會層級化的理論，朗斯基的理論亦明顯有其不足，無法全面解釋社會層級化現象，因為社會層級化不是只關係到政治權力，有的有關政治權力，有的關係到財富的層級化，還有的關係到「聲望」(prestige)，因此可以想見的是，社會層級化還可以其他的特權來造就。雖然朗斯基也指出權力和財富是經常相隨在一起，權力有利於財富的取得，就如同容易獲得聲望和尊榮一樣；但西方社會的「布爾喬亞」階層——富有的資產階級，雖在經濟財富方面屬高階層級的人，但在政治領域，則其地位遠不如無財富的政治貴族，以致要積極地遊說、關說，發動影響力，甚至也參選爭取其政治地位。這也說明社會層級化的多面性，在研究上不可漠視對其他不同型態階層化的研究，社會不同面的層級化各概括了不同的人民。此外，並非有相同發展程度的社會，就會有相同類型的層級化，其他特別的因素——如宗教和「種姓」(castes)，也都應列入考量之列。

層級化的種類

　　過去很多名家學者就曾試圖對層級現象做分類研究，但吾人無法明確地指出，何者較好，總是有其不足，也顯示出針對不同的社會面向，或不同的社會，可能某一種分類，會比另一種分類較能有效說明。

　　社會學界長久以來，視韋伯對社會層級化的分類為典範。韋伯在這方面試圖修正馬克思的理論，認為馬克思的見解在某些領域是有用的，但視野過於狹窄，甚至過於簡化，只注意到社會現象中的一個面向，將層級化或更確切地說「階級」的分類，建立在生產關係上，忽略了「社會差別」(social distinction) 因素的多樣性。此外，韋伯也想修正馬克思學說想要消除

社會階級，視公權力只是為宰制階級服務的壓制工具，以及「國家」必將枯竭的烏托邦理想。

韋伯認為社會中人是不平等的，而且展現在多方面，韋伯在其著名的研究中，提出「多面向研究」(multidimensional study) 的原則，或更具體地說社會層級的「三面向研究」(tridimensional study)。❷至於韋伯以何種理由，分類三種層級化; 對此，韋伯並沒有確切的說明。吾人可以說這是韋伯的主觀分類。

不同於馬克思僅依經濟上的不平等，來分析社會階級，韋伯認為階級只是層級化的一種類別，層級化至少有三個面向的不平等: 一是依據經濟地位差異而有的「階級」(classes) 差別; 二是依聲望 (prestige) 而有的「地位不平等」(status inequality); 三是為贏得政治權力而產生的「黨派」(parties)，它也是權力鬥爭最有效的工具。因此，在任何社會皆有三類體系——或稱秩序: 經濟秩序、社會秩序、和政治 (或稱法律) 秩序，每一種秩序各有其特屬的層級。雖然三類層級體系間必然有所關聯，如一個人在經濟階級中處於高階級，有利其高聲望的地位，且較容易接近顯要的政治權力地位，否則相反; 但這種關係並無必然性，一位勞工可因某種原因獲得聲望、或某一政治職位。總之，即使在三種層級化之間，有一定程度的交互影響，但每種秩序皆有其特有的層級劃分，如經濟秩序方面，像馬克思所研究的，突顯在勞工階級和布爾喬亞階級的差別。

韋伯界定分類階級身分是看經濟上的財富、生活的外在條件、和屬滿足或屬挫折的主觀情勢。一個階級即指「那群占據同類階層地位的人」，這是符合唯心論對社會階級的界定。韋伯擱置馬克思對「布爾喬亞」——富有的資產階級的批判，相對於此又分出兩類別的經濟階級: 一是「資產的保有階級」(class of property); 一是「獲得的階級」(class of acquisition)。相對於資產的保有階級而言，「獲得的階級」因擁有經濟方面一定的才能，而

---

❷　Max Weber, 'Class, Status, and Party', in *From Max Weber: Essays in Sociology*, translated, edited, and with an introduction by H. H. Gerth and C. Wright Mills (1946), with a new preface by Bryan S. Turner, London: Routledge, new edition 1991, pp. 180–195.

壟斷了某種服務產業，如商人、財務人員、銀行家、企業家、自由業的從業者等，韋伯認為經濟階級中「獲得的階級」，才有積極的進取心和最多的機會靠近權力。韋伯指出有相同的階級身分，並不必然促成利益的結合，階級中也會有內部的競爭；而且階級間鬥爭也要看當時的市場關係和經濟處境來解釋。

韋伯分類層級化的第二類別，是有關建基在聲望上的地位，韋伯對此種層級的分析貢獻最著，但在日益多元開放競爭、分工細化、價值錯亂的今天，此一可適合韋伯時代的社會層級分類，現今難以經驗實證。韋伯認為這種層級化建立在「社會榮譽」(social honour) 上，但這不是指道德涵意的榮譽，而是指世俗的成就。一般說來，聲望就是某個人的意見，因其名響或學識才能，讓別人遵循其意見的能力。聲望的形成依程度的不同，還夾雜著心理因素，讚美、尊敬、崇拜，都是產生聲望的主要心理因素。即使在一些無政府狀態的散漫部落，總是會發現弱者仰望強者，看到群眾服從強者的影響。一個人的聲望可能緣自於他個人的天生特質、堅毅的人格和性情，也可能因學識和才能獲得聲望。但不論是因個人的特質或學識才能所贏得的聲望，也可能因喪失信譽與人望而有丟失的可能，尤其嚴重傷及到其他人的觀感時。

在現代社會中，因聲望而區分的身分地位層級的劃分，並不是建立在法制的基礎上，不像過去的社會，貴族是國家法律所認定的。由於聲望是社會評斷的目標，且要建立在共識上，但這並不像經濟財富那樣容易客觀地評價，因此這就要靠社會學者從社會中感應，從中理解群體社會中對社會聲譽所接受的一般評價標準，來區分身分地位層級。韋伯認為身分地位可依據生活方式予以辨別，注意其生活習尚、教育和出身、以及職業；在身分地位層級中，同一階層的人較會相互交往，人們也善用身分地位來保障其經濟利益。

在經濟階級及因名氣聲望而有別的社會層級外，韋伯分出第三類別的社會層級，建基在政治權力上。韋伯的用意是將「黨派」(parties) 視為一種圖謀政治權力的分析類別，他所指的不僅只是一般所謂的「政黨」，它包括任何為贏得權力而發展出來的政治勢力。韋伯對社會層級化「三面向的分

析」中，在現今看來，對第三類別的見解，是其研究中最不具說服力的，因為社會成員在政黨間並不以層級化分配，除非是在一黨專政的國家，黨員的社會地位高於一般人民，但在開放競爭的民主政治國家，無法指稱某一政黨地位比另一政黨為高，即使是執政黨；因為在所有行民主憲政的國家，大、小反對黨的領袖，比執政黨的基層幹部，身分地位來得尊貴。由於黨派間並不像階級那樣有層級化，因此只能說不同黨派之內部有層級化。

層級分類的相對性

後來米爾斯試圖將韋伯所分析的層級化現象予以補充說明。米爾斯認為社會層級是社會中對某種有價值事物獲利機會大致相同的人所組成。他認為有四項因素影響階層之組成，他們也是層級化的四個「面向」(dimensions)，這四個層級化因素和面向是：職業、階級、聲望、及權力。[21]相對於韋伯的社會層級化理論分類，米爾斯增加職業面向，並將韋伯的「黨派」活化為「權力」。米爾斯所指的「權力」是指對政治決策可施展的影響力而言，因此這種「權力」也包括在野勢力。米爾斯認為在這四個社會階層化面向，可將人依他們獲得社會認定有價值事物的機會，予以分級。相較而言，米爾斯靠「想像力」的主觀分類，雖較適合說明現今社會的層級化，但在實證研究的實際操作上，層級化的條件和分級的標準，仍是要依研究者自社會中的理解，按所接受的一般評價標準，來評量分類身分、地位、層級。

事實上，如同先前所言，對社會層級化的理論分類，並沒有一種放諸四海皆適宜的完善分類，皆有其相對性和不足性。在任何社會中，層級化的現象是複雜的，也會呈現出特有的層級體系，如至今仍有些社會，宗教標準可能是一項決定性因素，因而必須建立另一種不同的分類。由於社會層級化有其社會作用，每一種社會皆有其特有的社會層級化現象，因此必

---

[21]　C. Wright Mills, 'The Sociology of Stratification', in *Power, Politics and People*: *The Collected Essays of C. Wright Mills*, edited by Irving Louis Horowitz, New York: Ballantine Books, 1963.

須注意到層級化的相對和多樣性，如在某些社會有種族層級化的現象，即依血統、種族、或膚色劃分層級，甚至還是有因性別、年齡、體能的差異所帶來的層級化。雖然愈是進步的社會，生物學上的標準有弱化的趨勢，但不可否認的是，即使在標榜自由、平等的社會，也從未徹底揚棄這些考量。

此外，在評量的技術上，也很難評量社會層級化中的地位，某人對其自身地位的判斷，不一定和別人的看法相同——如很多勞工自認為屬中產階級。再者，有的層級化可客觀的評量，而另有些則是要主觀的劃分，如依其財富和職業可客觀地評量某人在經濟和社會層級中的地位，但聲望的高低就很難評量，如「萬般皆下品，惟有讀書高」的俗諺，可以在很多社會仍然有指標性意義，但在不同的時空，或對不同的人，可能會有不同的認定。

愈分工細密的現代化社會，愈不易劃分出社會層級；社會層級的分類，對社會學者而言是吃力不討好的嘗試。過去雖有過很多著名學者的努力嘗試，但都引來不滿的批判，認為是自我中心的武斷分類。社會層級化雖不易劃分，但層級現象的存在是毋庸置疑的。學者為明確其研究，在研究任何社會的層級化現象時，只能化約在幾種較好界定的層級化類別。

社會流動

社會層級的現象至少會為社會造成三方面問題：一是因財富和收支的差異，造成生活處境的不同，如生活品質、習慣的差異，這不僅會突顯層級的差別，也會影響下一代因家庭和受教機會的處境不同，造成職業分途的差異；二是層級不僅容易造成生活圈的分隔，也容易導向階級對立和職業分途所造成的意識壁壘，即使有些人處在階級界線不明顯的層面，也會呈現其差別；三是階級循環的問題，因為一個健全的理想社會，層級間流通的管道不應是僵固或阻塞的，愈進步的社會，層級間的流通愈應是開放、暢通的社會，生活水準的差距也應相對減少。因此，在觀察社會層級化現

象時，也必須檢視其「社會流動」(social mobility) 是否開放和暢通。❷

　　社會流動暢通的社會必然是趨向平等的社會；反之，社會流動愈不暢通則愈是層級僵固、保守反動的社會。在一個文化層級、經濟層級和族群層級化相當緊密聯結的社會，且教育只保留給富有者時，則社會層級間的向上流動會有著根本的障礙。在歷史上和現代化過程中，社會流動愈不暢通，就愈有政權的動盪和大革命的風險。

　　歐美資本主義工業社會，從早先貧者愈貧、富者愈富的走向，在社會主義的威脅和自由主義的反省，以及社會運動的抗爭下，資本主義工業社會在二十世紀明顯的改善了勞工階級的地位和生活水平，以致馬克思所預告和期盼瓦解資本主義社會的「無產階級革命」和「無產階級專政」的時代，在歐美資本主義社會，沒能出現。

　　但在此必須指出的是，正如英國學者米利邦 (Ralph Miliband) 等人所指出的，公民權的普及和社會福利制度的改善等，並非是政府主動施展德政的結果，而是社會各種勢力長期抗爭所爭取得來。其中，勞工團體之增長，並以工會的力量來伸張自己的訴求，這種權益的集體抗爭反應，起因於勞工階級不滿自身權益在資本主義體制中，遭受到剝削和漠視。米利邦也指出，工業社會的社會流動，主要是「小幅度」('short-range')——相毗鄰的流動；以勞工階級的家庭出身，往精英階層「大幅度」('long-range') 的社會流動，極為困難，「機會均等」仍然是現代社會有待實踐的理想。❷

　　社會的不平等所造成的對立，容易惡化社會的矛盾與衝突；致力化解衝突或緩和機會的不均等，是當代社會改革的重要目標。

---

❷　有關社會流動：Seymour Martin Lipset and Reinhard Bendix, *Social Mobility in Industrial Society*, New Brunswick (NJ): Transaction Publishers, 1992. Gøsta Esping-Anderson (ed.), *Changing Classes: Stratification and Mobility in Post-Industrial Societies*, London: Sage Publications, 1993.（比較了挪威、瑞典、德國、英國、加拿大、美國等六國的社會層級及其間的流動。）

❷　Ralph Miliband, *The State in Capitalist Society*, London: Weidenfeld and Nicolson, 1969.

第二節　社會衝突論

　　馬克思主義強調在資本主義社會中，擁有生產工具的資產階級與無產的勞工階級間的對立鬥爭是無法避免的，也必將激起社會革命。自馬克思與恩格斯之後，對階級鬥爭和革命意識的分析，雖然持續成為重要的議題，然而工業社會發生了巨大的變化，且也偏離了原先的預料。隨著工業社會之轉型發展，對社會的矛盾和衝突問題，也有了較宏觀的探索和研究，如社會衝突理論在馬克思學說的基礎上，將視野全面擴展到社會多樣的利益矛盾所造成的對抗狀態，而不單是專注於階級間的矛盾，同時也批判和補充了馬克思主義的社會學說，以致社會衝突理論是解釋當代自由競爭社會的重要理論。其中，德國社會學家達倫道夫 (Ralf Dahrendorf) 的見解，值得吾人在此重點介紹，他被公認為當代研究社會衝突現象的最重要代表人物。

階級衝突與社會衝突——達倫道夫的社會衝突論

　　達倫道夫最主要的代表作就是《工業社會的階級與階級衝突》(*Class and Class Conflict in Industrial Society*, 1959) 一書。[24]對於工業社會之研究，達倫道夫並不完全否定功能學派的貢獻，甚至認為社會有如古羅馬的門神——「雙面神」(*Janus*-headed)，功能論者和衝突論者研究的是同一事實的兩個面向。這種見解不久就影響到朗斯基等人的立論。達倫道夫的意圖是建構一種有雙重目標的理論：不僅可解釋階級衝突的形成，且可突顯並說明社會體系中造成結構變遷的「行動」，即帕森斯所關心的議題。他認為這是任何社會階級理論，甚至任何衝突社會學所致力的研究目標。

---

[24] Ralf Dahrendorf, *Class and Class Conflict in Industrial Society*, Stanford: Stanford University Press, 1959. 達倫道夫還有一篇有關社會衝突理論的短文經常被引用：Ralf Dahrendorf, "Toward a Theory of Social Conflict" (1958), in *Readings in Contemporary Sociological Theory: From Modernity to Post-Modernity*, edited by Donald McQuarie, Englewood Cliffs (N.J.): Prentice-Hall, 1995, pp. 74–82.

　　在理論的建構上，達倫道夫首先致力於對馬克思學說，以及其後的階級理論，進行比較分析與批判，並歸納出自己的認識和衝突理論，將其運用於「後資本主義社會」。

　　達倫道夫肯定馬克思對衝突現象研究的貢獻，最重要者，如：馬克思指出衝突是人類社會的常態，衝突存在於社會結構和社會運作機制中；馬克思也認識到社會衝突源自「利益衝突」，因此衝突必然是維護既得利益，與相信改變現實情勢方有利者之間的對立，勢必是相對於「現狀」(statu quo)界定對立者，而且最後的選擇，也是相對於「現狀」，推翻或改變現狀；㉕再者，馬克思很正確地認識到衝突是社會歷史發展的主要動力，階級衝突必然帶動變遷——遲早的問題，雖然馬克思並未對衝突所造成的變遷發展方式，予以深入分析，甚至在這方面的解釋，令人認為相當偏頗，但他至少領先提出變遷是由衝突所造成的見解；此外，馬克思以階級衝突分析變遷，也依此得出資本主義社會結構上的矛盾，馬克思學說開啟研究社會變遷的結構分析途徑。㉖

　　達倫道夫也批判馬克思學說對社會衝突現象偏頗的見解，其中最嚴重者，就是在理論上，馬克思並未嚴格地分別社會衝突與階級衝突的差別。馬克思將所有的社會衝突聚焦於階級衝突，達倫道夫認為這是專斷的簡化，如同之前義大利學者巴瑞圖所批判的，達倫道夫也認為階級只不過是利益族群的一種，階級衝突只不過是分化社會的一種利益衝突，其他種社會衝突不是必然地都可歸咎於階級的對立，馬克思概括衝突的特別型態，將所有社會衝突歸類為階級衝突。

　　達倫道夫指出馬克思學說中有關衝突現象的第二種偏頗的認知是，馬克思認為階級衝突不可避免地導向革命，革命也是階級鬥爭的唯一結果；達倫道夫則認為此種錯誤的認知，導致在馬克思主義的學說中，革命是歷

㉕　也許，在希望改變現狀的人群中，有較不偏激的溫和者，在反對者中也有不那麼頑固者，這並不妨礙研究者，以利益無法妥協的兩種族群，來分析社會衝突。

㉖　達倫道夫在《工業社會的階級與階級衝突》一書，論介馬克思的階級理論及工業社會的後續發展後，於第四章對馬克思的理論進行社會學的批判。Ibid., Chapter IV: A Sociological Critique of Marx (pp. 117–154).

史中唯一真正動盪的時刻，此種解釋忽略了其他種非革命的進化型態，漠視所有導源自階級鬥爭以外的結構變遷。達倫道夫指出，從經濟方面就可發現，階級鬥爭也能導致革命以外的結果，事實上將一政權徹底推翻的暴力革命，在階級鬥爭史中仍屬特殊的情況，從歷史上可經常觀察到的是，統治階級在環境的督促和壓力下也會帶動必要的改革，以消除引發革命的潛在因素。達倫道夫進而批判馬克思學說對階級鬥爭過於誇大的分析，事實上階級的對立鬥爭並不必然僵持到革命的爆發，反而是因雙方的妥協，帶來持續不斷的變革，使得社會體系持續開展進化的發展。

　　達倫道夫對馬克思學說的第三項指正是，將社會階級的緣起及階級的衝突，歸因於生產工具的保有，是一種偏頗的見解，這也是造成馬克思烏托邦理想預言的起源點，相信在私有財產制消失之後，會有「無階級社會」(classless society) 的出現。明顯受到韋伯思想影響的達倫道夫指出，十九世紀初的資本主義社會，讓馬克思認識到財產及控制生產工具好像連結在一起；但資本主義社會後續的發展，卻顯現出這是可以分開的，當代資本主義社會中的大企業，財產可能被數千個股東所分占，他們將控管的權力交與企業中沒有財產權的技術專家及科層組織的成員。如吾人先前所提及，韋伯曾分出兩類別的經濟階級：一是「資產的保有階級」；一是「獲得的階級」；相對於前者而言，後者擁有經濟方面一定的才能。達倫道夫進而指出，在當代資本主義社會中，比著生產工具的擁有者，實際上生產工具的控管者，才是主導者。這種見解，後來加爾布雷斯 (John Kenneth Galbraith, 1908−2006，亦譯高伯瑞) 會以「技術結構群」(technostructure) 的概念，來說明歐美社會大企業集團，財產權與管理權之分立。㉗

　　達倫道夫有別於馬克思理論執著於經濟生產結構的認識，認為利益的衝突不僅只是肇因於經濟，相信比著生產工具之擁有而言，更仰賴「權力」(power)，更確切地說是「權威」(authority) 的分配，這種「稀有資源」的永恆爭奪，即權力鬥爭，是任何社會必有的現象，以致任何社會必也處在權力衝突的狀態。在這種新視野的引導下，達倫道夫強調必須重新評價階級

㉗　John Kenneth Galbraith, *The New Industrial State*, Boston: Houghton Mifflin, 4th edition rev., 1994.

衝突的歷史角色。

權威的不等分配與權力鬥爭

　　達倫道夫認為社會之衝突主要是由權威分配所引起，權威的衝突是分析政治社會的焦點所在，社會中的各股政治勢力為此陷入永恆的爭奪鬥爭。儘管試圖以制度來平息激烈的社會衝突，但社會的矛盾和衝突是永不會消失的，化解了舊的矛盾和衝突，必然帶動新的矛盾和衝突出現，而且這種利益的矛盾和衝突之化解，帶動社會之變革發展。達倫道夫對馬克思理論進行批判之餘，受馬克思學說的啟發，也強調必須再探尋和分析交互影響的結構性因素，致力理解培育和暴發社會衝突的各種因素，在研擬有關社會衝突與發展理論時，也應指出平息和激化衝突的各種重要條件，以及對這些問題的解決途徑。達倫道夫強調，理想的社會學應致力於社會衝突之研究，衝突理論的最終目的應是解說社會變遷的發展。

　　達倫道夫認為造成社會衝突的最主要結構因素，並不是像馬克思所認為的，是因生產工具或財產的不均分配所造成的，而是「權威」的不等分配所造成。受到韋伯的影響，達倫道夫將「權威」視為「支配與服從」(domination and subjection) 的正規、合法關係 (legitimate relation)——即統治與被統治的關係，這種秩序造成人民的服從。在韋伯與達倫道夫的思維中，「權力」與「權威」有別：「權力」是一種「事實關係」(factual relation)，且附著於個人，肇因於一個人的體能、才幹、特殊威信、或因所占據的職位，在社會關係中，行使權力者雖遇到抗拒，但可達成他所想要達成的目的；而「權威」僅建固在社會組織中所占據的職位角色，吾人可解釋為「規範關係」。達倫道夫所重視的是「權威」，認為探尋社會衝突的結構性因素，研究上就應對權威，而不是權力著力，因為在各種人群社會中，群體關係總是建基在「支配與服從」——統治與被統治的對立關係上，即某些人或某類團體負責統治、管控、支配，而其他人和其他團體則處在被統治、被約束、被管控的地位。㉘

㉘　Ralf Dahrendorf, *Class and Class Conflict in Industrial Society*, op. cit., pp. 165–

　　權威可以有不同的形式，以不同的方式運作，但它必須存在，它是人類社會組織中所必要的組織結構，以調節和管制成員的互動。社會組織中若無權威和權威的分配，這在理論與實質上都是難以想像的。在任何社會組織中，總是有一些人，他們或多或少施展權威，而其他人服從此一權威；但達倫道夫也指出，在各類別的社會群體中，占據權威職位的人，並不必然地構成一和諧的團體。

　　如同財富，權威的分配是不平等的，但財富與權威之間有很大的區別：在財物的不平等分配方面，某些人比其他人擁有的更多，但即使是那些較少者也擁有一些物品；權威的分配則完全不同，除擁有者外，其他人則完全排除在外——對此要有「零和概念」('zero-sum' concept)。❷這就是達倫道夫所稱的——權威分配所造成的「地位的二分」(dichotomy of positions)，這也是他最基本的論點。達倫道夫指出，尤其從較特殊的社會組織中，如教會、企業、協會，可輕易觀察和分別出地位的二分結構。

　　地位的二分必然導致行使權威者與服從者之間的利益矛盾。那些保有權威職務者，有某些共同的利益是服從權威者所不能分享的，而那些居於服從地位者所要伸張的某些利益，也是要表達他們共同的處境；在一定範圍內，行使權威者和服從者之間的分歧利益是相抗衡的，以致利益的對立造成利益的衝突。馬克思就很正確地認識到領導者所共同擁有的主要利益，就是維持「現狀」；那些服從權威者所分享的主要利益，就是改變或推翻現狀。行使權威者與服從者之間，各自的利益是難以妥協的，以致利益的矛盾總是造成兩陣營的對立衝突：那就是維持現狀有利者與改變現狀有利者之間的對立。❸由於權威是社會組織的根本要素之一，因此衝突永遠存在於社會中。社會中衝突的永續存在，在根本上說明了衝突的結構性源起。權威及其所造成的區分是社會體系結構與運作的必然性，但它同時也不斷地造成對立衝突，並進而影響到社會體系的變革發展。

167.

❷　Ibid., pp. 170–173.

❸　Ibid., p. 173.

利益團體及其重疊

　　社會中因相同的處境和共同的利益，可歸類出某種社會類別，但對於尚未形成有組織的群體，達倫道夫為了歸類這群人，用了 ‘*quasi*-groups’ 這個名稱，可譯謂「準團體」，事實上比著「團體」而言，「準團體」是社會類別，如消費者、商人、學生等。相對而言，達倫道夫所稱的「利益團體」(interest groups) 則是擁有組織和明示的行動計畫，以及相當明確的目標，如職業團體、工會、社會運動組織、和政黨等。 ㉛

　　達倫道夫強調利益團體是利益衝突中最活躍的施動者。利益團體突顯衝突的理由，並激勵團體的行動，但必須要滿足一項條件，那就是達倫道夫所稱的將「隱性利益」(latent interests) 變成「顯性利益」(manifest interests)。 ㉜ 這兩種利益概念的用詞，達倫道夫多少受到功能學派墨頓 (Robert K. Merton) 的啟發。㉝ 兩種利益的差別在於：隱性利益雖引導成員的靠攏，然無積極的作為；顯性的利益則是激發行動者有計畫的行動。隱性利益雖然也會激起利益的衝突，但尚未籌謀行動，只能帶動「準團體」的形成；反之，顯性利益激勵行動者積極研擬出行動的綱領和所要施展的策略，公開的標示出所要尋求的目標。

　　馬克思所謂的「階級意識」雖很接近達倫道夫所謂的「顯性利益」，但差別在於「階級意識」是一種政治意識，且在概念的運用上，分析的層面和範疇不同，達倫道夫是以社會各類利益團體，作為分析的基本單位，而且達倫道夫也是相對於這種範疇，分析權威和衝突的現象。因此，當分析到總體社會，就不如分析次級社會組織那樣，可明確地觀察和分辨出權威

㉛　Ibid., pp. 179–189.

㉜　Ibid., pp. 173–179.

㉝　如前所述，墨頓為功能理論做了若干補充，如相對於以「顯性功能」(manifest functions) 突顯現實結果，墨頓也以「隱性功能」(latent functions) 來說明未預料的結果，並進而以「顯性反功能」(manifest dysfunctions) 和「隱性反功能」(latent dysfunctions)，來補充和活化功能學說。Robert K. Merton, *Social Theory and Social Structure*, New York: Free Press, enlarged edition, 1968.

的二分，理由是在某一特定組織中行使權威的人，在社會其他領域中可能沒有權威。換句話說，可能在某種情況下屬於某一支配性的團體或準團體，同時在另一種情況下，屬於某一服從的團體或準團體。這就是達倫道夫所稱的對立與衝突的多元性情況。但在實際上，對立與衝突的多元性情勢還是相當受到局限的，在某一領域或組織行使權威，一般也在其他領域或其他組織享有影響力。這就造成達倫道夫所稱的利益團體的「重疊」(superimposition)。㉞因此，在總體社會中，大致也有類似社會次級組織的對立區分，即階級對立：社會階級就是社會多樣利益團體及準團體的重疊集結；階級鬥爭就是社會多樣利益衝突的重疊集結。這種見解使得利益團體的概念與社會階級的概念、利益衝突的概念與階級鬥爭的概念匯合。

在達倫道夫看來，社會階級鬥爭的程度，是依每一具體事件而有所不同，其程度只有靠經驗調查來瞭解。達倫道夫強調不能主觀地假設一定會有全面的衝突——如馬克思在其階級鬥爭分析中所強調的。為了避免研究上的偏頗性，達倫道夫認為必須將階級鬥爭問題更經驗化研究，從極化階級鬥爭的多樣利益衝突著手，從其成員體進行分析。

達倫道夫深信，衝突是社會歷史發展的動力所在，也是社會組織的自然本質，衝突不停地挑起變遷、甚至有時帶動革命。馬克思只關注於革命，即極端性的改變——全面的替換行使權威的人和團體。但達倫道夫指出，造成宰制階級全面替換的革命，在歷史上是稀少的，大部分的情勢是漸進的結構變遷。達倫道夫認為衝突理論，應對極端性的改變和漸進的改變，給予等同的重視。基於這種認識，達倫道夫建議分析社會衝突應檢視兩種層面：一是激烈的程度 (intensity)，一是暴力 (violence) 的程度。衝突激烈的程度是看衝突中所付出的心力和激起的反響，以及勝敗得失仰望的程度；衝突的暴力程度是，除了檢視衝突中憤怒的程度，也要看所運用的方法——從和平的對談、罷工，到武裝的抗衡激起內戰。達倫道夫認為，社會衝突的程度越激烈，則社會結構的變遷越激進；社會衝突越暴力，則社會結構的變遷越突然。㉟

㉞　Ralf Dahrendorf, *Class and Class Conflict in Industrial Society*, op. cit., pp. 213–218.

㉟　Ibid., pp. 210–213.

　　達倫道夫最終強調，一個道地的民主政治社會，它容許相對立的政治勢力與利益團體間自主地辯論，並以制度化的程序來較勁，或化解之間的矛盾和衝突，為社會帶來較穩定的成長。這種主張仍彰顯於他後來出版的《現代社會衝突》(*The Modern Social Conflict*, 1990) 一書中。**㊱**

　　比著《工業社會的階級與階級衝突》一書著重社會衝突理論的建構而言，達倫道夫在《現代社會衝突》一書中，則著重先進國家的社會衝突分析。在世紀之末，達倫道夫回顧並檢視富裕國家——「經濟合作與發展組織」(OECD) 國家，過去一個世紀的社會發展，以及所遭遇的矛盾和衝突困境。達倫道夫雖深受馬克思學說的影響，但他並不是社會主義者，而是自由主義的理論家，其社會衝突論的見解也是建基在自由主義的基礎上。達倫道夫的學說基本上是要維護自由主義的體制，而且傾向放任的 (*laissez-faire*) 自由主義。

　　達倫道夫補充了馬克思主義對階級衝突的分析，擴大為社會衝突理論；相對地，達倫道夫的社會衝突論雖也批判保守主義傾向的功能主義學說，但也給予一定的肯定，認為兩種分析途徑應並存，且一再強調，不應在這兩種理論之間選擇立場，自我侷限視野，而應合而觀之。達倫道夫認為無論是社會體系的功能分析面，或是社會體系的衝突面，兩種分析途徑可互補地認識社會現象的一體兩面：社會同時是一整合的體系，也是衝突的體系。在達倫道夫看來，這兩種社會現象皆導源於「權威」，「權威」不僅是社會整合的因素，也是社會衝突的因素。

對社會衝突論的數點質疑和補充

　　達倫道夫的社會衝突論仍有很多可議之處，達倫道夫強調權威的二分必然造成對立的兩方，這是其社會衝突理論立論的支柱，但這種主張的穩

㊱　Ralf Dahrendorf, *The Modern Social Conflict: An Essay on the Politics of Liberty*, Berkeley: University of California Press, 1990. 中譯本：達倫道夫 (Ralf Dahrendorf) 著，林榮遠譯，《現代社會衝突》，臺北：桂冠，1999 年。中譯本依德文版中譯。

固性令人持疑，曾受業於帕森斯的加拿大社會學者羅凱 (Guy Rocher) 就提出質疑。達倫道夫強調擁有權威的人或團體總是要維護既得利益的現狀；相對地，那些服從權威者所分享的主要利益，就是改變或推翻現狀。但羅凱就指出，無論在歷史上，或是現代社會中，有時還是不難發現那些位居權位的人，提出或啟動其他人所反對的變革，其作為不必然都是為了維持現狀。**㊲** 因此，「支配與服從」的關係，在解釋上應增加解說的彈性，其間的關係遠比達倫道夫所做的靜態說明要來得複雜。而且，吾人也必須指出，那些位居權位的人所帶動的變革可能是受到大環境的逼迫，但無論是改革或是反動，都可能沒意識到有一天可能成為改革或反動結果的犧牲者。

羅凱也指出，達倫道夫批評馬克思只重視一種社會衝突——階級衝突，建議擴張分析面向到社會各類利益的衝突，但達倫道夫的社會衝突又全面聚焦於權威的衝突，雖然人們也同意權威地位的二分對立是衝突的重要因素，但其偏頗性在於對社會的任何衝突的解釋，全面偏執於強調權威的衝突是關鍵因素的見解，容易陷落於社會變遷的單一「決定論」(determinism)，像馬克思那樣只強調經濟決定論。**㊳** 再者，羅凱認為達倫道夫所謂社會衝突越激烈和越暴力，則社會結構的變遷越激進和突然的見解，是否一向如此，也令人有所懷疑。羅凱認為在解釋上也應有所彈性，因為有時社會的衝突只是權力的血腥暴力鬥爭，所帶動的社會結構變遷，只是少數人的權力交替；反之，在開放社會中，和平的逐步改革所累積的變革，可能不亞於守舊的政治革命。**㊴**

社會衝突與社會結構是緊密相連，社會衝突的因素應該是多元的，不應歸因或只認同某一單一因素。社會衝突是社會變遷的重要原因，就如同人口、科技、知識、文化、價值等，也是造成社會變遷的原因。現代快速變遷的社會是複雜且又潛存多樣結構性衝突的社會，如種族、文化、信仰、職業等都是造成社會衝突的因素，社會衝突不僅多樣，且社會結構的每一

㊲　Guy Rocher, *Introduction à la Sociologie Générale: 3. Le Changement Social*, Paris: Éditions HMH, 1968, p. 121.

㊳　Ibid., p. 122.

㊴　Ibid., p. 121.

組成部分，其組織內部也呈現意見的不合與對立，甚至還有代溝的問題，每一代都有自己的視界和理想，這都會造成群體內部的對立。在現代快速變遷的社會，不僅代溝的對立不可避免，而且存續的體制也不必然適合時代，以致傳統與現代不可能無矛盾或無衝突的並存發展。

　　社會變遷無法徹底化解社會衝突，反而也會創造新的衝突。社會也不會全面地接受變遷，群體社會中總會表現出發展不一的變化，有些地區、有些職業類別、有些人，可能先啟動或先接受和先因應新的改變，或刻意防範可能的改變。

第六章　政治權力與政治精英

第一節　政治權力

　　社會衝突的主要因素，除了是因財富的分配不均所引起外，「權威」分配的不均也是重要原因。社會學者達倫道夫特別強調這種他所謂「零和概念」('zero-sum' concept) 的權威分配，認為這是解釋權威最基本的現象，地位的二分自然造成命令者與服從者，或說統治者與被統治者之間的對立。

　　雖然自古以來的人類社會發展，總是有些人在指揮，而另一些人在服從，但權威的基礎為何? 在人與人之間如何建立起等級關係? 從歷史學家所發現的文獻，到考古學所蒐集的文明殘骸，以及人類學家所做的觀察，曾湊集出多樣的理論，但這些理論都很難成為科學性說法。「父權論」是最傳統的理論，認為父權造成政治權力的誕生，學者將重點放在與家庭類比之推理; 除此外，過去也曾出現很多不同的解說，有指政治權力是自然發展，也有參引「總意志」(la volonté générale)、「社會契約」、「集體意識」(conscience collective) 等概念所做的解釋，這些受胎於哲學的假設思考，可說都是一種專斷而又不足的說法。

國家與政治權力之起源

　　在歐陸學界，「政治權力」(political power) 與「國家」是混同的概念，更確切地說，狹義的「國家」在意義上等同「政治權力」。過去學者就試圖解釋政治權力的本質及其起源，而此一問題又與國家息息相關。吾人在論及國家論時曾說明，亞里斯多德認為國家是由於群體生活之必要，自然發展而成; 霍布斯則認為是為了結束人人互相爭鬥的自然狀態，依契約而誕生，此後格老秀斯 (Hugo Grotius, 1583–1645)、洛克、盧梭等人皆持類似「契

約論」的見解。

　　在「契約論」盛行之前，無論東方或西方皆盛行「神意論」。西方自耶穌的門徒聖保羅定義「一切權力皆來自上帝」(nulla potestas nisi a Deo)，中古時代基督教的信仰就認為：配合上帝對人類的計畫，「君權神授」的政治權力符合上帝的旨意，人民的服從是一種義務。但西方社會自十三世紀，受聖托馬士 (Saint Thomas of Aquinas, 1225–1274) 迎合時代的思想影響，逐漸轉向支持「權力皆來自上帝，但透過人民」，上帝讓人們去具體規劃實踐，並未強制規定某種特定的統治型態。❶聖托馬士的主張提昇了世俗政治社會的角色，而人本主義的復生、民族國家的興張、和「反教會權力」(anti-clericalism) 的發展，以及西方中古社會契約之盛行，都有助於契約論的出現。對契約論最有系統的立論是英國霍布斯的《利維坦》(Leviathan, 1651) 一書。而洛克雖支持契約論的見解，但侷限其內容，在其 1690 年出版的《政府論》一書中，強調「有限的政府」，以及人民有「籲天權」(appeal to Heaven)，即革命的權利，支持必要時「反權力」的正當性。❷

　　盧梭也是契約論的重要代表人物，但他也明白，對自然狀態，以及國家和政治權力起源的契約論見解，作者們都心知肚明，歷史上從無可考的「社會契約」紀錄，這只是邏輯上的假設 (l'hypothèse logique)，以利解說統治權力的起源和正當性。❸

　　假設和想像人類在史前原始的自然狀態中是自由、平等的，這也許沒有錯，但認為政治社會——國家的創立，和政治權力之起源，是根基於人民自由意志的決定，這可以確定純屬虛構，但契約論的主張可鞏固民主政治。黑格爾也曾駁斥各種形式的「社會契約論」，認為這是一種毫無根據的

---

❶　可參：王晧昱著，《追逐理想國：政治福音與社會重建》，臺北：韋伯文化，2000年，第三章「從塵世到天國：末世的政治神話」，頁 112–114, 143。

❷　John Locke, *Two Treatises of Civil Government*, op. cit., Book II, pp. 281–282.

❸　盧梭的《契約論》：Jean-Jacques Rousseau, *Du Contrat Social: ou Principes du Droit Politique* (1762), Chronologie et introduction par Pierre Burgelin, Paris: Garnier-Flammarion, 1966. 盧梭在《論人類不平等的起源和基礎》一文的序言中，有這種說明。

論說，相信國家與政治權力的存在是「必要的存在」。❹

　　如先前所述，自十九世紀末葉，探析國家和政治權力性質的言論，曾導向法學家主導的時代；然而進入二十世紀，布丹的「武力說」再度興起，如韋伯認為國家是由武力造成的政治體，其內有統治者與被統治者、命令者與服從者的差別。

「權威」及其正當合法性

　　韋伯指出「權威」(authority) 是指合法運作的權力，「能帶動群體成員服從的可能」。❺任何人類團體中都有權威存在，它甚至成為社會組織構成的必要組成部分，它可以有不同的形式，以多樣的型態施展。無論從理論和實際面看來，沒有權威的社會組織是難以想像的。在任何團體中，總是有一些人享有權威，而其餘的人向權威服從，存在一種支配與服從的對立關係。

　　由於「權威」是指合法運作的權力；因此，「權威」要與「合法性」(legitimacy) 相提並論。政治上的合法性是指人民認同當政者之權威合乎法統，即「正當」，服從當政者的權威成為社會的價值和道德義務。因此，當正當性不足或消失時，遭受質疑的統治者，最後只能靠武力鎮壓來支撐其地位。

　　韋伯指出三種擁有正當性的「權威」。韋伯認為政治權威的正當性是由「傳統權威」(traditional authority) 往「理性、法制權威」(rational-legal authority) 轉向的過程。傳統權威強調既存模式的持續性，典型的代表就是專制的君主政治及其「君權神授」(divine right of monarchs) 的神話，權威的基礎建基在血緣世襲，推崇傳統習俗，安於既得利益和社會秩序現狀的

❹　Georg Wilhelm Friedrich Hegel, *Elements of the Philosophy of Rights*, edited by Allen W. Wood, translated by Hugh Barr Nisbet, Cambridge: Cambridge University Press, 1991, pp. 105–106, 277–278.

❺　有關權威之合法性，參韋伯的主要代表作：Max Weber, *Economy and Society* (1922), edited by Guenther Roth and Claus Wittich, Berkeley: University of California Press, 1978, Vol. 1, Chapter III, pp. 212 et s.

維護，然而由於過於保守，不僅假藉傳統壓制進步的思想，而且也阻礙社會的進步。

「理性、法制權威」則建基在「法制主導」(legal domination) 的理性基礎上，權威合法性基礎建立在法律，不因人而異，政府的作為也要在正當法律程序規範下進行，而人民也要在法律規範下接受權威的領導；這種呈現在資本主義工業社會的權威型態，行議會政治與政黨政治。「理性、法制權威」的長久發展，已使得它成了現今的傳統模式。

在兩種權威型態外，韋伯提出 '*charisma*' 的見解，意指神賜的能力，在政治方面尤指能激起熱情崇拜與效忠的能耐，形容詞 'charismatic' 用來形容享有特殊威信的政治人物。「特殊威信的權威」(charismatic authority) 是因特殊的歷史環境和現實的社會結構，以及領導者個人人格特質所造成的權威現象，使得人們在危機的時刻仰望於他的異能，同時也造成集體崇拜的現象。事實上，是否真有超能力並不重要，重要的是要能在群眾的心目中，形成崇拜與仰望力，就是靠著這種仰望力，給人民擺脫國家危機的希望。韋伯認為這種建基在神格魅力型的權威是最不穩定的權威。

而且，「特殊威信的權威」有其危險性，此種政權的生存力普遍短暫，能長久維繫的很少，一來由於大多是靠著民粹的情緒擁護而得權，因此有其不穩定性，此外，享有特殊威信的政治領導者容易沉醉於權力，因而走向獨裁、極權體制。但韋伯並不完全否定這類權威的重要性，因為它在歷史上不時出現，甚至也帶動危機的轉機。當危機告解，「特殊威信的權威」可能轉向「傳統權威」；如能導向「理性、法制權威」之路，就更難能可貴了。總之，這種過渡的權威早晚要常規化 (routinization) 和制度化 (institutionalization)。韋伯也強調這三種權威是「純理論類型」(pure types, ideal types)，無論在真實世界或在概念上，相互間會有重疊性的，即有轉型 (transition) 和化合 (combination) 的可能。❻

---

❻ Ibid., pp. 241–249. Max Weber, 'The Sociology of Charismatic Authority', in *From Max Weber: Essays in Sociology*, translated, edited, and with an introduction by H. H. Gerth and C. Wright Mills (1946), with a new preface by Bryan S. Turner, London: Routledge, new edition 1991, pp. 245–252.

權力

在人與人的互動關係上，除「權威」(authority) 外，「權力」(power) 更是普遍的常用語，表現出更廣泛的現象，因此必須就要適當地界定。

相對於「權威」是指合法運作的權力而言；「權力」則泛指能指使他人的能力，所以「權威」——合法運作的權力，是「權力」的一種類別，而「權力」還包括不合法運作的權力。英文的「權力」'power' 一字來自法文的 'pouvoir'，它源自拉丁文的 'potestas' 和 'potentia'，拉丁文 'potentia' 意指影響或指使他人的能力。德文 'macht'、英文 'power'、法文 'pouvoir'，都是同義字。❼義大利學者薩托利強調：「權力是一種關係，有權意指某人能——以某種方式，在某種範圍內指使他人。再者，真正的權力是一種行使過的權力。」❽

美國政治學者達爾 (Robert A. Dahl) 以「影響力」(influence) 來突顯並解釋「權力」，進而指出「權力」就是「影響力」的一種特殊類型。達爾稱影響力為「行為者之間的一種關係，其中一人帶動其他人做他們本來不會

---

❼　對「權力」之分析，可參：Dennis H. Wrong, *Power: Its Forms, Bases, and Uses*, New Brunswick: Transaction Publishers, new edition, 1995 (originally published in 1979). 中譯本：丹尼斯·朗 (Dennis H. Wrong) 著，高湘澤、高全余譯，《權力：它的形式、基礎和作用》，臺北：桂冠，1994 年（依 1988 年版本中譯）。John Kenneth Galbraith, *The Anatomy of Power*, Boston: Houghton Mifflin, 1983. 中譯本：加爾布雷斯 (John Kenneth Galbraith) 著，劉北成譯，《權力的剖析》，臺北：時報文化，1992 年。另可參：Marvin E. Olsen and Martin N. Marger, *Power in Modern Societies*, Boulder (Colorado): Westview Press, 1993.
摘要彙編二十世紀著名學者對權力的論述，可參：Steven Lukes (ed.), *Power*, Oxford: Blackwell, 1986. 著名學者包括：Bertrand Russell, Max Weber, Robert A. Dahl, Hannah Arendt, Jurgen Habermas, Talcott Parsons, Nicos Poulantzas, Alvin I. Goldman, Georg Simmel, John Kenneth Galbraith, Michel Foucault, Gerhard Lenski, Raymond Aron。

❽　Giovanni Sartori, *Comparative Constitutional Engineering, An Inquiry into Structures, Incentives and Outcomes*, London: Macmillan, 2nd edition, 1997, p. 143.

去做的事」，在這種影響力的基礎上，也出現不平等概念：A 促使 B 做他不干預他就不會去做的事，顯示出 A 比 B 強，表現出地位上的不平等；在這種情況下，法律上 A 與 B 的平等消失，因為 B 屈從於 A，雖然法律上強調平等，但事實上是不平等的。❾

從行為面觀察，達爾把「影響力」視同權勢 (puissance)，無論影響力或是權勢都建立在多樣的基礎上，如財富、追懲的可能性、威望、情感、規範和價值等，這些具體的情勢均有利於發揮影響力。達爾如同很多美國學者，進而以「強制」(coercion) 來界定「權力」，即以追懲的可能來使他人屈從，權力愈大則其追懲愈會對拒絕遵從者造成嚴重的損失。拉斯威爾等人也持類似的見解，指出：「權力不同於影響力的差別，在於有遭受懲處的威脅。權力是施展影響力的特殊類型，……在不符合指令時，有嚴重損失之威脅」。❿總之，最終可追懲的強制力就是權力。

在社會中要有穩當的權力，就要占據社會中的重要職位，這就如中國人講「權位」。美國學者米爾斯研究美國的「權力精英」(The Power Elite) 後，也認為人們所占據的重要機構職位 (institutional positions)，使其享有非常人所能有的權力經驗。⓫

霍布斯指出：人類的共同嗜好就是永無休止地追求權力，至死方休。因此，人類必須要靠「利維坦」來加以約束。⓬但「利維坦」建立後有些人享有權威，而有些人只有追求權力。現今在民主政治社會中，政治人物追逐政治權力的競爭成為媒體的焦點，政治人物享受贏得權威的滋味，如

---

❾　Robert A. Dahl, *Modern Political Analysis*, Englewood Cliffs (NJ): Prentice-Hall, 5th edition, 1991, pp. 23–24. 在這本書中，Dahl 分析政治的本質、權力與影響力、政治體系、多元勢力較勁的政治 (polyarchy)、政治行為、政治評價、政策制定等議題。

❿　Harold D. Lasswell et Abraham Kaplan, *Power and Society: A Framework for Political Inquiry*, New Haven: Yale University Press, 1950, p. 74.

⓫　C. Wright Mills, *The Power Elite*, New York: Oxford University Press, 1956, pp. 10–11. 新版：C. Wright Mills, *The Power Elite*, with a new afterword by Alan Wolfe, New York: Oxford University Press, 2000.

⓬　Thomas Hobbes, *Leviathan*, op. cit., Vol. 1, Chapitre 11.

尊重、掌聲、媒體光芒、以及指揮他人的成就感。此外，人們在宗教或經濟領域也同樣追求權力，主管在公司企業運用權威或權力，大企業的經營者運用其權力，影響政府、社會、或媒體。在現代英美用語中，人們也說某種社會勢力或公會、工會的權力——如族群意識興起所帶動的「族群力量」(ethnic power)，或環保意識所帶動的綠的力量 (green power) 及綠的訴求，皆跳出「權利」範疇，都以「權力」來表達抗爭，或在政策上對政府，亦即「公權力」施展壓力。

事實上，人們難以將「權威」與「權力」予以徹底分別，權威總是牽連著權力的意含，而權力隱含著權威。習慣上，一般法學家著重在強調法制面向的「權威」，而政治學者和社會學者則著重現實的「權力」。因此，在政治社會學中為了析論領導權之競逐，「權威」和「權力」二者不時交互使用；而且在此特別要提示的是，在西方對於領導國家的公權力，則也以「政治權力」(political power) 稱之。

「政治權力」或說「公權力」，自古以來就是持續不斷地在膨脹，到了二十世紀，權力的膨脹也讓希特勒可挑起「全面戰」(*la guerre totale*)。當代的國家為有效統治，擁有壯觀的人力與配備；相對於此，人民可運用的制約並未因此加強，以致應守護社會秩序的公權力，有時反而可能成為侵犯者。 ⓭

政治權力及其權威型態之轉型

「政治權力」就是統治者的權力。「政治權力」，或說「統治權力」，被視為是公權力，其目的在於維護社會集體之安寧，解決社會內部的糾紛，並防禦外來的侵略。要明瞭「政治權力」，必須將它與「權威」現象相比較後，才能突顯出它的獨特性。

在社會各種群體中，必能發現某人或某一組群，可將其意志強加於他人，造成領導與服從的雙向關係，即有人處於領導和指揮地位，其意見被

⓭ Bertrand de Jouvenel, *Du Pouvoir: Histoire Naturelle de sa Croissance*, Paris: Librairie Hacette, 1972.

服從者所遵守，在這種地位差別的關係中，服從者無意反對或抵抗領導者之要求。這種將地位簡化為二分關係，來解釋權威現象是為了解釋上的方便，但社會中的領導與服從關係並不是可以截然地對立二分，事實情況是極度複雜的；在領導者與服從者的內部也各有著領導與服從的關係。換句話說，這種關係和這種現象附著在極為稠密交織的社會組織系統中。

　　在社會各種群體中，擁有權威者及被指使者間的差異關係，可能依群體的特性，以及情勢和時代的不同，而有所差異，但這種關係必然存在，不可能有權威消失的情況。如在軍隊或公務機構中，就會比藝術團體或工商協會，權威的角色和地位較會正常地突顯出來。

　　政治權力的特質在根本上與其他權威現象並無差異。這是因為政治權力也是一種領導與服從的雙向關係，以致人們可分別出成員相當稀少的統治者，來負責指揮；相對的，被統治者要服從其領導。政治權力是負責統治國家的權力，有領導、協調、激勵、決策的權力，擁有政治權力的國家統治者，負責決定並領導落實國家內政和對外政策。在民主國家，政治權力成為競爭的目標；在競爭型的政黨體系中，政治權力不僅是政黨間，也是各政黨和政黨聯盟內，野心和理念相異的領導人之間，權力競爭的目標。

　　政治權力的正當「合法性」(*la légitimité*) 就是被社會成員——至少多數成員，視為是正統的統治權力，人民對其存在的正當合法性有共識；反之，不合法統的權力，不再是「公權力」，只不過是一種權勢，如果它能讓人服從。吾人先前論述韋伯所稱的三種正當合法的權威——傳統、特殊威信、理性法制權威，只不過是正當性認證的基礎。政治權力的正當合法性基礎是由社會集體認同的價值所界定。

　　政治權力在創建法制方面扮演最根本的角色。吾人可靈活地運用先前所論述的韋伯理論來說明。最早的政治權力及其權威建基在「神格化的個人魅力」(*charisma*)——「特殊威信」的基礎上，這尤其對開國君主是如此；但這種法統基礎為維繫其長久，必須要能「制度化」，以求長治久安，也讓統治者的後代得以維繫，因此政治權威的基礎轉向「傳統化」，讓法統建基在血緣上，這種傳統的政治權威是君主朝代型的權威，擁有世襲的政治權力。但這種建基在傳統迷思 (myth) 的法統基礎，到了現代民主政治的社會

就不再能維繫，必須變更法統的基礎。而這種變更法統的過程，也都有賴享有「特殊威信」的政治人物來過渡，但這之前可能會有武力的競爭。現代化的政治權力其法統擺脫植基於統治者血統的法統，轉植在「理性、法制權威」的基礎上，即建基在有助於支撐其統治地位的實體性基礎上，那就是國家。歐洲社會起自十七世紀，而中國要待滿清王朝解體後，政治權力的基礎試著植基於「理性、法制權威」的基礎上。

擁有「理性、法制權威」基礎的政治權力，與先前所述的特殊威信或傳統型的權威基礎的差別甚大：在「理性、法制權威」的基礎上，從此統治者是因人民所賦與的職務而擁有權責；由於不是其權威的永久主人，因此統治者只是定期受託的保管人。

當代政治權力的特徵及其權威型態的世俗面

人類社會有很長的時期，政治權力屬統治者的個人資產，但當代的政治權力特徵是，政治人物必須要有政黨的抬舉，而且政黨的體質變化也會影響到權力之爭奪和施展。

在爭奪政治權力方面，獨裁封閉的政治社會，雖壓制抗衡的權力，但在一黨專政的政黨內部，也不時出現各派系之相爭。在自由民主的開放社會中，在法制的規範下，政黨間展開競爭，最終由人民在選戰中裁決；即使未能贏得政權，在野黨還可以在野黨的地位施展抗衡的權力——在野監督的權力。

統治社會向來就不是簡單的任務，然而這種困難度長久以來持續增加，因為新社會帶來新的困境與難題，統治者要負責因應，並化解為達成任務而可能有的分歧。在過去致力實踐共產主義的一黨專政國家中，公權力尚要負責全面管控社會之活動，以致持續要擴張行政官僚機構；在自由民主的開放社會，雖然經濟上是自由市場經濟，但也愈來愈仰望公權力的介入，以化解有礙市場運作之難題，或仰望政府之積極作為，來提升人民之福利。不論在何種體制中，由於國際情勢隨著國家間的相依關係，而變得複雜，因此政府也要處心積慮的有效因應全球化的競爭。伴隨著這種情勢結構的

改變，人們處處可感受到國家科層管理體系的擴張，科技的進步也方便領導機構掌控資訊，讓政策指令快速傳達，讓其百姓立即得知政府的立場和意向，以致統治者處在可立即感應其部屬之服從，以及操弄人民的效果，這也使得執政者濫權的可能性和破壞力都相對增強。

在古代，統治者為鞏固其政治地位，刻意將政治權力「神聖化」(sacralization)，成為人們尋求公義的對象，仰望其德政。統治者雖不是神，但很容易也希望被神格化的崇拜，因為在百姓的心目中，不會將統治者與一般凡人相比。自古以來，為了強化統治者的權威形象，必處心積慮地展開增加視覺效果的安排，如：王冠、閱兵、授勳、以及任何能彰顯權威的偉大和壯麗的慶典排場，這些安排有助於襯托統治者的權威。官袍也代表權威，階級愈高，花樣愈是精細；在衛隊的護衛下，突顯於隊陣中的白馬要保留給君主或將帥。而且，統治者必將慶典與政治權力聯結在一起，慶典有助於政治權力的莊嚴化，可感動人民，以期向政治權力施展者認同。慶典的用意就是透過莊嚴的儀式，強化統治者的權威形象，透過就職儀式來宣告權位之取得與統治法統的正當性，向民眾展現統治者之領袖地位與人民服從之必要。這種政治制度上的儀式，讓權力神聖化；但儀式也在某種程度上保護被統治者，如儀式中統治者的宣誓，其承諾構成統治者施政之規範。即使在現代化的社會，也不能漠視有助於政治權力莊嚴化的政治性慶典。

在「理性、法制權威」當道的時代，權威仍帶動一定程度的「權力人格化」(personalization of power) 現象，這是相對於領導者的個人魅力、感召力，或說「特殊威信」、神格化的特徵而言，是較還俗化的溫和性說法。權力的人格化現象是普世的，人們習慣於對統治權的認同聚焦在某位頂尖的政治人物。在自由開放的社會，雖也質疑這種發展走向，但造成權力人格化的因素中，大眾傳播媒體的影響力是最不容忽視，尤其媒體的聚焦和簡化，使得複雜的國內外情勢成為模糊的背景，只在襯托出頂尖政治人物的作為和言論，由他們體現因應國際衝突和國家危難時刻的政治權力。

在現代社會中，國家領導者也都不會忽略了強化其政治權威的形象，必須以更現代化的傳播技術來推廣形象，如：國家元首的就職大典以現場

實況傳播；其出行在軍警的摩托車隊護衛下，使用防彈黑頭轎車；在公共場所擺出表現元首最佳神態的玉照；並透過公開的儀式、視察、或記者會，頻繁的露臉以占據電視畫面；此外，有時也要刻意製造親民的形象，如擔任義工、或在便衣護衛保護下騎單車上班，以政治性的演藝強化其政治形象。

第二節　反權力現象

政治權力介入面的擴大，加重政府行政體系「科層官僚」的任務，以及「技術結構群」(technostructure) 的角色。政府的重要決策要求先前深入的研究和多方面的考量；在長官的指示、激勵和引導下，負責擬案的高級文官帶動方案之研擬，以及與各機關部會密切的協商。但官僚體系技術結構群也並非是萬能的，他們的疏失和錯誤所造成的決策錯誤和浪費，很可能是天文數字；在政策的落實過程中，政策也可能因無法修改而觸礁，而且修改所帶來的反效果，也可能大於將錯就錯之後果。此外，國家領導者所想推動的政策，也可能因文官體系的不滿，而有消極抵抗的反彈，遭遇到不作為力量的阻礙。

政治權力與對抗的權力

政治權力所要負責統治的社會，有著極為多樣和分歧的社會利益類別。每個國家表面上有著國家情感的凝聚，然實際上其人民因階級、族群、地域、職業等的利益壁壘，以致在政治態度上有著極大的差異。因此，在析論政治權力現象的同時，就不能忽略了「對抗的權力」或說「抗衡的權力」(les contre-pouvoirs; counter-powers) 的現象，因為社會中必然充斥著權力抗衡的現象，這在自由開放的社會中尤其檯面化。

事實上，統治階層本身就有著分歧，因而在政治權力內部就有權力抗衡的現象。在開放競爭的民主政治社會中，統治機構與被統治者間有著多樣的社會組織，其中不少明確地呈現出對抗權力的特質。

　　「對抗的權力」可泛指所有有政治影響力的「社會勢力」，不論其所要追求的目的為何，以其存在和行動，有抗衡或制約國家統治機關或其他社會勢力之力量者皆屬之。這些多樣的社會勢力，多少可運用其實力去對抗政治權力擁有絕對的權力，或避免它發展出萬能的權力。這種社會勢力也可稱之謂「政治勢力」，如果它們時時關心政情，注意政府的各種政策，並時時展現其壓力。這些多樣的社會政治勢力也可發展成政黨，等待參與政治權力的運作，或發揮在野監督的功能，抵抗政治權力之濫用，或施展壓力以影響當政者之施政。抗衡權力的存在，有助於社會之平衡——符合「共和」的理想，而且也有助於節制政治權力，對人民的權利、自由和利益的保障有所助益。然而抗衡權力只能生存於開放競爭的社會；在政治專制或全方位控管的極權社會中，由於不容許對抗的政治勢力存在，以致一般民眾的權益受到漠視。

　　在容忍抗衡權力存在的社會中，抗衡權力也會為社會製造不少難題，也可能有害民主政治之運作，尤其抗衡權力偏離中道，成為致力推翻既存政體的反權力，其肆無忌憚的偏激行動，雖滿足了某類群體的利益，卻漠視了社會總體的利益。歷史上不乏偏激的反權力，透過民主途徑贏得政治權力，進而摧毀民主政治，如挑起二次世界大戰的德國納粹政權與義大利法西斯政權，就是典型的例子。

抗衡權力的類別與無權力者的權力

　　對於「對抗的權力」，吾人大致可分出三大類別：一是體制內的抗衡權力，負責平衡政治權力的內部，避免可能的濫權，如立法機關和司法機關所扮演的角色，著名的「權力分立」理論就是主張在政治權力中建制抗衡的權力，國會在這方面就具代表性，因為它可以被視為是政治權力機關，同時也是抗衡權力機關，同樣的在聯邦國家或大範圍地方分權的體制中，地方政府也可以扮演抗衡權力的角色，致力平衡聯邦或中央政府的權力過分集中；第二類是「政治的抗衡權力」——「政治勢力」，它包括政黨和大眾傳播媒體等，其前提是這個國家屬「競爭型政黨體系」(competitive party system)，保障言論和集會、結社的自由，其新聞媒體不是由國家壟斷或監控，而是在行政、立法、司法三權之外，被視為是「第四權」；第三類是「社會的抗衡權力」──「社會勢力」，它有著極為多元分歧的特徵，包括社會各類經濟勢力（無論是士、農、工、商、自由業等各職業類別的組織，如勞工的工會和工、商同業公會等）和宗教勢力等，但由於這些社會勢力本質上不一定都有對抗政治權力之任務，因此行動上轉變成「對抗的權力」，是為了維護自身的利益。❹

在開放競爭的民主政治社會，憲法保障反對勢力；反之，在封閉的獨裁和極權政體下，官方則壓制不同意見的表達，社會被官方的意識型態所包裹，捍衛表象的完整，不容質疑。然而在這種封閉的政體下，早晚會出現「異議分子」致力於「反權力」，在極端受限的條件下，表達批判和反抗的立場。「異議分子」經常是「反叛的知識分子」，在理智的驅使下，帶動「異議運動」，當代尤以發揚「人權」為異議的主題，有全面轉變極權或專制社會意識的震撼力量。廿世紀後半葉，在「一黨專政」的國家，先後反權力的勢力──「無權力者的權力」浮出檯面，要求期待已久的改革。❺「異議分子」的行動，連結「地下活動」，創造「第二文化」──受壓制的文化，或說「對抗的意識型態」(counter-ideology)，在政治文化的層面，出現「平行結構」，有全面改變社會整體意識和統治階層的政治潛力。❻

---

❹　對於抗衡的權力及其類別的議論，請續閱本書第八章、第四節，有關「公民社會」之社會運動，以及「造反」與「革命」等單元。

❺　瓦茨拉夫・哈維爾 (Vàclav Havel) 著，貝嶺編，崔衛平等譯，《無權力者的權力》(*The Power of the Powerless*)，臺北：左岸文化，2004 年，頁 71–161。哈維爾〈無權力者的權力〉一文發表於 1978 年。

❻　相關議題可參：王晧昱著，《追逐理想國：政治福音與社會重建》，臺北：韋伯文化，2000 年，第一章「政治福音：政治社會學的分析」。

第三節　統治階層──政治精英理論

「精英」──寡頭鐵律

　　在政治社會學中，「精英」(*élite*; elite) 這個名詞所要強調的是──政治上的「寡頭鐵律」(the iron law of oligarchy)。在政治思想上，一向有很多政治學者對政治現象的觀察和分析，著重於擁有政治權力的少數人及被統治的多數人之間的關係研究。此種分析途徑可追溯至古希臘時代的政治思想家，而廿世紀初的義大利精英學派承襲這種傳統，並有所更新，以期有效解釋當今的民主政治社會。義大利精英學派的主要代表人物有：莫斯卡 (Gaetano Mosca, 1858–1941)，巴瑞圖 (Vilfredo Pareto, 1848–1923)，米歇爾斯 (Roberto Michels, 1876–1936) 等人。其後，歐美政治學者，從不同的角度，致力於統治階層的研究，形成重要的研究領域，吾人可以 'Elitology'──「精英學」稱之，可說是政治學的統治階層篇。[17]

　　由於廿世紀初，研究統治階層的義大利精英學派見解，頗接近馬基亞維利權力鬥爭的論點，因此也有人稱其謂馬基亞維利的信徒。[18]但吾人必須指出的是，由於他們都是義大利學者，且相似的論點和見解使得外人覺得有學派的氛圍，然實際上他們之間並無同門的呼應往來，稱他們是一個學派，意思是說他們是那個時代，在思想和觀念上有相近的傾向，成為一股思潮的代表。[19]

---

[17]　Wang Hao-Yu, *La Théorie Politique de l'École Élitiste*, Paris: Thèse du Doctorat de l'Université Paris 2, 1986.

[18]　James Burnham, *The Machiavellians*, New York: John Day, 1943.

[19]　有關精英理論與精英研究，可參：Tom Bottomore, *Elites and Society*, New York: Basic Books, 1964. 中譯本：巴特摩爾 (Tom Bottomore) 著，尤衛軍譯，《精英與社會》，臺北：南方，1991 年。Geraint Parry, *Political Elites*, London: Allen & Unwin, Inc., 1969. Robert D. Putnam, *The Comparative Study of Political Elites*, Englewood Cliffs (N.J.): Prentice-Hall, 1976.

義大利精英學派的理論有兩大目的：一是致力「反馬克思主義」(antimarxism)，認為經濟決定論，以及無產階級專政的見解，都是謬誤之說，認為是政治至上、政治主導一切，而且所謂「無產階級革命」的結果，絕不會是「無產階級之專政」，而是新的寡頭體，假無產階級之名，宰制於無產階級之上；此外，精英理論的另一目的在批判民主政治的理論，指出民主政治理想之虛幻，認為民有、民治、民享都是高貴的口號，事實上，任何政治結構只有一種型態，那就是統治的權力總是由少數人掌握，不僅政治上是如此，一切社會組織都不能擺脫這種型態。現今，精英理論卻成為民主政治的一種解釋理論，認為民主政治就是多元精英的開放競爭。

「精英」的界定

巴瑞圖在其《社會學論著》(*Traité de Sociologie Générale*) 一書中，對「精英」這個名詞，給了一種相當通俗的界定：「讓吾人假設，對各行各業的人給予評分，以彰顯出他們的能耐，就好像在學校給學生打成績一樣。如在其行業中有突出表現者，給他滿分十分，沒有一個顧客上門的給一分，對真正的傻瓜零分。對那些賺幾百萬的給六分，對那些餓不死的給一分，對那些在醫院終生療養的零分……。我們用這種方式給每一行業的人打分數……，最終可歸納出最高分的階級，對這個階級吾人稱之謂精英 (*élite*)。」[20] 巴瑞圖進而又分出兩類別的精英——「統治精英」及「非統治精英」；在研究上，巴瑞圖重視的是在政治事務上扮演重要角色的「統治精英」(governmental elite)。

巴瑞圖指出，精英的界定是客觀而又中立的，不尋求深一層的理想或道德涵義，精英只是社會中必有的階級類別。在巴瑞圖概念中，精英只是那些在社會生活競賽中得到好成績，或在生存的過程中摸到好彩頭的人，不須追問是否有資格位居其中，精英只是一種學術代名詞，如不喜歡，完

[20]　Vilfredo Pareto, *Traité de Sociologie Générale* (1917), Genéve: Droz, 1968, §2027, pp. 1296–1297. 此書的英譯書本：Vilfredo Pareto, *The Mind and Society: A Treatise on General Sociology*, New York: Dover Publications, 1963.

全可以其他的字眼替代，甚至可以一個簡單的字母 A 或 B 替代之。

　　由於精英這個字很容易陷入價值判斷，因此莫斯卡就盡可能避免運用這個名詞，而用「統治階級」(ruling class)。後來熊彼得 (Joseph A. Schumpeter, 1883–1950) 也是避免使用「精英」。1959 年 11 月 11 日在 Strasa 召開之第四屆世界社會科學會議，與會者曾想對「精英」(elite) 下個定義，然而並未成功，但至少同意──擱置對精英的價值評價，保留其學術上「科學事實」(realité scientifique)。㉑ 以後，學者如阿宏 (Raymond Aron)、巴特摩爾 (T. B. Bottomore) 等人對精英的界定，皆從巴瑞圖。薩托利 (Giovanni Sartori) 進而提議：對開放的民主政治社會，精英用複數，以突顯其流動、開放、分散和多樣性；對封閉的專制或極權社會則用單數，以突顯其精英是世襲或自行推舉的封閉集團。㉒

　　後來精英理論也被用來分析共產國家，如南斯拉夫的吉拉斯 (Milovan Djilas) 的《新階級》(The New Class) 及前蘇聯沃斯朗斯基 (Michael Voslensky) 的《特權階級》(La Nomenklatura) 等書，都是對統治階級的實相分析。㉓

㉑　Wang Hao-Yu, La Théorie Politique de l'École Élitiste, op. cit., p. 12.

㉒　Giovanni Sartori, Democratic Theory (1962), Westport (Conn.): Greenwood Press, 1973, p. 113. 薩托利後來針對這本書──「民主理論」之議論有所增補：
Giovanni Sartori, The Theory of Democracy Revisited, Chatham (N.J.): Chatham House Publishers, 1987.
阿宏也持類似見解：Raymond Aron, La Lutte de Classes: Nouvelles Leçons sur les Sociétés Industrielles, Paris: Gallimard, 1967, Chapitre 9: Élites divisée et élite unifiée (pp. 163 et s.).

㉓　Milovan Djilas, The New Class: An Analysis of the Communist System, New York: Praeger, 1957. Milovan Djilas, The Unperfect Society: Beyond the New Class, London: University Bools, 1969. Michael Voslensky, La Nomenklatura: les Privilèges en U.R.S.S., trad. franç., Paris: Belfond, 1980. Hélène Carrère d'Encausse, Le Pouvoir Confisqué: Gouvernants et Gouvernés en U.R.S.S., Paris: Flammarion, 1980.

精英論之傳統——精英主義與精英理論的差別

當代精英理論與過去精英論的傳統，最根本的差別在於：過去的學說有很濃的道德價值意涵，可說是「精英主義」(elitism) 的傳統，因此有別於當代致力追求社會實然現象研究的「精英理論」。然而吾人必須指出的是，精英理論雖強調追求實然的「科學」研究態度，但它也曾被指責是為布爾喬亞——資產階級辯護的意識型態，因為這種強調競爭和循環的精英理論不僅傾向自由主義，且符合資產階級的利益。精英理論雖有這種傾向，但運用精英分析仍可揭露某些社會資產階級宰制的真相，就好像精英分析也被用來分析和揭發「無產階級專政」的社會，是在新的特權階級——「紅色布爾喬亞階級」的宰制下。

拉斯威爾 (Harold D. Lasswell, 1902–1978) 就強調，不是研究精英就都是「精英主義者」(elitist)，精英研究有助於瞭解民主政治的實然風貌，同時也可糾正對「民主政治謬誤之說」(democratic fallacy)——認為民主政治就是由被統治者掌控，即「民治」。拉斯威爾就曾引領學者致力研究極權或專制傾向的政治精英和壓制的意識型態，如蘇維埃、法西斯、納粹、以及滿清以後的中國。㉔ 而且拉斯威爾也提醒人們要重視政治精英如何獲取最大利益，以及其方法和結果。㉕ 事實上，政治精英的研究也有助於捍衛民主憲政。

在西洋政治思想史中，對統治階層的研究並不是陌生的課題，實占很重要的分量。古希臘的政治學，在辯論「怎樣才是最好的統治方式」時，一向是「貴族政治」(aristocracy) 的主張占優勢；而 'aristocracy' 源自希臘文的 'aristo' 和 'kratein'，'aristo' 意指優秀和出身良好，而 'kratein' 意指統

㉔　Harold D. Lasswell and Daniel Lerner (eds.), *World Revolutionary Elites: Studies in Coercive Ideological Movements*, Cambridge (MA): The MIT Press, 1965.

㉕　Harold D. Lasswell, *Politics: Who Gets What, When, How*, with postscript, New York: Meridian Book, 1958. 中譯本：拉斯威爾 (Harold D. Lasswell) 著，鯨鯤、和敏譯，《政治：論權勢人物的成長、時機和方法》，臺北：時報文化，1991 年。

治，因此「貴族政治」實指「賢能政治」。柏拉圖的政治主張就最具代表性，他主張「智者統治」，期以優生主義 (eugenism) 的原則，並經嚴格的篩選，由哲王 (Philosophers-Kings) 來統治，因此柏拉圖的政治主張就是最明顯的「精英主義」。不過以後西方在用語上，由於封建專制社會世襲血緣的貴族概念，替代了之前的自然貴族概念，這也使得「貴族政治」的意涵有所改變。然而在西洋政治思想史中，無論是馬基亞維利，或是後來的盧梭，在強調統治者與被統治者的政治分析之餘，政治上都致力主張「選賢與能的貴族制」(l'aristocratie élective)。這種思想後來英國人習稱 'meritocracy'──「賢能政治」。

聖西蒙的「隱喻」

無論對統治階級的評價如何，都無法否認政治社會存在統治階層這個事實。對傳統世襲的統治階級毫無好感的聖西蒙 (Saint-Simon, 1760–1825)，在其著名的《寓言》(La Parabole) 中，曾譏諷當時法國的統治階級；他的「隱喻」，內容令人深省，在當時也引起輿論界的議論。聖西蒙以戲謔的口吻寫到：「假若法國一日之間，突然喪失了五十位最優秀的物理學家、五十位最優秀的化學家、五十位最優秀的生理學家，同樣數目的機械師、工程師、建築師、醫師、詩人、畫家、音樂家、文學家，續以職業類別，羅列出各行各業最優秀的五十人，除了商人是二百位，以及從事農業最優秀的六百位，總計三千位法國最優秀的飽學之士、藝術家以及工藝家，這些人都是法國社會中最重要的生產者，他們領導了對法國最有用的工作，是法國最有用的人；如果少了他們，法國至少要一代才能修復此一不幸。

另一種假設，如果法國守住這些在科學、藝術以及各類職業界的天才，但不幸的，同一天中喪失了國王的兄弟、奧爾良公爵等一大堆爵爺、宮內大臣、部會首長、國策顧問、元帥、紅衣主教、大主教、代理主教及教會議事司鐸、警政署長及警察局長、部會中高級文官、法院法官，再加上一萬個生活貴族化的富有地主，這個意外當然會令法國人悲傷，因為他們多愁善感，不希望看到如此多的同胞一夜之間消失，但這三萬個被譽為國家

重量級人物之消失，對人民只會造成一種情感上的哀傷，對國家是不會有任何政治上的不良後果。」㉖

聖西蒙的隱喻所要批判的是社會中世襲的既得利益者——社會的寄生蟲，也揭示了傳統精英的沒落與新勢力的崛起。

歷史與精英

深受聖西蒙影響的巴瑞圖在其《社會學論著》一書中，一再強調：人是不理性的，但總是會為自己的行為提出自圓其說的解釋，自身「利益」之謀求——維護或提昇其既得的社會地位、或追求財富之滿足等，是人類一切行為的動機；然而自身「利益」之謀求，也使得人類社會永遠處在矛盾和衝突的狀態。㉗

衝突現象的研究，是巴瑞圖社會學的一大貢獻。巴瑞圖認為馬克思至少犯了兩項錯誤。一是階級的衝突與鬥爭，就好像宗教信仰衝突，只是社會衝突的一種，舊的矛盾衝突不見了，會有新的衝突出現，社會衝突的內容是會不停的翻新，也從來不會停滯或消失的。人的利益、好奇、貪婪與野心，會開創並推動新的計畫與理想，以期得到更優厚的發展，這種發展本身就存在著衝突。此外，巴瑞圖指出馬克思的另一項錯誤是，無產階級與資產階級之間的鬥爭，最終絕不會導致「無產階級專政」的社會出現，無產階級專政只不過是一種政治包裝，實際上必將是一種假藉無產階級之名，由新的精英——新的權勢集團來專政。

巴瑞圖在強調「政治自主」(*l'autonomie du politique*) 的基礎上，提出其歷史史觀，強調歷史是精英之墳場，認為歷史上最重要的現象，就是「精

㉖ Saint-Simon, "L'Organisateur" (1819–1820), in *Oeuvres*, Paris: Ed. Anthropos, 1966, t. II, p. 17 et s. 引自：Wang Hao-Yu, *La Théorie Politique de l'École Élitiste*, op. cit., pp. 40–41.

㉗ 巴瑞圖以心理分析的研究路徑 (psychological approach) 對人性和人類社會的互動矛盾與衝突解釋，可參：王晧昱著，《追逐理想國：政治福音與社會重建》，臺北：韋伯文化，2000 年，頁 312–314。

英的生與死」，人類社會的歷史就是精英的興衰鬥爭史。㉘歷史發展的動力就在持續的「精英循環」(circulation of elites)，就是來自較低社會階層的精英升至高層，開花、凋謝、消失，巴瑞圖認為這是歷史法則，是瞭解社會大變動所應注意的焦點所在。因此，「精英循環」所強調的是，統治階級一向處在質變的情勢，就好像一條河流一樣，江水之流動一去不返，不時地人們也會目睹到社會有突發脫序的現象，就好像河川氾濫的現象，之後，新的統治精英接替，又開始慢慢的替換轉變，有如進入河床的河川，又規律地流入大海。㉙

巴瑞圖以馬基亞維利的口氣，解釋統治精英大致運用兩種力量統治：一是武力 (force)，一是謀略 (ruse)，因此也出現兩類精英的輪替，一是武力取向的獅子型精英，一是謀略取向的狐狸型精英，過去的精英偏向「武力」，但在現今開放社會中，民主政治要向民意競爭，因此精英也偏向「狐狸」特質。社會之動亂與不穩，肇因於精英的互鬥，暴力精英與非暴力精英的交替即是改朝換代。㉚

巴瑞圖指出任何時代的政治精英都要戰戰兢兢，悍衛既得利益，不然

㉘　巴瑞圖說：「歷史就是貴族政治的墓園。」(*L'histoire est un cimetière d'aristocraties*.) Vilfredo Pareto, *Traité de Sociologie Générale*, op. cit., §2053, p. 1304.

㉙　對巴瑞圖的「精英循環」有英譯短文可參：Vilfredo Pareto, *The Rise and Fall of the Elites: An Application of Theoretical Sociology* (1901), introduction by Hans L. Zetterberg, Totowa (NJ): The BedMinster Press, 1968. 此文有中譯本，譯編於《菁英的興衰》一書——巴瑞圖 (Vilfredo Pareto) 等著，劉北成、許虹編譯，張家銘校閱，《菁英的興衰》，臺北：桂冠，1993 年。《菁英的興衰》一書，集編莫斯卡《統治階級》一書的部分章節，以及拉斯威爾 (Harold D. Lasswell) 等人合著的 "The Elite Concept" 一文。

㉚　Vilfredo Pareto, *Traité de Sociologie Générale*, op. cit., §2190–2191, pp. 1399–1403; §2274–2278, pp. 1487–1490. 過去歷史經驗顯示，幾代以後，貴族精英會流失其使用武力的毅力與統治的能耐。巴瑞圖認為溫馴的統治階層，將成為自身弱點的犧牲者，將被獅子型精英所取代，而且統治精英走向式微時，他們也會是那個社會的寄生蟲。巴瑞圖認為社會地位及其個人能力之間，不會有長遠的配合，在精英階層中，總是有些人不適合留任於精英階層中，這與其他動物可持續維繫品種優良之情況大不相同，否則人類歷史將有所不同。

在過去就要被送上斷頭臺，在現今就要被選民所遺棄。任何時代、任何社會，政治精英總是面臨著社會中的被統治者，企圖奪取政治權力的挑戰與威脅。對此，統治者有兩種選擇，或以不同的比例同時使用：一是消除那些有資格進入統治階層的人，尤其是革命者，這在過去較多使用；另一種策略是吸收，即以甄補方式導入統治階層。相較而言，當然第二種方式最合乎人道且最為有效，同時也是避免革命的最有效方法。

　　事實上，完美的社會流動是很難實現的理想，就如同巴瑞圖在論及精英循環時所指出的，在統治階層中，總是有些不配身居要津的人，反之在群眾中，又不乏應流動到精英階層的人，而流動循環的最大阻礙，要看當權者的作為：如採消除競爭對手的策略，則精英循環受阻，應歸屬精英階層的素質被拒斥在外；相對地在沒有循環充實的情況下，在統治階層持續累積低劣的素質，巴瑞圖認為這就是產生革命的最主要原因。如果統治階級採吸收的策略——德政，吸收社會中的秀異分子，不僅可充實統治階級，還可避免社會的鬥爭。巴瑞圖認為，相較而言，英國的政治在這方面最為成功，吸收了很多不是出生在特權階級的人，英國的統治階級數世紀來就懂得接納那些並非出身於統治階級的優秀分子。在這種認識基礎上，吾人可進而指出，這可能是英國自 1689 年「光榮革命」後，對革命有了免疫力的最主要原因。

統治階級及其「政治處方」

　　與巴瑞圖同時代的莫斯卡，在其《統治階級》(*The Ruling Class: Elementi di scienza politica*) 一書中強調，為了對抗馬克思主義，必須構思出一種新的政治學。❸❶莫斯卡認為政治學研究的新方向，應致力於政治領導階層的

---

❸❶　莫斯卡《統治階級》一書的英譯版：Gaetano Mosca, *The Ruling Class: Elementi di Scienza Politica*, translated by Hannah D. Kahn, edited and revised, with an introduction by Arthur Livingston, New York: McGraw-Hill Book Co., 1939. 對莫斯卡思想的研究：James H. Meisel, *The Myth of the Ruling Class: Gaetano Mosca and the Elite*, Ann Arbor: Michigan University Press, 1962.

形成及其組織特徵進行研究。

　　莫斯卡指出人類社會沒有政治上的組織是不可能運作的，而政治組織必然地在權力方面造成不平等的結果。莫斯卡早在俄羅斯革命二十年前就預言：共黨當權，雖摧毀生產工具之私有化制度，但共黨社會仍需要官員，而他們將組成「新的統治階級」。㉜莫斯卡認為任何社會均建立在統治階級與被統治階級的分別上，因此不可能出現馬克思所稱的「無產階級專政社會」，而且「無階級的社會」更是不可能實現的謊言，因為權力不可能被一個人行使，也不可能由全體公民行使，只能由一群有組織的少數人來行使，莫斯卡稱之為「統治階級」(*class politica*)，他認為此種現象是有著時空的普遍性。莫斯卡強調，由於在任何國家必存在統治階層，因此政治學者應致力於比較研究統治階級的組成及其不同類型，並檢視其甄補的管道；莫斯卡認為這應該是政治學的最重要內容。

　　所謂統治階級的甄補，是指統治階級接受或拒絕某些人之辦法。莫斯卡認為統治階級的結構和組織特質不是恆久一致的，它是依據每個國家的文化條件、道德準則、經濟和軍事情勢的變遷而有所改變，同時其組織也必須有所變革。此種變革視情勢有時慢、有時快，在慢的狀況中，進入統治階層的新分子，無力根本改變統治階級的原有特性及精神；在快的情況下，可能在一或二代內，完成替代舊有的統治階層，也根本改變統治階層的原有特性。莫斯卡稱前一種情形是「貴族」社會，後一種是「民主」社會。因此，從統治階層的面向分析評比，就可看出那些社會是開放的、民主的，那些社會則是封閉的、貴族的。傳統社會與現代工業社會的主要差別在於，現代工業社會更要求統治階級的開放和循環，無法容忍政治領導階層之封閉。

　　莫斯卡強調，除了聚焦於對統治階級的研究外，還應重視有關「政治處方」(*formula politica*) 的研究（這點他認為是自己的重大創見和貢獻）。㉝

㉜　Gaetano Mosca, *The Ruling Class: Elementi di Scienza Politica*, op. cit., pp. 281–286.

㉝　莫斯卡在其所著的政治思想史一書中，對其創見有要點歸納：Gaetano Mosca, *Histoire des Doctrines Politiques*, trad. franç., Paris: Payot, 1955.

莫斯卡認為人類社會達到一定的文化水平後，要靠兩類別的力量，來保持社會的秩序與穩定：一是屬思想和意識型態層面，靠「政治處方」來整合人們的認同意識；另一種維持社會秩序的政治力量，就是社會等級 (hierarchy)，其最上層就是統治階級，他們運用政府作為必要的統治工具，導引被統治者，向已定的理想目標發展。對莫斯卡的「政治處方」，吾人可引申地說，是要靠一種「政治福音」學說來支撐；這種信仰性的學說不僅賦予統治者權力的正當合法基礎，同時也鞏固和維護其統治地位。 ㉞ 莫斯卡強調：當統治階級之組織及其成員變更時，政治處方同樣發生變化；相反的，當政治處方有所改變時，社會中的統治階層也發生了變化。

寡頭間的競爭

米歇爾斯 (Roberto Michels, 1876–1936) 認同巴瑞圖和莫斯卡的主張，在其經典名著——《政黨論：對現代民主政治寡頭傾向的社會學研究》(*Political Parties: A Sociological Study of the Oligarchical Tendencies of Modern Democracy*) 一書中，呼應出——「寡頭鐵律」(the iron law of the oligarchy)。 ㉟

相對於巴瑞圖與莫斯卡而言，米歇爾斯偏重組織分析。米歇爾斯的名言是：「凡論及組織，即言寡頭統治」(Who says organizations, says oligarchy.)，認為「寡頭鐵律」是人類社會組織不變的現象。米歇爾斯研究

㉞ 對莫斯卡的「政治處方」，可參：王晧昱著，《追逐理想國：政治福音與社會重建》，臺北：韋伯文化，2000 年，頁 17–19。

㉟ Roberto Michels, *Les Partis Politiques: Essai sur les Tendances Oligarchiques des Democraties*, traduit par S. Fankelevitch, Paris: Flammarion, 1971. 英譯本：Robert Michels, *Political Parties: A Sociological Study of the Oligarchical Tendencies of Modern Democracy*, translated by Eden and Cedar Paul, introduction by Seymour Martin Lipset, New Brunswick (N.J.): Transaction Publishers, 1962, reprinted 1999. 米歇爾斯的政治社會專書：Robert Michels, *First Lectures in Political Sociology*, translated with an introduction by Alfred de Grazia, Minneapolis: University of Minnesota Press, 1949.

了歐洲社會的主要政黨，尤其是德國的社會黨後，得出了重要的結論，那就是：組織越大，相距領導中心更遠，群眾更無力控制；組織越大，更要求專業能耐；組織越大，領導人更專職化。米歇爾斯指出，政黨組織出現寡頭現象的主要原因是：群眾在心理上和行動上都需要指導；由於群眾對公共事務的冷漠，以及組織上專業能耐的要求，使得各成員只有讓領導者壟斷權力，對之服從。

米歇爾斯特別指出，社會主義政黨本應是最民主化和群眾性政黨 (mass party)，然而令人訝異的研究結果是，這種群眾性政黨的領導人反而比政府政務官的職位遠為穩定，而且其生活有「布爾喬亞化」的現象。這種政黨，除了由少數人掌控之外，人事安排也普遍以指派替代了選舉，組織上強調鐵的紀律，理念上也愈來愈展現出保守的走向，而且當權的寡頭體對權力的渴望，絕不亞於資產階級政黨的領導人。因此，在米歇爾斯看來，民主政治乃民治的說法，是不可能的，在所謂的民主政治社會中，政治決策權一定是由有權勢的寡頭體把持。然而米歇爾斯進而配合現實，解釋民主政治，認為各由寡頭領導的多黨競爭，就是民主政治的型態，也是所有政治型態中最好的一種。從此，精英理論與民主政治相調和，突顯民主政治就是在民意前公開的權力競爭，而且精英理論在「多元主義」(pluralism) 加持下，將民主政治界定為「寡頭間的競爭」(competition between oligarchies)，以致精英理論變成分析當代民主社會不可缺少的理論。與米歇爾斯頗有交情的韋伯，也是早期主張所謂「民主的精英主義」(democratic elitism) 思想家之一。後來熊彼得也致力改變以往對民主政治的見解，認為民主政治是為國家決策權而有的制度設計，向人民的選票競爭政治領導權 (competition for political leadership)。在有著多元勢力利益競爭的民主政治社會中，民主不再是道德化的政治理想，民主只是一種透過選舉來授權領導者的政治市場運作機制。在民主政治中，政治精英影響選民，即政治「消費者」的偏好，製造議題並試圖掌控議題的發展。❸

---

❸ Joseph A. Schumpeter, *Capitalism, Socialism and Democracy*, with a new introduction by Tom Bottomore, London: Routledge/Allen & Unwin, 5ᵗʰ edition, 1976, reprinted 1992, pp. 269–283. 中譯本，可參：熊彼得 (Joseph A. Schumpeter)

後來研究英國政黨的代表性學者麥肯齊 (Robert McKenzie) 在其《英國政黨》(*British Political Parties*) 一書中就致力呼應並強調，在英國的憲政環境中，兩大政黨——保守黨與勞工黨，實際上也都是寡頭領導的局面。**㊲** 事實上，「寡頭鐵律」是各國政黨的普遍現象。

經理革命與技術專家

義大利精英學派理論的信仰者——布漢姆 (James Burnham, 1905–1987) 在其《經理革命》(*The Managerial Revolution*, 1941) 一書中指出，資本主義工業社會的新現象是經濟掛帥的「經理集團」攀升，並進入統治階級。他認為二次大戰是「經理社會」的首次大戰，無論史大林統治下的蘇聯、希特勒的德國、羅斯福的美國，皆進入「經理社會」，其中以美國最弱，然而發展的方向卻是相同。布漢姆所指稱的有經理職能者，其職位的名目繁多——如執行長、政府各部門的局、處、司長、專家，除政府部門外，經理職能者遍佈私營企業集團，他們因擁有專業知識和職能而居優勢地位。在私營企業集團，資本家雖擁有生產工具，但已失去權力，實際的管理權轉移到有整合能力、懂得組織經營的經理階層，由他們控管和營運，協助資本擁有者適應新環境的挑戰，並開創新的財富。**㊳**

布漢姆的見解提醒世人「技術專家」(technocrats) 角色的高漲，將「技術專家統治」(technocracy) 的概念，推進政治權力結構中，提醒人們技術官僚結合體制的全面擴張和深化的威脅。事實上，類似的見解在布漢姆之前，或古典思想中也不時出現，因為柏拉圖、孔德等人早就構思一個由社會工程專家管理的社會。

在布漢姆之後，歐美學界相關問題的探討者，最具代表性的是加爾布雷斯（John Kenneth Galbraith, 1908–2006，亦譯高伯瑞）。加爾布雷斯在其

著，吳良健譯，《資本主義、社會主義與民主》，臺北：左岸文化，2003 年。

㊲ Robert McKenzie, *British Political Parties: The Distribution of Power within the Conservative and Labour Parties*, London: Heinemann, 1964.

㊳ James Burnham, *The Managerial Revolution*, New York: Putnam, 1942.

《新工業國家》(*The New Industrial State*) 一書中，探討美國經濟體系的同時，提出「技術結構群」(technostructure) 的見解。㊳加爾布雷斯認為資本主義和社會主義陣營都有依賴技術官僚結構群的現象。而且，除了經濟領域的技術結構群，在政府組織內也存在技術官僚結構群。

在現今社會中，隨著科學與技術的飛躍發展，知識變成謀得權力的關鍵，「技術專家」或說「技術結構群」，成為政治精英的輔佐助理群，因而在決策過程中扮演不容忽視的角色，而「技術專家統治」就是指專家藉助其專業才能取得權力，從傳統的統治階級和政治人物接收部分權力，在政治決策上擁有實力。然而這種強調專業知識及效率的技術專家或官僚，並無民意基礎，而且專業上的驕傲——自認有先見之明，也使得他們與一般民眾間有著疏離感，甚至漠視民眾。吾人在此必須指出的是，技術專家不一定就是品質、才能的保證，技術專家也大有腐敗的可能，往往因各自利益而展現的立場和主張，或因專業知識的侷限所產生的錯誤，也會導致社會付出巨大的浪費與資源損失。

第四節　權力的鬥爭與國家權力精英研究

在社會變遷過程中，總是會有競爭的新政治勢力出現，而歷史上那些「對抗的精英」(counter-elites)，其行動多少要獲得社會中某類群體的支持。一般說來，這些被當權者所厭惡的異議分子，多為社會中的「知識分子」，或至少受到較高的教育，對時局和政府的政策深懷不滿。有時反抗勢力也可能是因既得利益者的分裂——統治階層內的權力鬥爭所造成。

對抗的精英與知識分子的反叛

異議或對抗的精英所帶動的造反行動，一般說來最先只會獲得社會中少數人民的支持，總會遭受到其他被動的大多數人之漠視，這是因為對造

㊳　John Kenneth Galbraith, *The New Industrial State*, Boston: Houghton Mifflin, 4th edition rev., 1994.

反行動感到威懼，而遭受到公開的敵視或打擊。這種情勢在認同者與不認同者間形成隔離，被排斥的一方，不僅有別於己，也成了撻伐的對象。而且異議或對抗的精英，其內部也可能產生路線的爭執，進而引發鬥爭。造反的行動，在其過程中，領導者總是因利益和未來遠景之實踐路徑不同，而有所爭執。

　　精英理論的學者認為，依歷史顯示：權力的形式有不同的循環，一輪是建基在武力，另一輪則建基在法制，每一輪以暴力開展初階段之後，由新精英取得權力，繼之以法制化的權威取代武力統治的階段；不同的循環期長短不一，如暴力階段，可比法統化的階段來得長，或正相反。朗斯基指出現今的憲政民主是人類社會進步發展的成果，也進入長時期的穩定期，它是高生產力和經濟富裕社會的現象。❹

　　朗斯基認為檢視權力循環期的差異，可著眼於致力打擊舊體制的新精英，看其本質有何不同，因為他們主導循環期的初階段：有些情況，進占權力可能僅僅是相當平庸的動機，只想占有，滿足貪念，則這種精英是「唯物」──「追求物質享受的精英」('materialistic' elites)；有時新崛起的精英意圖要全面建構另一種新社會秩序，這類是「意識型態的精英」('ideological' elites)，如俄羅斯與中共的共黨革命；此外，也有混雜著唯物與意識型態的動機，朗斯基認為美國獨立革命時期的開國之父就是這一類型。當新的「唯物」精英──有權力嗜好者，承繼原先的唯物精英時，則在層級化制度上少有變化，只是新的統治團隊替換舊的統治團隊；當意識型態的精英掌握權力時，則社會的層級化制度也會發生巨大的變動。❹

　　朗斯基也認為革命向來是由少數人所發動；一旦掌權，為了維護其特權和既得利益，必須運用一部分剩餘，來換得其他社會階層的支持，如由行政技術官僚所組成的中間階級為精英階層服務。但朗斯基強調，觀察精英循環的變遷，不應只注意到精英的角色和中間階層的支持，因為在社會

---

❹　Gerhard E. Lenski, *Power and Privilege: A Theory of Social Stratification*, New York: McGraw-Hill, 1966, pp. 50–54.

❹　Ibid., pp. 60–62.

學中如同物理學一樣，「行動」(actions) 必產生「反作用」(reactions)。政治
精英的權力及其特權之行使，必刺激出與社會其他階層間的緊張和鬥爭關
係，層級化的理論應對這些「反作用」要能有所說明。朗斯基認為在這些
反作用中，至少有一種是當權精英可鼓勵的，那就是讓其他階層為獲得中
間階級的職位而競爭；鼓勵這種競爭，對統治階層而言是有益的。另外一
種反作用，對統治階層是較不利的，那就是中間階層的成員想對統治階層
的權力和特權，獲得可監督的權力；此外，對統治階層更具威脅的是，那
些想透過違法和暴力的手段，來對抗統治階層及其公務人員的行動。㊷

「知識分子」(*intelligentsia*) 大規模的叛逆將動搖社會的秩序和價值體
系，對保守的政治勢力最具威脅性。史學家布蘭通 (Crane Brinton)，在其《革
命的剖析》(*The Anatomy of Revolution*) 一書中，比較 1640 年的英國革命、
1776 年美洲革命、1789 年法國大革命和 1917 年的俄國革命後，歸納出一
些重要的相似現象，其中最具指標意義的就是「知識分子的反叛」(desertion
of the intellectuals)。布蘭通強調「群眾不能造就革命」，只能被動的呼應，
革命主要是靠一小群有紀律、有原則的激進分子完成。㊸列寧曾在其所著
的革命手冊──《當務之急》(*What is to be done?*, 1902) 中強調，應由「職
業的革命家」(professional revolutionaries) 領導群眾，提出革命進程上「精
英主義」的觀點。㊹

當政的權力精英

政治關係到國家的發展和人民的福祉，對當政的權力精英的研究，應
是政治社會學的重要範疇。㊺

㊷　Ibid., pp. 63–68.

㊸　Crane Brinton, *The Anatomy of Revolution*, Englewood Cliffs (N.J.): Prentice-Hall,
1957, fourth printing, 1960. 對布蘭通思想的要點歸納，可參：王晧昱著，《追逐
理想國：政治福音與社會重建》，臺北：韋伯文化，2000 年，頁 32–34。

㊹　V. I. Lenin, *What is to be done? Burning Question of Our Movement*, translated by
J. Fineberg and G. Hanna, New York: International Publishers, 1943.

㊺　從方法論到批判，從總體政治面到壓力團體之精英研究，計三巨冊：John Scott

　　米爾斯對美國社會最不朽的著作就是《權力精英》(*The Power Elite*, 1956) 一書，⑯對美國社會的統治階級，權力精英的利益衝突與權力鬥爭，以及對美國人民自主權所造成的剝奪，做出可觀的分析與揭發。米爾斯認為對政治社會的分析，必須聚焦在政治權力鬥爭的研究，以及統治者與被統治者關係上。由於米爾斯重視政治社會內各種勢力間的利益競爭和衝突現象，這使得米爾斯也成為衝突論的著名學者。

　　雖然米爾斯認為概念上「統治階級」會過度簡化國家大政決策的「上層圈子」(the higher circles)，給人一體的錯覺，因而偏好使用「權力精英」，然而這種選擇並未因此而減少讀者的錯覺。莫斯卡的統治階級和米爾斯的「權力精英」，都在強調政治社會中少不了政治權力上致力維護現狀 (*statu quo*) 的既得利益集團。米爾斯所謂的「權力精英」是指：「政治、經濟和軍事圈間，一組重疊依存的小集團，其決策至少有全國性影響力。權力精英就是負責對全國性事件做出決策的人。」⑰

　　米爾斯研究的是國家統治權力的最高層。米爾斯指出現代社會的政治權力是制度化的，在美國社會中，政治、經濟和軍事機構的領導者居戰略性領導地位；對此，米爾斯認為無論是經濟方面的決策，或是政治和軍事方面的決策，在決策的考量上，三者間是不能區隔的。簡單地說，在美國，最重要的決策是由三大領域的領導人，所形成的「權力精英」做的決定，他們分別是國家政治上的領導者、巨型企業的領導人、以及軍事頭目 (warlords)──「權力三角」。在這三大勢力圈中，權力愈來愈集中，且相互的依存度也愈來愈明顯，其人員也愈來愈可相互替換。如領導政府的政務官，僅有三分之一是傳統政客，其大部分職業生涯忙於公職選舉，其他則是從未參與選戰考驗的外圍人，其職業生涯源自「任命」，這些政治上的闖入者，大多來自企業集團，也隨時可回返，他們關注大企業的利益。這就

　　　　(ed.), *The Sociology of Elites*, Aldershot: Edward Elgar, 1990.

⑯　C. Wright Mills, *The Power Elite*, New York: Oxford University Press, 1956. 新版：C. Wright Mills, *The Power Elite*, with a new afterword by Alan Wolfe, New York: Oxford University Press, 2000.

⑰　Ibid., p. 18.

是政府願意給予大企業所投資和掌控的開發中國家，政治和軍事上支持的原因，而且也足以說明，軍方和大資本企業從戰爭中共同受益，以致不時要影響政治領導人在外交和國際政治上的決策。米爾斯認為，大致說來，美國權力精英相當協同，除了利益的因素外，權力精英的成員在心理和相互的關係上，形成一種關係密切的上流社會，相同的社會出身和教育背景、類似的政治理念和心態，以及職業上的友誼維繫、利益交換、和職務相互的交流，甚至通婚聯姻等關係的連結，皆有助於權力精英的利益結合和鞏固，以致他們彼此接納、理解對方，以頗為接近的方式思考共同利益問題。

　　米爾斯研究美國統治精英的組成、成員的出身、晉身精英的途徑、以及不同精英間的關係，而米爾斯的主要貢獻就在於開啟對精英集團的經驗研究，不僅是精英的社會學，而且也是政治權力的社會學。米爾斯的研究啟發了眾多學者進行精英研究；自米爾斯之後，對美國精英與政治權力的分析，後繼者有恩泰 (Floyd Hunter)、達爾 (Robert A. Dahl)、東奧夫 (G. William Domhoff) 等人，❹由於分析面向的不同——國家或是地方城鎮，因此難有一致的見解，尤其對精英的分類自始有很大的分歧。為此，功能學派的學者克萊 (Suzanne Keller) 曾依帕森斯的功能學說，將現代社會的精英分為四類。吾人前已論及，照帕森斯的說法，任何社會，或較抽象地說，任何社會體系，為其生存，都要滿足四項功能要求，又稱 'AGIL system'，分別是：「適應」(adaptation)，「目標達成」(goal-attainment)，「整合」(integration)，「潛藏」或說「典範維護」(latency or pattern-maintenance)；引申地說，就是適應客觀大環境的考驗，達成應有的目標，並將其成員整合在社會體系中，保持價值和道德規範的穩定。「AGIL 體系」表現在社會制度上之協同關係結構——「次體系」，分別是：經濟、政治、法律、文化。據此，克萊依功能學說，分出經濟、政治、法律、文化四類精英的理論類型，但在實際分類解釋時，要擴大化約的概念且應有所彈性。她認為這四

---

❹　Floyd Hunter, *Top Leadership, U.S.A.*, Chapel Hill: University of North Carolina Press, 1959. Robert A. Dahl, *Who Govern?: Democracy and Power in an American City*, New Haven: Yale University Press, 1961. G. William Domhoff, *Who Rules American?*, Englewood Cliffs (NJ): Prentice-Hall, 1967.

類精英是現代社會中舉足輕重的策略性精英 (strategic elites)。(49)

在美國精英研究的激勵下，波泰 (John Porter) 研究加拿大的精英及其權力結構。(50)波泰強調加拿大的權力精英是政治、經濟、技術官僚、宗教、和工會精英的組合。同時期，梅諾 (Jean Meynaud) 研究義大利，他捨棄類別概念，循莫斯卡途徑，偏好統治階級。梅諾指出，約四、五千人的義大利統治階級，絕大部分來自「布爾喬亞」資產階級，只有少部分來自於力爭上游的其他階級。(51)此外，在李普塞 (Seymour Martin Lipset) 等人的領導下，學者分析拉丁美洲的政治精英與政治的現代化，以及社會各重要類別的精英，如軍事、宗教、文化、和勞工界精英的角色。(52)後來，蘇萊芒 (Ezra N. Suleiman) 對法國精英進行研究，其書法文版本副題——「大集團勢力與著名的國立學府」(*Grands Corps et Grandes Écoles*)，突顯法國的精英勢力，以其著名的國立學府 (*grandes écoles*) 出身，形成專業的大集團勢力 (*grands corps*)，這是法國精英結構的最突出現象。(53)此外，納維特和吉班斯 (Neil Nevitte and Roger Gibbins) 比較澳洲、英國、加拿大、紐西蘭和美國年輕一代精英的政治信仰，指出雖在自由主義的意識型態基礎上，各有其地域風格，然有趨同的走向。(54)

---

(49) Suzanne Keller, *Beyond the Ruling Class: Strategic Elites in Modern Society*, New York: Random House, 1963.

(50) John A. Porter, *The Vertical Mosaic: An Analysis of Social Class and Power in Canada*, Toronto: University of Toronto Press, 1965.

(51) Jean Meynaud, *Rapport sur la Classe Dirigeante Italienne*, Lausanne: Mornex, 1964.

(52) Seymour Martin Lipset and Aldo Solari (eds.), *Elites in Latin America*, New York: Oxford University Press, 1967.

(53) Ezra N. Suleiman, *Elites in French Society: The Politics of Survival*, Princeton: Princeton University Press, 1978. 法文版本：Ezra N. Suleiman, *Les Élites en France: Grands Corps et Grandes Écoles*, Paris: Éditions du Seuil, 1979.

(54) Neil Nevitte and Roger Gibbins, *New Elites in Old States: Ideologies in the Anglo-American Democracies*, Toronto: Oxford University Press, 1990.
十五位歐洲歷史學者，研究歐洲各國權力精英對國家建構的角色：Wolfgang Reinhard (ed.), *Power Elites and State Building*, Oxford: Oxford University Press, 1996.

東奧夫 (G. William Domhoff) 承繼其 60 年代「誰統治美國?」(Who Rules American?) 的研究，在其八十年代的專書中，仍強調美國是由特權人士所組成的「統治階級」，相當穩定地宰制著美國的經濟和政府。此一壟斷美國社會關鍵要職的「上流階級」(upper class) 只占美國總人口的 0.5% (only one-half of one percent)。這群美國「權力精英」，其實力延伸到美國政府各部門，透過利益遊說、政策制定、和篩選候選人的途徑來施展其宰制實力。(55)相對於東奧夫之見解，萊內 (Robert Lerner) 等人的研究結論則認為，比著過去學者所強調的美國統治階層是「結合的精英」('unified American elite') 而言，美國是一種「分裂的精英」('divided American elites')。(56)

事實上，東奧夫和萊內各自的立場不同，前者是從被統治者的角度看美國的統治階級，認為相當穩定而又協同地宰制美國聯邦的發展，而後者則致力於分析各類精英可能有的利益分歧，對焦於勢力的較勁。由於研究者所觀察的立場和所重視的面向不同，且所強調的「社會實相」見解，也都是化約的解釋，因此，不能偏執於或刻意強調那一種見解才是對的。學者對精英研究的主要爭執，多在權力精英的類別和之間的協調性，而這都是要靠研究者主觀的認定和取捨，尤其對精英之間的協調性研究，學者之間也無法建立制式的評定項目和標準。

任何社會因其特有的歷史、文化、社會、宗教和時代等因素的影響，導致權力精英的類別有所不同，甚至在同一個國家內，中央與地方、地方與地方之間，都會有所差異。總之，除了要留意研究者所觀察的立場和所重視的面向不同外，也不能用某一時代或某一地方權力精英的研究成果，來指稱是普遍現象，學術重鎮與工業城鎮比較起來，其權力精英一定也是兩種情況，同理也不能以美國的例子來概括所有歐美國家的統治階級，如

(55) G. William Domhoff, *Who Rules America Now? A View for the '80s*, New York: Simon & Schuster, 1983. G. William Domhoff, *The Power Elite and the State: How Policy is Made in America*, New York: Alding De Gruyter, 1990.

(56) Robert Lerner, Alter K. Nagai, Stanley Rothman, *American Elites*, New Haven: Yale University Press, 1996, p. 136.

比利時和瑞士等文化和語言上區隔化的社會，其權力精英必是另一種風貌，為避免政治上的分裂，勢必落實「協商政治」。(57)

精英的過失與背叛

基於對人性的考量，吾人認為人治不如法治；因此，基於保障全民之福祉，對當權的政治精英研究，不能忽略了作為上可能有的過失，如同技術專家，權力精英也不是品質、才能的保證，他們不僅會保守、反動，也大有腐敗的可能。米爾斯在其《權力精英》一書的最後一章，就批判美國「上層的不道德」(the higher immorality)。(58)其後，博尼拉 (Frank Bonilla) 以委內瑞拉 (Venezuela) 的內政事務為例，說明「精英的過失」(the Failure of Elites)。(59)博尼拉對委內瑞拉政治精英的「診斷研究」(diagnostic study)，指出長久以來目無法紀的軍人干政和強人政治，以及朝野精英的無能，使得委內瑞拉的國家發展，深陷於維護私利之權力鬥爭。(60)米爾斯與博尼拉的精英研究突顯出，精英研究不必然是為少數人的執政辯護，精英研究除了要研究當權者的組成結構、循環輪替的管道是否暢通外，也應考評其功過。

在歷史上，不乏統治者的過錯導致國勢衰微的例子，當政治精英有誤國家發展時，他們所造成的國家損失往往是難以估算的天文數字，不僅會帶來戰禍，更造成人民生命和財產的損失；因此，任何國家的歷史終究擺

---

(57) 對分歧社會——如比利時和瑞士，政黨精英的「協商政治」：Kurt Richard Luther and Kris Deschouwer (eds.), *Party Elites in Divided Societies: Political Parties in Consociational Democracy*, London: Routledge, 1999.

(58) C. Wright Mills, *The Power Elite*, op. cit., Chapter 15, pp. 343 et s.

(59) Frank Bonilla, *The Failure of Elites*, Cambridge (MA): The M.I.T. Press, 1970.

(60) 對拉丁美洲等地區精英之研究，以及「精英和解」(elite settlements) 的議題——在分裂對立的爭執議題上尋求妥協，以及「民主鞏固」(democratic consolidation) 的研究，可參：John Higley and Richard Gunther (eds.), *Elites and Democratic Consolidation in Latin America and Southern Europe*, Cambridge: Cambridge University Press, 1992.

脫不了對政治人物的評斷。戴高樂在其一生中，曾先後兩次表示「法國被其政治精英所背叛」('*la France a été trahie par ses élites.*')：一次是 1942 年指責「維琪政府」；另一次是 1949 年指責「第四共和領導人」。[61] 現今回顧歷史，持平而論，戴高樂對「維琪政府」臣服於希特勒的納粹德國的指責，並無誇張；但對「第四共和領導人」的指責，可說是氣話，因為戴高樂對「第四共和」的體制早有成見。

美國學者拉施 (Christopher Lasch) 強調，當前的民主政治，不是像過去西班牙學者奧德嘉 (José Ortega Y Gasset, 1883–1955) 在其《群眾的反叛》(*The Revolt of the Masses*, 1930) 一書中所議論的那樣，遭受到群眾的威脅，而是精英階層的背叛，認為美國各行業的管理精英，其價值信仰漠視民主政治，只重視自身的利益。[62] 人們雖然可以不同意拉施的見解，但無論如何，精英的過失和可能的背叛，也是精英研究應檢視的重要項目，一個國家的政治品質有賴政治領導者的品質。

---

[61]　Cf. Jean Touchard, *Le Gaullisme: 1940–1969*, Paris: Éditions du Seuil, 1978, p. 65, 105.

[62]　Christopher Lasch, *The Revolt of the Elites and the Betrayal of Democracy*, New York: W. W. Norton & Co., 1995.
　　　對群眾的批判和群眾的反叛：奧德嘉 (José Ortega Y Gasset) 著，蔡英文譯，《群眾的反叛》，臺北：遠流，1989 年。

第七章　工業社會的政治走向

第一節　從農業社會到工業社會

　　比較人類社會的文明發展，歐洲從「再生時代」(the Renaissance) 開始，逐漸成為世界的先進發展區域，後來也帶動「商業革命」和「工業革命」，將人類社會導入「工業社會」(industrial society) 的發展。論及農業社會到工業社會之發展及其政治走向，吾人可將這段複雜的發展過程，對焦於歐洲「布爾喬亞」(the *bourgeoisie*) 階級的角色說起。

「布爾喬亞」──資產階級

　　歐洲大陸從十一世紀開始，各種新農業技術的發明，有助於歐洲社會農業生產之提昇；多次大規模的朝聖和十字軍東征也活絡了東、西之間的各種往來，激勵人們為貿易而生產。在這種農業社會中，隨著生產之提昇和市場的繁榮，進而帶動人們生活水平之提昇和人口之增加。隨著中古社會的再度繁榮，相對地社會中的商人、手工業者、財務人員的角色愈來愈活躍，他們所聚集的地點日久逐漸形成繁榮的「市鎮」(*les bourgs*)，而市鎮的居民──所謂的「布爾喬亞」(*la bourgeoisie*)，成了相對於農村居民的區別名稱，逐漸形成一種新階級──「中間階級」(middle class)，界於傳統領主與農民之間，習慣上也中譯為「資產階級」，他們是中世紀居住在城鎮中的自由民和有產者，貶意也指「市儈」。

　　布爾喬亞階級並非僅以其職業──手工藝、製造業、商貿、批發交易、銀行、服務等，表現出階級特徵，重要的是他們的職業信念。對布爾喬亞階級而言，「利潤」成了推動經濟生產的主要動力，後來隨著工業社會的到來，「利潤」又和「效率」結合在一起。

在相當長的時期，即在傳統農業宰制、武士貴族居優勢的中世紀社會中，布爾喬亞在社會中屈居弱勢。城鎮的布爾喬亞階級為因應商業貿易的發展，建立行規，組織各類的「同業公會」——「基爾特」(Guild)，後來資產階級隨著財富的累積和勢力的增長，在社會中就成為不容忽視的壓力團體，進而要求政治上的發言和參與權。資產階級追求自身利益的作為，使得民主政治思想在這種環境中再度滋生萌芽，後來也成為歐洲社會民主政治發展的主導力量，但其成長過程極為緩慢，一直要到民主政治體制在英國社會奠基，並經美國獨立和法國大革命的激勵後，才在西方社會居主導力量。

商業之發展、城鎮之持續繁榮、以及布爾喬亞階級實力之增長，使得布爾喬亞階級成為「第三階級」，逐漸侵蝕宗教神職人員和俗世貴族的影響力。布爾喬亞階級一向依自身的利益衡量舊社會、發展新思想，以期擺脫既有的束縛，追尋理想的新社會。他們支持自由競爭的制度，他們也透過財富來競得權勢，對於歐洲社會的改革發展扮演了支助者的角色，支助歐洲從文化上的黑暗時代，以及政治上封建壁壘的局面，解放出來。在當時的時空環境下，布爾喬亞階級自然傾向擁護君主王權下的強有力中央政府，以期對內掃除封建壁壘的市場障礙，並推動鼓勵擴張對外貿易的「重商主義」(mercantilism) 政策。❶

再生時代與商業革命

新的經濟生產勢力帶動新社會文化的出現。新社會的思想極力擺脫中

---

❶ N. J. G. Pounds, *An Economic History of Medieval Europe*, New York: Longman, 2nd edition, 1994, pp. 436–440. 對布爾喬亞階級、重商主義，以及資本主義的興起，可參：Fernand Braudel, *The Wheels of Commerce: Civilization & Capitalism 15th–18th Century*, translated from the French, revised by Siân Reynolds, New York: Harper & Row Publishers, 1981. 中譯本：費爾南・布勞岱爾 (Fernand Braudel) 著，施康強、顧良譯，《十五至十八世紀的物質文明、經濟和資本主義》，臺北：貓頭鷹出版社，1999 年。

古社會文化的舊傳統和舊束縛，在重新研究古希臘、羅馬文化的同時，開創新時代的文化，造成歐洲文化──「再生時代」的來臨。古典文化的再生與近代新文化新生的時代，是以「人本主義」為宗，復興古文化，並進而帶動了新文化的誕生，開啟了歐洲近代之序幕。在新思想和新文化活力的激勵下，進步的新科學知識也帶動了歐洲國家的航海大發現；葡萄牙人和西班牙人的貿易野心，所促成的航海大發現和殖民帝國的建立，發展出全球的貿易。此一突破，堪稱歐洲人在世界歷史上最感輝煌的行動，繼之而起的是歐洲國家殖民地的擴張和帝國主義的剝削，為歐洲國家創造市場、累積財富、增加實力，啟動全球的「歐化」走向。

　　歐洲在十四世紀初至十七世紀末，「重商主義」的政策帶動「商業革命」；此時期，無論是義大利地區或北歐「漢薩聯盟」等各城市的商人積極發展貿易，影響所及地區金銀貨幣普遍流通；隨著市場貿易之繁榮，自然帶動私營錢莊──銀行的發展。剩餘資本的積聚也造就十六世紀大資本家和大規模的資本主義經營事業在西歐興起。相對這種情勢的發展，各地君主就更支持「重商主義」，如此不僅可以增加中央政府的稅收，作為強力支撐君主地位和國家權力的後盾，也可促進國家的繁榮和國力的增長。到了商業革命的全盛時期──十七世紀，歐洲社會因經濟的繁榮發展，使得人口比先前增加了一倍。

　　商業革命建立了現代「資本主義」(capitalism) 的基礎。❷ 簡單地說，「資本主義」就是以流通的資本為基礎，致力謀求最大利潤的競爭型生產體系。私人將積聚的財富投資在競爭的市場中，謀求最大的利潤；推動資本主義生產型態的布爾喬亞階級是資本之持有者，持續將盈利再投資，以求財富之累積 (accumulation)、再累積──這種認識，使得中譯的「資產階級」替代了音譯的「布爾喬亞」。熊彼得指出「創造性摧毀」(creative destruction) 是資本主義的活力所在，企業家面對風險，致力創業，為此提

---

❷　對資本主義：Meiksins Wood, *The Origin of Capitalism: A Longer View*, London: Verso, 2002. Victor D. Lippit, *Capitalism*, London: Routledge, 2005. 有關西方資本主義的發展，及中國為何沒有資本主義的探討，可參：黃仁宇著，《資本主義與廿一世紀》，臺北：聯經，1991 年。

升技術、創新產品，以追求利潤。❸ 這自工業革命的時代開始，尤其如此。

在這種新經濟倫理下，新興的財富階級改變了傳統宗教的壓抑和社會的價值觀，偏好個人主義與自由主義，財富之創造為個人成就之表現，生活上的勤儉、向上成為彰顯上帝選民──社會中堅的標籤。

布爾喬亞階級激起代議制度

十四、十五世紀後，隨著布爾喬亞階級勢力的高漲，在歐洲各國為財政上的考量而召開的「等級會議」(*l'Assemblées d'états*) 中，城鎮布爾喬亞階級的代表成為必邀的重要成員；等級會議之召開有助於君主不再僅僅依賴各地領主的財政支助，國王也利用三級會議來鞏固王權，此舉也直接提昇了布爾喬亞階級在政治方面的地位和影響力。現今的「國會」──「巴力門」(Parliament) 就是在「等級會議」的基礎上發展而來。

英國早自十四世紀後半，巴力門的集會演變成二級會議，分上、下兩院召開：一是教會領導和世襲貴族所組成的「貴族院」；一是布爾喬亞階級為主力的「眾議院」。歷史告訴我們，布爾喬亞階級勢力不斷擴張的結果，後來成了社會中的主導階級，也帶動英國民主政治的發展；布爾喬亞階級所激起的代議制度，替代了先前的等級會議。

十六世紀之後，除英國之外，歐洲其他國家的「等級會議」就趨向消失；到了十七世紀末，除了英國外，這種「原始國會」在歐洲大國中不復存在。正當成長不久的等級會議在歐洲退場時，英國的等級會議持續往道地的「國會」進化，擔負起對抗王權的歷史使命，甚至將國王查理一世 (Charles I, 1600–1649，在位 1625–1649) 送上斷頭臺；後來王權雖然復辟，但其權力明顯受到侵蝕，不久後的「光榮革命」(Glorious Revolution of 1688)，終於讓英國從「君主主權」改向「國會主權」。

這個時代，洛克的學說就一反君主主權的主張，認為人民才是最高權

---

❸　Joseph A. Schumpeter, *Capitalism, Socialism and Democracy*, with a new introduction by Tom Bottomore, London: Routledge/Allen & Unwin, 5th edition, 1976, reprinted 1992, pp. 81–86.

力的所在，當公權力的愚蠢和邪惡侵犯到人民的生命、自由和財產時，則人民永遠保留自救的反抗權 (right of resistance)——革命，洛克稱之謂「籲天權」(appeal to Heaven)。洛克學說中，「有限的權力」及「受限的政府」主張，對後世影響深遠，至今仍是西方「憲政民主」(constitutional democracy)思想的核心價值，這也使得洛克贏得自由主義 (liberalism) 之父的美名。❹後人配合時代環境的需求也發展出「放任政策」(*laissez-faire*) 的主張，強調政府的干預愈少愈好。現代的議會政治、代議民主、國會至上、人民主權，以及 1776 年的美國《獨立宣言》、1789 年的法國大革命的《人權宣言》，都可目睹到洛克自由主義學說的影響。

　　英國自 1688 年的光榮革命後，政體從原先的「君主專制」(absolute monarchy) 質變為「國會主導的君主制」(parliamentary monarchy)，布爾喬亞階級也愈來愈成為政治舞臺上新興的權勢集團，透過國會的運作影響英國政治的發展。從此，英國的政治也轉向法治政治、憲政主義的方向發展，這也使得以後英國自由主義的內容與法國等地不同。在政治信仰方面，英國的自由主義者對中央政府已無革命性的反應，相較法國等地而言，成了保守務實主義者，從此自由主義的思想偏重「經濟」——指「資本主義」，英國也率先致力於工業革命，英國統治階級也普遍支持「資本主義」的經濟學說，這種情勢更有利於自由競爭的資本主義市場經濟持續發展。此外，英國殖民地的不斷擴張，且在相關的戰爭中，又擊敗法國等國，成為毋庸置疑的世界強權，以致英國持續專心於經濟優勢之維護。相較而言，法國的情勢則不同，法國的自由主義是「政治」掛帥，蓄勢以待，除資本主義的市場經濟外，更重視自由平等的公民意識與人權保障，以致後來的法國大革命是社會全方位的革命。

自由主義

　　對於「自由主義」(liberalism) 西方欠缺一致的定義；由於學派眾多，

---

❹　對洛克自由主義的立論，請參本書第三章、第四節。洛克的代表作：John Locke, *Two Treatises of Civil Government*, edited with an introduction and notes by Peter Laslett, Cambridge: Cambridge University Press, 1988.

因而有多元分歧的解釋，但吾人仍可歸納出該思想之重要基本理念。自由主義相信宇宙存在一種運作的法則——「自然法」，透過對自然法的認識，人們不僅可以理解主導物理世界的法則，也可發現主導社會經濟和政治進化的法則。受自然法思想之影響，自由主義對「進步」有著樂觀的信仰——寄望追求「至善」的發展，不僅對人類的技術發展，甚至對人和社會都持類似見解，相信人類社會的發展終將改善人類的生活環境，並提升人口素質。因此，面對這種自然法主導下的發展，在經濟方面，自由主義者主張人類必須抱持「順其自然」的原則，放任自然的運作，不刻意干預，否則會破壞自然發展的機制。自由主義者深信經濟的自由是社會繁榮和技術進步之先決條件；為了達到充分的發展，放任與無壁壘之自由貿易，是保障經濟繁榮的基本原則。❺

　　自由主義的發展過程中，也促進了對人權的保障、公權力的限制、代議民主之落實、和多數決原則的民主政治發展。❻

---

❺　有關自由主義及自由主義的發展：J. Salwyn Schapiro, *Liberalism: Its Meaning and History*, New York: D. Van Nostrand Co., 1958. 這本書的前半論述自由主義的意義，以及它對政治、經濟、和社會方面的影響和變化，同時也分別分析了自由主義在英、法、義、德、美五國的發展。這本書的後半，則摘錄西方政治思想史中名家的自由主義言論和歷史文獻，計五十個片段。

有關自由主義經十七世紀，直到法國大革命的成長過程：Harold J. Laski, *The Rise of European Liberalism: An Essay in Interpretation* (1936), London: Unwin Books, 3rd impression 1962. Laski 認為新的經濟生產體系對科學、哲學的影響是：觸動了自由主義思想的萌芽，同樣的原因後來也會造就社會主義思想。Laski 也指出馬基亞維利、霍布斯、洛克、盧梭、和伏爾泰等人的思想，以及航海大發現、清教徒的反叛，都有意或無意地促進了自由主義的成長。另可參：John Gray, *Liberalism*, Buckingham: Open University Press, 2nd edition, 1995. Anthony Arblaster, *The Rise and Decline of Western Liberalism*, Oxford: Basil Blackwell, 1984. 對自由主義的緣起、發展和走向衰弱，另可參：Anthony Arblaster, *The Rise and Decline of Western Liberalism*, Oxford: Basil Blackwell, 1984.

❻　這方面的分析，可參義大利學者的作品：Norberto Bobbio, *Liberalism and Democracy*, translated by Martin Ryle and Kate Soper, London: Verso, 1990 (1st published, 1988).

啟蒙運動

當十八世紀，英國持續往民主憲政的政治體制建構發展時，其他的歐洲國家則仍然實行由國王及其領導的貴族所掌控的專制政治，但這種情勢正孕育著顛覆社會和文化的大革命，知識上「啟蒙的時代」(*le siècle des lumières*; age of Enlightenment) 正為歐洲大陸的大革命培育動力。❼

「光榮革命」的年代是歐洲邁入自由民主法治國的重要轉折期。如阿札爾 (Paul Hazard) 所言，自十七世紀 80 年代，歐洲邁入了一個新的時代──「全面批判」的時代，「理性」有了新的意涵──批判的能力。❽十八世紀以後，在理性主義引導下的個人解放與自創，帶動了科學與知識的進步發展，全面開展了知識和信仰的革命，人稱「啟蒙運動時代」來臨。這是指智慧、知識光芒四射的世紀，相信理智和科學而非宗教，是推動人類社會進步的力量。

啟蒙意識的思想主要源自英國。笛卡爾 (René Descartes, 1596–1650)、霍布斯、史賓諾莎 (Benedict Spinoza, 1632–1677) 等人發揚了理性主義，克倫威爾 (Oliver Cromwell, 1599–1658) 質疑既有體制的共和革命有了前例可循，洛克的人權思想和自由主義已為以後的革命定調，後來密爾頓 (John Milton, 1608–1674)、福克斯 (George Fox, 1624–1691) 和「平等派」(Levellers) 的利爾本 (John Lilburne, 1614–1657) 等思想家鼓吹一個無君主和貴族統治的理想社會。❾這些言論都在醞釀革命風潮的歐洲大陸受到歡迎。當時歐

---

❼　Ulrich Im Hof, *The Enlightenment*, translated from the German by William E. Yuill, Oxford: Basil Blackwell, 1994. Thomas Munck, *The Enlightenment: A Comparative Social History 1721–1794*, London: Arnold, 2000. Roy Poter, *Enlightenment: Britain and the Creation of the Modern World*, London: Penguin Books, 2000.

❽　Paul Hazard, *La Crise de la Conscience Européenne, 1680–1715*, Paris: Fayard, 1961, p. 109.

❾　福克斯 (George Fox, 1624–1691) 為新教「教友派」，即「桂格會」(Quaker) 創始人，此派不重教會之禮拜儀式，反對任何形式的暴力和戰爭。

洲的震央在法國，法國孟德斯鳩的權力分立學說，「百科全書派」
(*Encyclopédistes*) 的狄德羅 (Denis Diderot, 1713–1784)、達朗貝 (Jean Le
Rond d'Alembert, 1717–1783)、孔多瑟 (Condorcet, 1743–1794)、伏爾泰
(Voltaire, 1694–1778)、和盧梭等人的「浪漫主義」(*romanticisme*)、自由主
義、人權、和平等主張，都是充實和照亮啟蒙運動的代表性思想家。他們
皆致力於回歸人本主義，揚棄舊時代的迷信與偏見，為理性與信仰自由辯
護，伏爾泰倡言：「你所說的，我一個字都不同意；但是，為了維護你說這
些話的權利，我願奮鬥到底。」這些伸張人權與自由的主張，在思想和信仰
上，徹底顛覆了君主專制的體制，並為仍然存續的封建特權和陋習，發揮
其消除的功能。

除了文學、藝術創作和建築方面的成就外，科學方面，除牛頓 (Isaac
Newton, 1642–1727) 的物理學、弗蘭克林 (Benjamin Franklin, 1706–1790)
的電學，同時代化學、生物學的研究也有很大的進展，為人類知識開拓了
新視野，啟發新思維，也成為工業革命的動力。

此時期，相較英國持續往現代的憲政民主國家方向轉向而言，歐陸國
家的君主專制制度，就顯得腐化僵固，原先支持舊體制的法國布爾喬亞階
級，對專制的政權也就不斷的產生了憎惡感。十八世紀末，法國的社會情
勢隨著新經濟結構和新社會問題的呈現，以及舊王朝的愈加腐敗和對新情
勢的因應無力，在啟蒙運動思想家理想的激勵和推波助瀾下，發展成法國
大革命。⑩

---

⑩　對法國大革命的研究：Alexis de Tocqueville, *L'Ancien Régime et la Révolution*
(1856), Paris: Gallimard, 1967. 英譯本：Alexis de Tocqueville, *The Old Régime
and the French Revolution*, translated by Stuart Gilbert, New York: Anchor Book,
1955.
Georges Lefebvre, *The Coming of the French Revolution* (*Quatre-Vingt-Neuf*),
translated by R. R. Palmer, Princeton (N.J.): Princeton University Press, 7th
printing, 1979.

第二節　歐洲兩大革命開啟世界「現代化」發展

法國大革命

　　法國大革命是布爾喬亞階級的革命；之前的美洲獨立革命也是布爾喬亞階級的革命。⓫北美新英格蘭地區所掀起的叛亂，其實並不是為了否定英王和英國的統治當局，衝突的最主要原因是十三個殖民地新興的資產階級及其企業，與英國本土的資產階級及其企業，在商貿上的利益衝突所引起，尤其政治上新英格蘭地區的布爾喬亞階級處於劣勢——無參政權，無法影響中央政府的決策，以致有著利益不平的矛盾。一旦衝突白熱化，新英格蘭地區資產階級的領導者則必須為武力衝突賦予更理想的目標，以期團結並激勵殖民地人民；因而十三個殖民地對抗大英帝國的鬥爭就發展成——高舉自由主義旗幟的新社會，致力擺脫舊社會箝制的革命戰爭。

　　法國大革命則有著更廣闊的理想，天賦人權的信仰標榜著要解放全人類，時至今日，其信仰和理想仍然是一股推動人類社會改造的力量，不僅激勵公民權利意識的成長，而且推動人類社會往自由、平等的民主政治社會轉型。在高尚的理想之下，實際上，法國大革命也是首重布爾喬亞階級的利益和企望。雖然如此，法國大革命自由、平等的主張，瓦解了維護國王與貴族權力的「舊體制」，導致傳統束縛和階級壁壘之瓦解，開創了領導人由選舉產生的共和體制，並認為人民應享有思想、信仰、言論、和結社的自由權利，財產也應得到安全的保障；相對於此，政府應向全民負責，並受到監督和制衡，在立憲體制下，公權力必須遵守憲政規範，由代表人民的立法機關制定法律，行政機關則必須「依法行政」。十九世紀自由主義的目標及其成就，就在實現這些原則。

　　法國大革命正在全面顛覆歐洲大陸之際，歐洲社會稍先已興起顛覆傳

⓫　Jacques Godechot, *France and the Atlantic Revolution of the Eighteenth Centry, 1700–1799*, translated by Herbert H. Rowen, New York: The Free Press, 1965.

統農業社會經濟生產型態的「工業革命」(Industrial Revolution)，工業革命造成人類社會空前巨大的轉型變化，帶來人民生活水平之提昇，且有助於「社會流動」之暢通。歐洲兩大革命——法國大革命與工業革命的交匯，所帶動的社會變遷可謂空前激烈，開啟了世界「現代化」的發展，兩大革命巨大的震撼力波及世界每一角落，迄今所帶動的變遷力道和速度，未曾減緩。

資本主義激勵下的工業革命

工業革命的科技發展告別傳統農業社會之經濟生產型態，激勵人類社會往工業化、都市化以及追求科技創新的「現代化」社會發展，但工業社會也會產生新的矛盾與衝突，突顯出新的困境與難題。

歷史上，學者習稱十八世紀中葉到十九世紀中葉西方經濟結構變遷時期，謂「工業革命」，它也是自由市場經濟放任的全盛時代；十九世紀中葉之後，則稱第二次工業革命，此時政府已無法置身事外，必須保障公平競爭。⑫對二十世紀第三次或第四次工業革命的說法，就沒有斷代的共識，因為人類天天面臨著未來的震撼。

「工業革命」是承繼「商業革命」的發展。商業革命建立了現代「資本主義」的基礎；資本主義的活力又激勵了「工業革命」和「工業資本主義」的發展。在這種環境下，各國的重商主義必然轉向市場的開拓和殖民地的爭奪，也帶來世界的歐化，以及奴隸制度之復活。工業革命不僅鞏固西方民族國家的發展，且持續向「帝國主義」(imperialism) 的型態轉型；帝國主義的殖民地擴張，將海外的殖民地視為母國工業產品的銷售市場。由於經濟的自由主義——即資本主義的發展，與帝國主義的侵略結合在一起，使得殖民地的剝削，更助長了資本主義的聲勢。

---

⑫　對工業革命之研究：Pat Hudson, *The Industrial Revolution*, London: Edward Arnold, 1992. Tom Kemp, *Industrialization in Nineteenth-Century Europe*, London: Longman, 2nd edition, 1985. Joel Mokyr (ed.), *The Economics of the Industrial Revolution*, London: George Allen & Unwin, 1985.

工業革命肇始於英國，現代的憲政、法治、人權保障也皆興起於英國；穩定的政治環境，有利於經濟的繁榮。英國也是最先進的資本主義國家，其自由競爭的市場經濟，已發展出歐洲最佳的銀行和證券交易制度，相較其他國家而言金融穩定。從紡織工業的機械化開始，英國工廠之生產就致力於滿足大眾市場的需求，需求之滿足更激勵了各樣物品的機械化加速生產。經濟的繁榮也帶動交通運輸的改良，工業技術和工業資本主義的發展優勢在在使得英國成為吸引新技術的前衛地區，也使得英國的經濟在當時居領先地位。

工業革命帶來機械化的生產，工業革命之技術進步和專業化的分工，帶動「量產」(mass production) 的提昇和市場之擴大；隨市場之擴大，更激勵企業家面對風險，致力提昇技術、創新產品，以追求利潤。工業革命也造成大量的勞動力從農村遷移到持續擴張的工業地帶，靠著耕種維生的農村勞工，隨著工業化發展轉移成為以都市為生活根據地的工業勞力階級——「普羅階級」(the *proletariat*)。

相對於十八世紀中葉開啟於英國第一次工業革命而言，到了十九世紀中葉，歐洲大陸所開展的第二次工業革命，讓歐洲國家創造了更多的成就，尤其是物理學、化學和電機方面的進步，帶動交通運輸和通訊事業方面的快速發展，諸如汽車和航空器的出現，以及無線電報的發明和改良，不僅使得歐美社會之交通更為便捷，而且更激勵了科學技術的研究發明。第二次工業革命的科技生產，有賴龐大資金之投入，因而「金融資本主義」替代了先期的「工業資本主義」，投資銀行和龐大資金的支撐，成為控制工業發展的重要條件。

第二次工業革命的發展讓歐美國家更趨繁榮；與此同時，衛生、醫療條件的改善，降低了死亡率，人的平均壽命提高，造成歐洲人口前所未有的急劇增加。❸工業革命及工業的擴張持續支撐「布爾喬亞」資產階級的

---

❸ 當時歐洲的人口——包括俄羅斯，從 1800 年的一億九千萬人口，到了 1900 年時，已增加到四億二千萬；但其間的人口成長率，並無均一性，因國家和年代而有所不同。Cf. Frédéric Delouche (ed. et préface), *Histoire de l'Europe*, Paris: Hachette, 1994, pp. 303–304.

角色和地位之攀升，然與新興的「普羅階級」——即無產階級，有著根本的利益矛盾。正如拉斯基 (Harold J. Laski) 所言，新的經濟環境曾激勵自由主義思想的成長，其後同樣的原因，也會造就「社會主義」(socialism) 的思想。⑭

社會主義的挑戰與自由主義之修正

自由市場經濟當道的工業革命時代，由於「富者愈富，貧者愈貧」的情勢惡化，使得工業社會中的資產階級和無產階級勞工間的利益矛盾和衝突日益加深；伴隨著這種情勢，產生了「社會主義」的思想，向當道的自由主義挑戰，因而發展出意識型態的對抗與抉擇。社會主義思想派別中，鬥爭路線最激進的就是馬克思主義。

著重經濟的馬克思習稱自由主義謂「資本主義」，習稱工業社會謂「資本主義社會」。馬克思與恩格斯在其《共產主義宣言》(*Communist Manifesto*, 1848) 中，極力號召「無產階級的革命」，以終結資產階級的剝削和勞工「異化的勞動」(alienated labour) 情勢，以期透過「無產階級的專政」實現「共產主義的社會」——即「無階級社會」(classless society) 的理想。⑮

馬克思觀察到英國的政治情勢，指出資本主義國家僅有民主的外表，實際上只是圖利於經濟上的宰制階層，只有布爾喬亞階級才享有民主，對被宰制的普羅階級——無產階級而言，民主是虛假的，實際上無力享有自由，尤其新聞自由對無資本成立傳播媒體的無產階級來說，就無意義，所有那些法律上承認的自由，實際上被布爾喬亞集團所壟斷，只有他們才有能力去享有。馬克思認為，在一個有階級分別的社會，民主僅是形式的；

---

⑭　Harold J. Laski, *The Rise of European Liberalism: An Essay in Interpretation* (1936), London: Unwin Books, 3rd impression 1962.

⑮　《共產主義宣言》的英文本，可參：Harold J. Laski 評介的彙集本：*Harold J. Laski on The Communist Manifesto*, an introduction together with the original text, New York: Vintage Books, 1967. 另可參本書作者的相關研究：王晧昱著，《追逐理想國：政治福音與社會重建》，臺北：韋伯文化，2000 年，第五章「共產主義的福音與無階級的社會」(頁 211–259)。

除非是在全民一體的社會，即無經濟宰制階級的社會，以及國家為全民服務的社會，才能有真正的民主。為此，馬克思只有仰望「無產階級的革命」。

十九世紀末，貧富的差距、勞資的矛盾、人口的膨脹、農村人口的流失、都市之擁擠等所激起的新時代難題和不滿運動，均迫使歐洲社會當權者進行改革，這也加重了政府的角色和功能。在勞工團體和社會主義勢力的威脅和督促下，放任的 (*laissez-faire*) 自由主義經濟政策，除在美國仍受歡迎外，在歐洲各地已趨沒落；從此，「新自由主義」的經濟政策是持續往社會主義的理想方向作漸進的改革——追求「福利國家」(welfare state) 的理想，強調政府的職能和適當的介入，以化解社會內部的矛盾，確保全民之福祉。

「福利國家」的理想

新自由主義擱置放任政策，吸取了社會主義的部分主張，讓自由主義也有不少社會主義的理想，重視國家的角色和社會的改革。❻各國均透過立法來改善階級間的生活差距，在這方面最早付諸實踐的，是俾斯麥 (Prince Otto Von Bismarck, 1815–1898) 領導下的德國。當時德意志帝國領先實行社會福利政策的原因在於：德國有別於英、法等國，承受自由主義的傳統不深，也欠缺個人主義與放任政策的傳統；再來，德國的政治信仰偏向國家主義，在這種思想的引導下，當政者認為政府有照顧弱者的責任；更重要的是，政府希望無論是勞工或農民，都能成為國家忠貞的士兵，因

---

❻　Cf. Michael Freeden, *The New Liberalism: An Ideology of Social Reform*, Oxford: Clarendon Press, 1978. 這本書首章前二節分別分析了：Sir William Harcourt 的名言 'We are all socialists now.' 所突顯的時代意涵；以及「自由主義擺脫放任政策」('The Liberal dissociation from *laissez-faire*.')。

另可參比堅持絕對自由主義理念的思想走向：Norman P. Barry, *On Classical Liberalism and Libertarianism*, London: Macmillan, 1986. 這本書的分析偏經濟。Barry 分析了功利主義、芝加哥學派、奧地利學派、以及當代 Robert Nozick 的「最小限度國家」(minimal state) 和「無政府資本主義」(anarcho-capitalism) 的主張。

此政府應積極地保障人民的工作和生活；此外，當政者認為打擊社會主義勢力高漲的最佳方法，就是落實一些社會主義的理想，藉此又可拉攏勞工階級，遠離社會主義勢力的鼓動。

德國從落實勞工醫療保險開始，進而限制工作時數及婦女、童工之僱用，不久也推行老年保險，當 1890 年俾斯麥被迫退休時，德國除失業保險外，其他許多現代社會福利措施都已起步，之後，其他歐洲國家才隨後效法。❶相較而言，英國在社會福利政策的起步較晚，要在二十世紀初葉才開始奮起直追。

在二十世紀，階級衝突隨著勞工權益之改善而有明顯的和緩，法律前人人平等的公民權也有顯著的增進，藉此可在體制內持續爭取權益；參與權利的獲得和社會福利的提升，以及抗爭、談判和仲裁方法所發揮的作用，使得衝突的解決不需要訴諸於暴力的革命鬥爭，改走溫和的議會路線。在這基礎上，組織工會和參與政黨（群眾性政黨）的行動，均使得勞工的政治實力大為增強，所施展的壓力不僅可影響國會的立法，且可為自身的所得，抗爭資方的不當利益。這種情勢的轉變，使得馬克思所期望的「無產階級」——「資本主義的掘墓人」(gravediggers of capitalism) 並未能發動推翻資本主義的革命行動，反而放棄了革命路線，這也使得西歐和北歐的社會主義政黨，堅持體制內的改革 (reformism) 路線。勞工權益之改善是西方社會未能發生無產階級革命的最主要原因。

勞工勢力的茁壯曾是帶動現代「福利國家」發展的重要激勵因素，迫使政府致力落實縮減貧富差距、改善全民生活水平、提升教育文化素質、保障醫療服務和失業救濟等施政目標。❶這種持續改革的發展走勢，讓階級間的矛盾和衝突情勢，得以在體制內逐步和緩，使得階級間的矛盾和衝突鬥爭，不足以瓦解資本主義工業社會的秩序。而馬克思主義者則仍承襲列寧 (V. I. Lenin, 1870–1924) 的見解，認為西方資本主義社會無產階級大

---

❶   Pierre Rosanvallon, *La Crise de l'Etat-Providence*, Paris: Seuil, 1981, pp. 149–150.

❶   福利國家的發展：Torben Iversen, *Capitalism, Democracy, and Welfare*, New York: Cambridge University Press, 2005.

革命之所以未能發生的原因在於：西方資本主義社會將「貧窮輸往國外」，帝國主義的剝削和搜刮改善了國內部分勞工的生活，暫時舒緩了資本主義社會的階級矛盾，勞工被收買的結果，革命的意識也被蒙蔽。[19]

　　吾人必須強調的是，西方社會勞工權益的改善、公民權的普及、婦女和弱勢族群的權益、以及社會福利制度的推廣等改革行動，並非是政府主動施展德政的結果，而是大環境的壓力，以及屢經不滿者的集體抗爭得來。其中如選舉權的全面普及就是經過平權運動長久的抗爭後才達成的政治理想。

選舉權的普及與民主憲政之走向

　　在勞工和人權團體，以及社會開明勢力的平權運動督促下，自由民主的政治才得以深化其基礎。道地的政治民主化可用選舉權的普及作為指標。以英國為例，1832 年的《改革法》(Reform Act of 1832)，開啟了選舉權普及的道路，然而，當時雖然降低了取得選舉權的納稅額，卻只有百分之四點四的人有投票權，工人、農人、和絕大部分的小資產階級被排除在外。1867 年的《改革法》，英國將選舉權擴增到百分之八點六，但此時仍僅限男性才有選舉權，而且投票方式仍是公開的。1872 年，英國出現了祕密投票制度。1884 年的改革，英國將選舉權普及到總人口的百分之十六點五。1918 年，英國男子滿二十一歲、女子滿三十歲，有選舉權。英國要到 1928 年，年滿二十一歲的公民，不分男女皆有了平等的投票權。總之，英國經近一個世紀的努力督促，才實現「普及選舉權」(universal suffrage) 的理想。[20]

　　相較之下，美國 1789 年正式生效的憲法，也未規定普及選舉權，婦女、

[19]　V. I. Lenin, *Imperialism: The Highest Stage of Capitalism*, Moscow: Progress, 1968.

[20]　Ian Machin, *The Rise of Democracy in Britain, 1830–1918*, London: St. Martin's Press, 2001. Martin Pugh, *State and Society: A Social and Political History of Britain, 1870–1997*, London: Arnold, 2nd edition, 1999, Chapter 2: Not Quite a Democracy (pp. 19–43).

黑人、印地安人被排除在選民行列之外，且另以財產、納稅額、教育程度等條件來限定選民，一直要到 1920 年生效的《憲法增修條款》第十九條，才准許婦女年滿二十一歲者有投票權，達成男女選舉權平等的原則。法國是 1944 年才達成男女投票權平等。以直接民主聞名的瑞士，在 1971 年，才准許婦女有平等的投票權，而且是經過一次相當激烈的公民投票後才達成。㉑

選舉權的普及造就「競爭型的政黨體系」(competitive party system)。隨著選舉權的普及與議會政治的發展，過去的「朋黨」(factions) 也在時代環境的逼迫下，在議會內部發展成「內造政黨」(the party in parliament)，它是仕紳、名流和權貴的政黨。之後，出現「群眾性政黨」(mass party)，即「外造政黨」(the party in country) 的挑戰，這種政黨早期多是意識型態左傾、信仰上偏好社會主義的政黨，標榜的是民主的政黨和黨員的政黨。面對「群眾性政黨」的挑戰，各舊型政治勢力就必須加快改革和適應步調，調整體質，廣泛吸收黨員，以致群眾性政黨在廿世紀前半蓬勃發展。㉒

政黨是民主政治的要角，不具競爭力的政黨，很快就被時代所拋棄。政黨為滿足環境的要求，必須發揮其符合時代的功能，致力聚合社會各界的利益，擬定可行的政見與施政方針，來整合民意輿論，進而甄選候選人、整編民代，來監督政府。

歐美國家廿世紀的平權運動及選舉權的普及，不僅促使競爭型的政黨體系出現，同時也更鞏固了民主政治，並在憲政體制上提供了數種典範，為「憲政主義」(constitutionalism) 指引了發展的方向，也成為非西方國家政治現代化——「西化」的努力方向。

㉑　Maurice Duverger, *Institutions Politiques et Droit Constitutionnel*, Paris: PUF, 1980, Tome I, pp. 114–115.

㉒　Maurice Duverger, *Les Partis Politiques*, Paris: Librairie Armand Colin, dixième édition, 1976.

第三節　解析工業社會之理論㈠

現今的「社會學」源自工業社會。孔德等人創立「社會學」，為的是解釋並解決工業社會的困境與難題。他們對工業社會的認識，也附帶說明了人類如何從農業社會轉進工業社會。為了理解工業社會之特性，吾人擬以名家為導引，來分析工業社會之特徵，並藉以突顯社會學理論的核心內容和研究的焦點所在。㉓

孔德的觀點——科學心態所主導的社會

在本書第一章有關孔德實證主義社會學的單元中，吾人已提及孔德的社會學抱持三項原則，以及孔德認為他發現了「三階段法則」，指出人類知識之進步經三階段完成，分別是「神話階段」、「玄思階段」、「實證階段」。㉔孔德進而認為，人類社會的進化發展如同知識，也遵從三階段法則，因而先後發展出三種不同類型的社會。㉕

傾向「知識決定論」的孔德，所分類出的第一類社會是「黷武的社會」(la société militaire)。由於客觀環境和生存條件之困難，往往需以武力遂其所欲，因此也要隨時備戰，以維護本身生存之安全，以致這是一種尚武的專制社會，其特徵為：知識主要依附在神話的基礎上；當權者的合法性也是建立在神授的迷思上，公權力與神權相結合，君王的意志就是法律；在這種專制社會中，有著頑固的世襲階級制度；經濟上，這是以「土地」為開拓財富的農業社會，其基本經濟組織為家庭。孔德指出，人類是從這種社會，才得以全面規範化整合，同時也出現歷史上的大文明。

㉓　當代社會學理論，可參：E. C. Cuff, W. W. Sharrock and D. W. Francis, *Perspectives in Sociology*, New York: Routledge, 4th ed., 1998. 中譯本：林秀麗、林庭瑤、洪惠芬譯，《最新社會學理論的觀點》，臺北：韋伯文化，2003 年。

㉔　參考書請參本書第一章之相關註文。

㉕　人類社會進化發展的三階段：Auguste Comte, *System of Positive Polity*, op. cit., 3rd Volume, Chapter 1, pp. 8–64.

人類發展到第二類型是「律文規範的社會」(*la société des légistes*)。這仍然是以農業生產為主的社會，但比著黷武的社會而言，其文化與產業結構較為考究；文明的進步，有助於人類社會傾向透過貿易往來，替代過去靠暴力之攫取。由於思想轉向理性思維，因而也造成這種社會宗教權威與世俗權威分立，世俗權威愈來愈自主，神權則愈趨沒落。另由於民族國家的興張，因此在中央集權的體制下，軍隊成為政府的一個重要單元，失去其宰制地位。這也是知識脫離神話思想，轉由人文思想當道的批判時代，是進入工業社會及實證時代必須的過渡時期。孔德認為，歐洲大陸從十四世紀到法國大革命這段時期，就是進化到第二類型社會。

孔德指出的第三類型是「工業社會」(*la société industrielle*)。在孔德的時代，工業社會才開始，這種社會的最主要特徵是：知識由科學心態所主導，實證思想進步，神學、玄學退位；工業生產是科學精神的具體實現，著重管理的工業生產也是社會經濟的重心；在這種社會有兩組新人類分享權位———一是管理工業生產的企業家和工程師，一是社會科學專家。此外，孔德強調私有財產制是工業社會經濟發展的動力所在；由於社會本來就不平等，因此在工業社會中，財富與權力仍會集中於少數人。

孔德雖未刻意強調，但他是第一位分析資本主義工業社會的社會學者。他也早於韋伯預知工業社會管理上的科層化發展，以及「技術專家當道」和「計畫經濟」時代的來臨，他甚至主張「社會專家統治」(*la sociocratie*; sociocracy)。孔德也預期，在工業社會初期，必有一連串動亂，那是因為專業化和分工，以及不同利益團體間的鬥爭所造成的；但專業化和分工是工業社會發展的必然狀況，對工業社會的進步及社會組織的改善是必須的。孔德認為新社會的危機或革命都是過渡情勢，社會內部和國家間的和平，將隨著工業社會的進步而逐漸展現，集居於都市附近的工人生活水平，也將隨生產的增加與教育的普及而改善；在實證科學精神引導下的社會學家，將影響施政者，並進而影響社會組織和歷史的和平發展。他也預言在工業社會的大環境下，大國家將消失，而出現小國林立的局面，不再是建立在過時的民族認同和國族概念上，而是建基於工業生產為主的組織結構上。㉖

———
㉖　為因應科學所主導的工業社會中，傳統宗教信仰之解體，孔德的「人道社會學」

　　孔德的社會思想，和他同時代的社會主義者並不相同，孔德不相信私有財產制會消失，也不相信平等社會的來臨；他雖然贊同私有財產制和市場經濟，但也不是十足的自由主義者，因為他並不同意放任的自由市場競爭，而主張計畫經濟。孔德雖是第一位有系統的分析工業社會的社會學家，然其預測並不完全正確，一來他忽略了國家的角色和功能，二來工業社會並未為世界帶來和平，工業社會的戰爭，反而比過去來得更殘酷、更全面。

史本塞的社會演化論

　　受拉馬克 (Jean Baptiste Lamarck, 1744–1829) 及達爾文 (Charles Darwin, 1809–1882) 遺傳生物學演化論的影響，以及十九世紀工業社會的轉變、發展、和成長上的啟發，使得史本塞 (Herbert Spencer, 1820–1903) 社會學的理論精義建立在「演化法則」(the principle of evolution) 上。史本塞依演化法則解釋社會結構與社會制度的演化過程，建構出「社會演化論」(social evolutionism)。㉗史本塞認為社會的組織體是從單純的結構往一再重新組合的複雜結構演化之過程；愈多樣區分的組織體，就是愈進化的組織體，社會就如同物種一樣，也要追求本種的「至善」(good)。史本塞強調自然和社會科學的知識均建基在「演化法則」的基礎上，「適者生存」(survival

---

　　　　(*sociologie de l'humanité*) 認為，在實證哲學的帶領下，應啟發新的道德，倡導一種符合實證的新宗教──「人道的宗教」。可參：孔德著，蕭贛譯，《實證主義概觀》，臺北：商務，1973 年臺一版，第六章「人道教」(頁 339–425)。

㉗　史本塞的主要著作有《社會靜學》(*Social Statics*, 1851) 和《社會學原理》(*Principles of Sociology*, 1876–1896) 等書：Herbert Spencer, *Social Statics*, abridged and revised, together with *The Man Versus the State*, New York: D. Appleton and Co., 1896. Herbert Spencer, *The Principle of Sociology*, New York: D. Appleton and Co., 1897.
　　對史本塞「社會演化論」之摘要彙編：Herbert Spencer, *On Social Evolution*, edited by J. D. Y. Peel, Chicago: The University of Chicago Press, 1972, Midway reprint 1983.
　　對史本塞政治議論之摘要彙編：Herbert Spencer, *Political Writings*, edited by John Offer, Cambridge: Cambridge University Press, 1994.

of the fittest) 是史本塞早在達爾文之前，所使用的演化論用詞。

　　由於史本塞的社會學理論要解釋人類從古到今社會之演化過程，因而解釋起來必然化約、濃縮，使得概念上相當抽象，解釋起來也有些繞口。他認為人類社會之演化，是「由不協調的同質結構，往協調的異質結構」(from an incoherent homogeneity to a coherent heterogeneity) 演化的過程，後者伴隨著新形式的整合 (integration)。㉘對於這樣的演化過程，概念上必須要有漸進轉變的認識，即演化的過程為的是因應「生存的鬥爭」(struggle for life)，逐漸地往理想的社會演化。依照史本塞強調的演化原則，社會組成結構及其功能都在持續不斷的變化，其過程持續由單一性與單純性結構 (uniformity and simplicity) 進化到多元性與複雜性 (diversity and complexity) 的結構，然而這種持續漸進的結構分化過程，相伴隨著新形式的整合。

　　演化學派表現出「演化的宿命論」(evolutionary fatalism) 論點，有著頗為樂觀的論調，這種社會學說有意或無意地為一種意識型態──放任的自由主義辯護，主張政府不應干預，以免破壞了自然運作和發展的機制。因此，社會演化論在美國曾受到極大的歡迎，因為它與美國的「保守主義」──放任的自由主義相配合。

　　史本塞的社會學從社會演化論的觀點，曾依複雜性之增加為標準，將社會分為四類，相當於社會演化的四個階段分別是：「單純社會」、「複合社會」、「雙重複合社會」、「三重複合社會」。㉙史本塞進而以極簡化的二分法，分出兩類社會：一是「黷武社會」(militant societies)，一是「工業社會」(industrial societies)。吾人在此擇其簡化的二分，要點說明。㉚在人文社會學中，理論類型的二分，是建構「極端類型」(polar types)，以茲對立比較。

　　「黷武社會」的特徵是：軍事國防是政治社會的主要活動，軍事需要優於生產，生產是為滿足黷武的需要；社會的運作、制度的建立和管理，以及組織的型態都建基於黷武的需要；以致這種社會是一種高度中央集權的社會，權力完全集中於少數統治階層，政治、宗教、軍事的權力相重疊；

㉘　Herbert Spencer, *On Social Evolution*, op. cit., pp. 71–72.

㉙　Ibid., pp. 142–148.

㉚　Ibid., pp. 149–166.

這也是頑固的階級社會，及世襲血緣的社會；社會的中心信仰——宗教本身就有戰爭的烙印，無論在宗教信條、或表達超自然能力，即神話的形式方面，亦有專橫的特徵，要求盲目的信從。總言之，這種黷武社會的最根本特徵是「強迫的合作」(compulsory co-operation)。

　　至於仍然進化中的「工業社會」，史本塞認為這種分工細密、結構分化的社會，重要特徵有：個人的自由與自主性增多；此種趨勢表現在不同的社會生活領域中，使得無論是在政治和宗教信仰方面，個人自主的空間增加；同時，政治上的制度也愈來愈民主化，國家的權威也相對地減弱，放任商業與工作的自由；隨著社會的發展，軍事化的組織特性變得不必要，社會活動的重點轉移到生產活動上，致力於生活水平的提升；因而工業社會與黷武的軍事化社會相反，軍事功能依附生產功能，軍隊變成社會整體結構中的一種次結構，不再是中心支柱結構。因此，不同於黷武社會強迫合作的特徵，工業社會是「自願的合作」(voluntary co-operation)，「契約」就是自願合作最典型的依據，也成為最普遍的連結依據。❸

　　史本塞認為，黷武的社會是一中央集權且又高壓統治的社會，以因應頻繁的戰爭情勢，以強迫的合作來維持社會的團結；反之，在工業社會中，合作是自主、自發的，是社會各成員利益相匯聚的成果，契約關係就是社會最普遍的連結形式。史本塞與孔德均有黷武與工業社會之分類，然對工業社會的解釋，則有所差別：孔德認為工業社會將是一科層化、計畫經濟、且有新類型的人——工程師及技術專家管理的社會；然而史本塞的理論則突顯出放任之原則，認為工業社會將演化成個人主義當道的社會，政治權威的角色式微，但仍把政府看成是一種「必要的惡」(necessary evil)。史本塞也許較孔德瞭解工業社會有利個人的自主，然偏頗在過分強調個人主義是社會組織的原則；而孔德很清晰地預見到科層化趨勢將內化在工業社會中，尤其是技術專家的角色。

　　史本塞的社會演化論易於導向支持自由市場放任競爭的主張，使得他

---

❸　史本塞從社會演化論的觀點，對社會的分類，以及社會合作組成的特徵，析論於《社會學原理》一書：Herbert Spencer, *The Principle of Sociology*, op. cit., Vol. I–2, Part II, Chap. X: Social Types and Constitutions (pp. 549–575).

在工業社會蓬勃發展的時代，在英美等國大受歡迎，成為美國社會學的主流思想。二十世紀 80 年代尚有「新演化論」(neo-evolutionism) 致力維護其傳統。

涂爾幹的見解──個人意識活潑的「有機團結」

現代社會學的重要開拓者──涂爾幹 (Émile Durkheim, 1858–1917)，其學術建基在與史本塞論戰的基礎上，因此史本塞的思想多少影響到涂爾幹，涂爾幹對史本塞的社會學理論也做了很多有意義的補充。❸❷

涂爾幹是法國大學首位正式開授社會學課程的學者。涂爾幹認為史本塞正確的理解到人類社會的進化是由單一性及單純性社會，往多元而又複合社會進化的過程，而且個人的自主性也愈來愈強，然而涂爾幹認為史本

---

❸❷　涂爾幹的主要代表作有：

Émile Durkheim, *De la Division du Travail Sociale* (1893), Paris: Quadrige/PUF, 2e édition, 1991. 英譯本：Émile Durkheim, *The Division of Labour in Society*, translated by W. D. Halls, Basingstoke: Macmillan, 1984, reprinted 1994. Émile Durkheim, *Les Regles de la Methode Sociologique* (1894), Paris: Flammarion, 1988. 英譯本：Émile Durkheim, *The Rules of Sociological Method, and Selected Texts on Sociology and Its Method*, translated by W. D. Halls, New York: The Free Press, 1982. Émile Durkheim, *Le Suicide: Étude de Sociologie* (1897), Paris: Quadrige/PUF, 8e édition, 1995. 英譯本：Émile Durkheim, *Suicide: A Study in Sociology*, translated by John A. Spaulding and George Simpson, New York: The Free Press, 1979.

對涂爾幹總體社會學說和著作的摘要彙編：Émile Durkheim, *Selected Writings*, edited, translated, and with an introduction by Anthony Giddens, Cambridge: Cambridge University Press, 1972, reprinted 1993. Émile Durkheim, *La Science Sociale et L'Action*, introduction et présentation de Jean-Claude Filloux, Paris: PUF, 1987.

對涂爾幹「政治社會學」著作的摘要彙編：Émile Durkheim, *Durkheim on Politics and the State*, edited with an introduction by Anthony Giddens, translated by W. D. Halls, Cambridge: Polity Press, 1986. Émile Durkheim, *Leçons de Sociologie*, Paris: Quadrige/PUF, 1950.

塞對於自主性的遠因與結果分析不夠，這也是涂爾幹理論分析的起點。

涂爾幹一再強調「社會學唯實論」(*le realisme sociologique*; sociological realism) 的主張，認為社會現象的研究，必須從整體、宏觀的立場觀察社會，如要研究個人的自主性，則應先著重所屬社會之分析。涂爾幹認為社會群體中的個人，必然會受到環境因素的制約，他統稱之為「社會事實」(*les faits socials*; social facts)，重要者如社會的道德、宗教、風俗習慣、以及法制規範等——它們也構成社會的「集體意識」(*la conscience collective*; collective consciousness)。❸

涂爾幹在其《社會之分工》(*De la Division du Travail Social*, 1893) 一書中，對人類社會之發展，也是進行理論二分的解釋。涂爾幹認為在傳統社會中，個人的人格發展完全受到社會的「集體意識」所籠罩，而「個人意識」(*la conscience individuelle*; individual consciousness) 所能發揮的空間就受到限制，人們之思考、感覺、言論及行動，是要符合集體意識的規範；由於傳統社會中，群體意識的規範特強，以致無法發揮「個人意識」。相對而言，個人意識在現代工業社會則顯得特別活躍，人們從過去過分壓制的環境中解脫出來，從集體意識贏得一些個人自主的領域。涂爾幹認為，造成這種變化的原因，不是像史本塞所相信的，認為中央集權的黷武社會，其公權威的壓制力因戰爭的減少而減弱；相反的，涂爾幹不時指出傳統社會並不如想像中的那樣專制、集權。

涂爾幹指出傳統社會是由相似的群體 (*groupes*) 所集結而成，如一個部

---

❸　涂爾幹認為宗教的信仰最具有集體意識的意義，在其《宗教生活的基本型態》一書中，指出宗教是社會秩序的代言人。依涂爾幹的看法，任何社會都具有某種形式的宗教信仰，指出宗教現象是社會現象，而非個人現象，每一個社會都會把社會事實分為兩類：一是「神聖」(*sacré*)，一是「凡俗」(*profane*)。「凡俗」即平常熟悉可見的日常事物，因個人而有所不同，跟整體社會的目標關係不大。「神聖」代表了社會的價值、道德、權威以及信仰，在初民社會，宗教代表著令人畏懼的社會集體意識，對宗教敬畏就是敬畏集體意識，也就是敬畏社會，宗教儀式培養人們的規範，在宗教慶典中團聚人們，啟發其對傳統和信仰價值的認同。Émile Durkheim, *Les Formes Élémentaires de la Vie Religieuse: Le Système Totémique en Australie* (1912), présentation par Michel Maffesoli, Paris: Le Livre de Poche, 1991.

落是由同質性的家族所形成，且共同發揮同樣的功能。這種社會組織建基於「相似性」(*similitudes*; similarities) 的基礎上，人或群體的聯結是相似性所促成的無意識團結，涂爾幹稱之謂「機械性團結」(*solidarité mécanique*; mechanical solidarity)。在這種機械性團結社會中，為了生存，不能容忍個人或群體的「差異性」(*dissimilitudes*; dissimilarities) 和獨特性，以致必然形成集體意識特強的情況。

涂爾幹認為是「分工」(*la division du travail*; the division of labour) 的發展，導致機械性團結社會之變遷，分工的原則就是強調個人及群體的多元性，與相似性為團結基礎不同；分工的結果，逐漸導致機械連帶之鬆動。但涂爾幹認為分工的進步，並不像史本塞所想的，會促成完全自發的或自願的合作，只不過分工會促成一種新類型的團結，它建立在「多樣性」(*variabilité*) 和「互補性」(*complementarité*) 的基礎上。互補和利益的匯集，基本上不是一種從規範中完全解脫的純個人主義原則，因此也不會是一種從規範中完全解脫的個人主義社會，也不是自動自願的團結，而是利益的交相互補。因此這是一種新的社會連帶關係和團結的原則，有其特有的倫理，會往新類型的社會發展。這種社會的團結不再是建立在個人或群體的相似性基礎上，而是建立在多樣性和互依互賴的關係上，涂爾幹稱之謂「有機團結」(*solidarité organique*; organic solidarity) 或稱「契約團結」(*solidarité contractuelle*; contractual solidarity)。由於多元性是其根本，因此這類型的社會連帶，比著機械連帶，允許個人較多的自主性和差異性，這也更有助於個人意識的活潑發展。

然而，不同社會的連帶團結型態，及集體意識或個人意識的強弱情況，是主觀的理論分類，不是很容易加以分別或具體衡量的，要如何具體分別團結的兩種類別？涂爾幹認為「法制」(*le droit*) 是分別兩種社會的客觀指標。因為在機械式團結及集體意識強的社會中，其法制是一種致力「鎮壓的法制」(*le droit répressif*; repressive law)，其所發揮的功能，就是要去對抗和打壓所有社會所認定的不當行為；尤其刑罰的優勢，彰顯出對威脅到群體之統一和存續者，予以嚴厲懲罰的意圖。

相對的，在分工發達的有機團結社會，其法制則屬致力「恢復的法制」

(*le droit restitutif*; restitutive law)，或稱「合作的法制」(*le droit coopératif*)，
它比著傳統社會的鎮壓性法制而言，目標在導引秩序；因為分工細密的社
會，面對多變多樣之情勢，無法全面規範和掌握，只有靠事後的導正，盡
可能立出周全、細密、適時的法律來導引秩序，契約與立法就是典型的例
子。因此，恢復性法制的進步，可作為衡量社會進化程度的指標，因為恢
復性法制愈進步，則分工愈發達，個人意識活躍於集體意識，有機式團結
替代機械式團結。❸

　　對社會的性質，經過上述的二分解釋後，涂爾幹進而在理論上，也分
出兩類社會。機械式團結的社會是「傳統社會」——即史本塞所稱的黷武
社會，分工在這種社會中十分簡單；然涂爾幹重視的是，在黷武的政府外，
社會高壓的集體意識，反映在那些鎮壓性及懲罰性的法制優勢上。有機團
結則是工業社會的特徵，是一分工細密的社會，多元分工建基在相互依賴
和功能互補的基礎上，而恢復性法制提供這種有機團結的社會司法保障。
但涂爾幹強調，工業社會不能僅僅依賴成員與各組群的自願合作，仍然需
要社會價值與規範上的共識，以及一定程度的社會控制。工業社會比之傳
統社會來說，並不是完全建立在自主的合作，只不過工業社會之體質特性
在多元性，准許成員在眾多規範及價值中做選擇，因而也造成各成員更多
的判斷和選擇；不止於此，分工鼓勵人的相異性，允許個人和各組群表現
各自的才能和特色，互補性替代了單一性，這也是群體社會現代化發展的
功能性要求。

　　因此，有機團結的社會，即工業社會，不會造成像史本塞所說的政治
權威以及法制規範逐漸衰竭的情況；相反的，這種社會要求政治公權威能
研擬出更周全、更細密、更適應時代的法制。至此，涂爾幹化解了史本塞
所預期的，在工業社會中，個人主義之興起與史本塞所不願承認的國家權
力高漲並存的難題。涂爾幹指出，在工業社會中，個人自主的空間變得寬

---

❸　上述的涂爾幹理論，從兩種團結類型到兩種法制類別的分析架構是其博士論文
　　——《社會之分工》的主要內容。
　　對涂爾幹思想的研究，另可參 Anthony Giddens 的重點論述：Anthony Giddens,
　　Émile Durkheim, New York: The Viking Press, 1979.

廣，政府的權力即使擴張也變得較不專制，對國家的行動及個人行動空間的擴張而言，兩者之間並無衝突與矛盾，均有其新的活躍領域。

經上述的解釋之後，吾人可以下列簡表，要略出涂爾幹對傳統社會和工業社會的理論二分解釋要點：

傳統社會	工業社會
集體意識強	個人意識活潑
→　心理現象　→	
成員的相似性	成員的功能互補
機械性團結	有機（功能）性團結
→　分　工　→	
鎮壓的法制	恢復的法制

涂爾幹的社會學思想最重要的貢獻在於，個人的自主性不會造成社會集體意識和社會規範的消失，涂爾幹對自殺的研究，印證了「無規範」——「安諾米」(anomie) 的情況，即精神茫然、無價值目標的失調狀態，反而會造成社會病態反應如自殺、犯罪、行為反常等。㉟

第四節　解析工業社會之理論㈡
——馬克思主義對資本主義之批判

科學的社會主義

馬克思 (Karl Marx, 1818–1883) 和恩格斯 (Friedrich Engels, 1820–1895) 的學說，以及列寧 (V. I. Lenin, 1870–1924) 在蘇聯的實踐，所形成的「蘇維

㉟　涂爾幹對現代社會學的一大貢獻，就是其研究方法提供了社會學的科學榜樣，其《自殺論》至今仍被視為經典作品。涂爾幹的研究對象為不同社會團體內自殺率的差異，而非個別人的自殺案件，認為自殺是一種社會現象，而非單純的個人心理現象或其他自然環境因素所造成。涂爾幹認為集體意識和社會規範愈弱，則自殺率愈高。Émile Durkheim, *Le Suicide: Étude de Sociologie* (1897), Paris: Quadrige/PUF, édition 1995.

埃馬克思主義」(Soviet Marxism)，對工業社會都有獨到的見解。 ㊱

　　馬克思主義以革命和批判的立場，習以「資本主義社會」指稱「工業社會」。馬克思主義的學說構成一套社會總體理論，是企圖解釋人類社會各面向的宏觀理論。 ㊲馬克思主義歸納並擴大了過去學者的研究成果，其學說主要受三方面的影響：一是普魯士哲學家黑格爾的歷史辯證哲學，認為歷史是循「正」、「反」、「合」的辯證途徑，往理想的方向發展；二是亞當・史密斯 (Adam Smith, 1723–1790) 及李嘉圖 (David Ricardo, 1772–1823) 等人的政治經濟學，致力分析資本主義社會的總體經濟；三是受到法國社會主義學說，如傅立葉 (Charles Fourier, 1772–1837)、蒲魯東 (Pierre-Joseph

---

㊱　對馬克思主義及列寧的實踐，請參本書作者的相關研究：王晧昱著，《追逐理想國：政治福音與社會重建》，臺北：韋伯文化，2000 年，第五章「共產主義的福音與無階級的社會」(頁 211–259)。

㊲　後人將馬克思與恩格斯的著作編集成近五十冊的大全集。英文本：Karl Marx and Friedrich Engels, *Karl Marx, Friedrich Engels: Collects Works*, Moscow: Progress Publishers/New York: International Publishers, 1975–2001. 中譯本選集：《馬克思與恩格斯選集》(四冊)，北京：人民出版社，1972 年。
馬克思的代表作：Karl Marx, *Capital: A Critique of Political Economy*, translated by Ben Fowkes, London: New Left Review/Penguin Books, 1976, reprinted 1982. 中譯本：馬克思著，吳家駟譯，《資本論》，臺北：時報文化，1992 年。
對馬克思著作的選讀──總體社會與政治社會學範疇：*Karl Marx: Early Writings*, translated and edited by T. B. Bottomore, foreword by Erich Fromm, New York: McGraw-Hill, 1964. 主要論及猶太人問題，批判黑格爾的法理學，還有 1844 年的經濟與哲學手稿。*Karl Marx: Selected Writings in Sociology and Social Philosophy*, translated and edited by T. B. Bottomore, foreword by Erich Fromm, New York: McGraw-Hill, 1964. 選讀的議題包括：唯物史觀、資本主義、政治社會的現象和未來的社會。
選讀範疇較廣泛者：David Mclellan (ed.), *Karl Marx: Selected Writings*, Oxford: Oxford University Press, 1977. Robert C. Tucker (ed.), *The Marx-Engels Readers*, New York: W. W. Norton, 1978. Jon Elster (ed.), *Karl Marx: A Reader*, Cambridge: Cambridge University Press, 1986.
對馬克思思想和學說的評介 (異化、唯物史觀、勞工、階級、政黨、國家、革命、共產社會等議題)：David Mclellan, *The Thought of Karl Marx: An Introduction*, New York: Harper & Row, 1971.

Proudhon, 1809–1865) 等人的影響，然而馬克思認為他們的社會主義是不能實現的「烏托邦社會主義」(utopian socialism)，強調自己的社會主義是「科學的社會主義」(scientific socialism)。馬克思與恩格斯將上述思想家對總體社會現象的局部見解，予以修正整合，開創出一套總體理論，意圖科學化的解釋社會的現象及社會的演變史。

唯物史觀與社會結構

馬克思以「辯證的唯物主義」(dialectical materialism) 為其學說的基礎，並藉以解釋人類社會的歷史發展 (materialistic interpretations of history)。辯證思想的中心意旨是要強調，世間的任何狀態都處在黑格爾所說的「臨變狀態」(state of becoming)。對這種發展化約、抽象地解釋，就是現實狀態，即所謂「正」(thesis)，其本身都有著「固有的矛盾」(inherent contradiction)，矛盾自然產生出所謂「反」(antithesis)，正反交相激盪、辯證的活動，必是一種有保存也有揚棄的結果，即產生所謂「合」(synthesis)，這個的「合」又成為新的「正」，由此正而生反，進而正反辯證又產生新的合，社會歷史就是循正、反、合的辯證途徑，持續往理想的社會發展，不會有所中斷，也不會有可永續存在的狀態，總是要讓位給更新、更趨完美的型態。

馬克思主義強調歷史發展的決定因素乃是實在的生產環境。在馬克思看來，是社會的環境決定人們的意識，而不是人的意識決定社會的存在。馬克思認為，尋求物質滿足的人類，必須依靠生產工具、生產技術、以及勞力工作來滿足物質的需要。馬克思將生產工具、生產技術以及勞力等，統稱之謂「生產力」；「生產力」中，生產工具──如土地等的「私有財產制」建立以來，即形成擁有生產工具與沒有生產工具的不平等「生產關係」，也就是階級的差別，階級差別所造成的矛盾與衝突，導致階級間的對抗。

一個社會特有的生產力與生產關係，構成這個社會特有的經濟生產型態，由於不同的時代所依賴的生產工具、生產力不同，因此所呈現出的不平等生產關係的風貌也不同，如過去擁有生產工具者依賴奴隸與土地生產，今天則依賴工業設備與資本。由於社會生產體系，即經濟結構，隨時代不

同而不同，因此有不同的社會出現，如奴隸社會、封建社會、資本主義工
商社會等。

　　馬克思以經濟生產型態來界定一個社會。馬克思主義的學術用語，稱
一個社會的經濟生產體系為此社會之「下層結構」(infrastructure)，即社會
的基礎結構；他認為每一種特定的經濟生產結構，必會造就出一定的哲學
思考方式、道德規範、信仰、意識型態、法律與政治體制，以及特有的藝
術與美學的偏好，馬克思統稱之為「上層結構」(superstructure)。馬克思認
為，社會上層結構的變化由下層結構決定和主導，即下層經濟生產結構改
變時，上層結構亦必隨之產生變化，這就是對社會大歷史發展的「唯物決
定論」(materialistic determinism)，或白話地解釋為經濟決定論；馬克思與
恩格斯主張，在這種認識基礎上，分析政治與社會現象。

　　在馬克思主義看來，相對於社會的基礎——經濟生產結構而言，政治
是次要的，是依經濟而變動，生產的經濟結構主宰上層結構的發展，因而
政治的自主性並不存在。馬克思認為所謂的政治，或具體地說「政治鬥爭」，
只不過是「階級鬥爭」的反映。馬克思與恩格斯進而強調：人類自古以來
的歷史，就是階級鬥爭史。❸

預言資本主義社會瓦解

　　馬克思認為資本主義社會的經濟活動，主要靠兩個結構性因素：一是
資本，即投資所需的金錢和生產所需的工廠和設備；二是「薪水勞工」
(wage-labour)，他們是依賴資本擁有者之僱用來維生的勞工——「無產階
級」(the *Proletariat*)。馬克思在《共產主義宣言》中進而強調，資本主義的
活力在世界各地激勵資本主義的經濟生產機制，資本主義工業「不再運用
本地的原料，而是遙遠地區的原料；工業產品的消費也不再局限於原產地，
而是世界的每一個角落。」資本主義生產的活力，激勵了科技發明的速度，

---

❸　英譯本：Karl Marx and Friedrich Engels, *The Communist Manifesto*, translated by
　　Samuel Moore (1888), London: Penguin Books, 2002. 中譯本：馬克思與恩格斯
　　著，唐諾譯，《共產黨宣言》，臺北：城邦文化，2001 年。

資本主義的生產效率遠遠超過之前任何型態的生產體系。

馬克思還特別比喻：資本主義的運作所造就的奇觀，遠遠超越埃及的金字塔、羅馬人的水道橋、以及哥德式大教堂。資本主義之擴張所造就的財富階級除了掌握了經濟實力，也意圖獲得政治影響力，因而致力向傳統特權階級抗爭，在民主、自由和平等的公民意識口號下，爭取平等的參政權，以保障布爾喬亞階級的利益，進而取代特權階級。在馬克思看來，如法國大革命等「布爾喬亞」階級的革命，都是資產階級要爭奪政治權力的表現。

馬克思預言，資本主義社會的內在矛盾，終將引發無產階級推翻資產階級的鬥爭，這是必然的必然走向，因為資本主義社會之生產結構及其私有財產制是矛盾的根本所在。在資本主義的生產結構中，任何產品都是經過眾人的勞力完成，然生產的成果卻僅累積了資本家的財富；資本家不斷地從勞工的勞力搾取利益，資本家剝削、取利於工資及實際工作生產成果間的差額利益，即「剩餘價值」(surplus value)，造成資本增加與貧窮增加的必然關係。在放任的資本主義自由市場經濟的環境下，勞工就是生產的奴隸，從事「異化的勞動」(alienated labour)，造成階級衝突之日益惡化。❸❾

馬克思認為只有廢除私有財產制的生產體系，促成生產工具的共有化，讓社會主義的社會出現，才能結束此種剝削的情勢。馬克思深信無產階級普羅大眾必將起而革命，他們是「資本主義的掘墓人」(gravediggers of capitalism)，並將開創一個真正人道主義的平等社會。

馬克思認為所謂的倫理道德是社會關係的產物，不能主控生活本能，所以無產階級的反抗就是要調整倫理道德的枷鎖，它是真正符合無產階級倫理道德的行為。馬克思認為「無產階級的革命」必會勝利，因為任何歷史過程，至今都是由少數人為自己的利益而完成的，而無產階級的運動則是廣大的多數人的運動，其目的是為了解救廣大的多數人，因此無產階級

---

❸❾　馬克思在其《1844年經濟學哲學手稿》(*Economic and Philosophical Manuscripts of 1844*) 的「異化勞動」一節中，對「異化」有廣泛的議論。馬克思著，伊海宇譯，《1844年經濟學哲學手稿》，臺北：時報文化，1990年。有關「異化勞動」，頁47–61。

革命的勝利也是必然的。馬克思進而強調，無產階級對抗布爾喬亞階級的
鬥爭，將是人類最後的鬥爭，革命的勝利將帶來「無產階級專政」
(dictatorship of the proletariat) 時代的來臨，此後將不再有剝削者與被剝削
者之對立，新社會將共創「共產主義」的理想社會。

　　無產階級的專政將促成博愛一體的社會的來臨，實現共產主義的社會；
在這種共產主義的社會中，將不再有階級的對立——是「無階級的社會」
(classless society)，亦無國家的壓迫，社會豐富的生產充分滿足人們的需
要。❹由於階級鬥爭的歷史停止，真正的人道主義社會開始，因而導致國
家變得無用而枯萎，只剩下服務及指揮生產作業的管理單位。❹

　　但吾人必須指出，依照社會辯證發展的歷史進程，即使有共產主義的
社會，那也不會是歷史的終點，就如同馮友蘭所說的：「即使共產主義社會
也不是例外。共產主義社會也是社會發展中的一個階段，它不會是社會發
展的終點。社會發展是沒有終點的。」❹

列寧的補述——帝國主義與「垂死的資本主義」

　　列寧是馬克思主義理想的實踐者，他將理論與行動結合，領導「俄羅
斯社會民主勞工黨」(Russian Social Democratic Labor Party) 的多數派——
「布爾什維克派」(*Bolshevik*)，壓制「孟什維克派」(*Menshevik*)——即少數
派，推翻了沙皇政權，實踐蘇維埃的馬克思主義。

　　對正統的馬克思主義信徒來說，俄羅斯的革命面臨理論難題必須予以
化解，那就是「科學的社會主義」建基在唯物辯證的信仰，相信無產階級

---

❹　馬克思的理想多少啟發自過去歷史上的一些主張，如共產社會中「各取所需」
　　('to each according to his needs')，就是啟發自《新約聖經‧使徒行傳》(Acts of
　　the Apostles) 中，記載早期耶路撒冷基督徒社區的生活。《使徒行傳》第四章、
　　第三十五節：「照各人所需用的分給各人。」('It was distributed to anyone as he
　　had need.')

❹　「國家枯萎說」，可參本書第三章、第五節「馬克思的國家論」。

❹　馮友蘭著，《中國哲學史新編》，臺北：藍燈文化，1991 年臺初版，第三冊，
　　頁 94。

革命的必然性。但要發動無產階級大革命的前提是，必須是在資本主義經濟已充分發展的工業社會，如英國；以當時沙皇時代的俄羅斯而言，仍然是落後的農業社會，勞工只占少數，沒有無產階級革命的條件。

列寧在其《帝國主義》(Imperialism) 一文中，就試圖合理的化解這個難題，解釋為什麼革命不能在先進的資本主義社會爆發，而會在俄羅斯出現的原因。列寧認為西方的資本主義社會已發展成為致力海外剝削的殖民帝國，是「垂死的資本主義」(moribund capitalism)，靠著奪取殖民地的財富，和「貧窮銷往國外」(exporting poverty abroad) 的策略，暫時改善了國內無產階級的生活，也蒙蔽了無產階級的革命意識，緩和了階級的矛盾和衝突。❹這種情勢也阻礙了世界上受到帝國主義侵略和剝削的落後國家，可能的工業化發展，落後國家成為資本主義國家不可缺少的市場，也是廉價資源的供應者、被剝削者。

列寧的結論是，推翻資本主義的革命，不能寄望於資本主義世界的核心地帶，而是由邊陲地帶開始。列寧主張俄國可成為世界革命的首戰場，透過政治革命來根本破壞帝國主義的命脈，徹底掃除西方帝國主義勢力的宰制與剝削。❹

第五節　解析工業社會之理論㈢──韋伯的詮釋

比著馬克思對現實資本主義體制的不滿，進而想以急進的革命手段，來徹底推翻資本主義社會而言，韋伯 (Max Weber, 1864-1920) 是保守主義者，要替既存體制──資本主義辯護。❹韋伯也如同其他很多社會學者一

❹　V. I. Lénine, *L'Impérialisme: Dernière Etape du Capitalisme*, Paris: Librairie de l'Humanité, 1923, pp. 79–93. 英譯本：V. I. Lenin, *Imperialism: The Highest Stage of Capitalism*, Moscow: Progress, 1968.

❹　對列寧的政治思想和實踐，續參：王晧昱著，《追逐理想國：政治福音與社會重建》一書，第五章之「救世主般的使命感──政治決定經濟」等節（頁 236–251）。

❹　韋伯的主要代表作：Max Weber, *Economy and Society: An Outline of Interpretive Sociology* (1922), edited by Guenther Roth and Claus Wittich, Berkeley: University

樣，其社會學有著強烈的歷史取向，緊密的結合著歷史來詮釋；學術上，與馬克思主義的對話中，發展出他的眾多作品。

對社會行動的詮釋——理性化走向

韋伯所主張的「詮釋社會學」(interpretative sociology)，主要原則在於不僅應探討客觀環境對人們行動所造成的影響，更應「理解」(*verstehen*; comprehension) 人的行為動機，設身處地地從行動者的立場，分析和認識行動者行為的理由，以理解問題發展的因果關係。韋伯認為社會學就是瞭解社會「行為」的科學，以期提出合理的解釋。

韋伯指出，時時感受到外在環境威脅的人，在自身利益的驅使下，無時無刻不在追求物質上的滿足，和在人群中的地位，以及可支配他人的權威，不僅如此，人甚至被其角色和人生的意義，而傷透腦筋，因而在行動上人有很大的分歧性。韋伯將人的「行動」(action) 分出四類理論類型：一、「目的性理性」(purposive rationality) 行動，又稱「工具理性」(instrumental rationality) 行動，指行動者計算得失後，籌謀各種方法以達目的，如橋樑工程師建築橋樑、投機者致力於炒作賺取鈔票皆屬之，現代強調利潤的資本主義以及強調效率的科層管理制度，均是建立在這種為達成目的而經一番考量的理性行動上，因此又稱之謂「經濟理性」(economic rationality)；二、「價值的理性」(value-rationality) 行動，指行動在價值的指導下，為了維護某種價值及榮譽而不計較得失，如宗教和政治方面的行動，大多屬之，有些價值的理性行動可能是資本主義工業社會發展的障礙，但也有某種行動可能受價值理性之啟蒙，進而以目的的理性行動達成；三、「傳統的行動」，指人們依習俗、慣例行動，這也可能成為理性行動的障礙，有些理性行動久而久之也變成習慣的傳統行動，行動者依傳統習慣的作為，不需要目標，

of California Press, 1978. 韋伯著作之摘要選讀：Sam Whimster (ed.), *The Essential Weber: A Reader*, London: Routledge, 2004.

對韋伯的研究：吳庚著，《韋伯的政治理論及其哲學基礎》，臺北：聯經，1993年。

也不須設計價值，亦不需要靠情緒激勵，只要服從那根深蒂固的習俗；四、「情緒行動」，不強調理性與籌謀，而是七情六慾的反應，因此，行動上，往往是上述三種行動排斥的對象。㊻

上述行動的分類，與韋伯思想體系緊密連繫，韋伯藉此解釋當代社會。韋伯指出現代資本主義工業社會的特徵在「理性化」(rationalization) 走向，是目的的理性行動當道的社會，在強調利潤與效率的前提下，經濟產業體系的組織和運作，以及其「科層管理」(bureaucracy) 就是具體的表現，無論對國家或企業的管理，整體上都傾向目的式理性組織，且哲學問題也極端存在化。

新教倫理及資本主義精神

韋伯的社會學思想意圖指出上層結構的價值信仰，也會對行動產生影響，進而影響到社會基礎結構——經濟生產結構的改變。韋伯的《新教倫理及資本主義精神》(*The Protestant Ethic and the Spirit of Capitalism*, 1905) 一書，就被視為是與馬克思主義學說對立的著作，但韋伯強調，他是想補充馬克思主義理論的不足。㊼馬克思認為社會的經濟結構決定了信仰等上層結構；而韋伯則認為，馬克思所謂的上層結構中的新教信仰和倫理，影響出西方資本主義的生產體系。

吾人在此先對新教的源流予以要點說明，請參考下圖。自稱是「上帝選民」的猶太人宗教——「猶太教」，經救世主耶穌 (Jesus Christ) 的宗教改革，創立了救世的信仰——「基督教義」(Christianism)，後被羅馬帝國奉為國教。㊽中世紀末，羅馬教廷融入世俗誘惑與覬覦政治權力所暴露的腐

㊻ Max Weber, *Economy and Society*, op. cit., Vol. 1, pp. 24–26.
　　韋伯對「行動」(action) 的理論見解，對美國社會學大師帕森斯影響深遠。

㊼ 英譯本：Max Weber, *The Protestant Ethic and the Spirit of Capitalism*, translated by Talcott Parsons, with a new introduction by Anthony Giddens, New York: Charles Scribner's Sons, 1976.

㊽ 對猶太教和基督教的發展，可參：王晧昱著，《追逐理想國：政治福音與社會重建》，臺北：韋伯文化，2000 年，第三章「從塵世到天國——末世的政治神

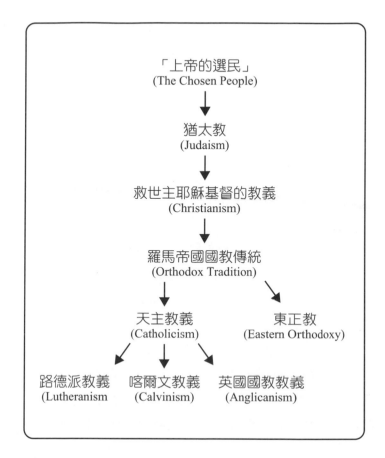

敗，以及教會長久的弊習，激發西歐地區的宗教革命，帶動新教的崛起，使得基督教世界分裂出眾多相對立的抗議教徒——「新教教派」(Protestants)，歐洲社會在信仰上不再像中世紀那樣受羅馬教宗的統領管轄，相繼也出現以各地民族語文翻譯的《聖經》。

新教的主要宗派有：馬丁‧路德 (Martin Luther, 1483–1546) 所創的「路德派教義」(Lutheranism，此一教會中譯為「信義會」)，盛行於今天的德國和北歐斯堪地那維亞國家；喀爾文 (John Calvin, 1509–1564) 所創的「喀爾文派教義」(Calvinism) 則流傳於瑞士法語區、荷蘭和蘇格蘭（「長老會」，Presbyterian Church）等地；❹ 介於羅馬教廷領導的天主教與新教間折衷立

話」，頁 93–154。

❹ 蘇格蘭「長老會」由 John Knox (1505–1572) 所創。1972 年，「長老會」與「公

場的「英國國教教義」(Anglicanism) 則盛行於英格蘭和威爾斯。

　　整體而言，馬丁・路德與喀爾文等所帶動的宗教改革，將羅馬梵諦岡教宗所主導的「普天之下皆應信奉的教義」(Catholicism，過去中譯為「天主教教義」) 民主化，強調教會是信仰者的教會，世人在塵世間等待得救的關鍵在自己，應直接與上帝溝通，而不能僅靠僧侶集團的輔導，或繁雜的宗教儀式來得救。

　　這些新教教派也會因環境的不同，相繼發展出眾多新教的流派 (protestant sects)。遠在路德的時代，在現今的德國就有「再浸禮教派」(Anabaptist sect)，後來發展成「浸信會」(Baptist Church，尤其在美國)，他們反對嬰兒受洗，認為必須成年後、足以瞭解受洗的意義時，才施以洗禮。❺⓿後來英國歷史上十六世紀末和十七世紀，在英國國教的信仰地帶，產生較接近歐陸新教的「清教徒教義」(Puritanism)；「清教徒」批判當時道德的淪喪，主張簡單的宗教儀式和嚴格的道德要求，其中如「教友派」，即「桂格會」(Quaker)，不重教會之禮拜儀式，反對任何形式的暴力和戰爭。❺①

　　韋伯認為，新教教派的教義及其人生觀，帶動資本主義的發展。宗教革命的結果，新教的信仰提供了一種人生觀，認為：虔誠的信仰，比形式的崇拜來得重要；在上帝的計畫中，誠心接受上帝的啟示與感召，重視終身的努力與節制，以期成為上帝的選民；在等待救贖的世俗生活中，不僅要過著儉樸的生活，同時也要勤奮地工作，成為社會的中堅，展現出上帝選民的成就，如此也可消除拯救上不確定的煩惱。

　　生活上新教徒的生活表現出「入世的制慾」和「克己自律」(asceticism) 的精神，認為融入日常生活，在世俗社會中發揮自己的特長、善盡自己的責任，就是榮耀上帝。新教徒相信：凡長期勤勞、節儉、節制，不斷地提昇能力與技術者，皆能培養成專業階級，縱使沒有財富和聲望，也能贏得

　　　理會」(Congregational Church，為獨立教會之聯盟，各教會自主於教會事務) 合併成「聯合改革教會」(United Reformed Church)。

❺⓿　「再浸禮教派」的倡導者：Thomas Muntzer (1490–1525)，以及激烈的改革者 Jean de Leyde (1509–1536)。

❺①　「桂格會」的創始人是 George Fox (1624–1691)。

尊嚴與地位；凡在經濟階梯上不能上升者，通常應被視為是個人的過失，而非社會的責任，那是因為缺乏內在的美德，而表現在外的實像，是怠惰、放縱、浪費和無能所造成的。韋伯認為這種強調在立足點平等的基礎上，自由發展的神學理論和人生觀，激勵了資產階級的事業精神，不僅有利於個人主義的發展，削弱了過去屈服權威的意識，同時也將理性地勤奮工作，視為是符合上帝的旨意。

　　韋伯強調新教的人生態度與資本主義的精神契合，勤奮地工作以尋求財富與利潤，且又儉樸的生活而不浪費財富，將財富再投資，有利導向西方資本主義的發展，因為資本主義就是將未消費的利潤，予以再投資。韋伯指出，在儉樸的生活原則下，將利潤和財富予以儲蓄和再投資的事業精神，不僅擴張、開發和更新了生產設備，且更助長財富的累積，就如同馬克思在《資本論》中所說「累積、再累積，這就是資本主義的法則與箴言」。韋伯指出這種資本主義的事業精神，不同於其他非西方的資本主義模式，西方的資本主義雖尋求可能的最大利潤與財富，表現出競爭的個人主義信念和作為，但它不是藉此享受財富，而是更勤奮地不斷提高生產和效率。後來，韋伯為了支撐其主張，也曾研究中國和印度的宗教，以及古猶太教的信仰，以彰顯新教的倫理。韋伯認為中國和印度未發展出西方式的理性資本主義，最主要原因在於其信仰不同於新教般的倫理與人生態度。然而韋伯也指出，勤奮和財富的累積，以及生產的提昇，雖激勵西方資本主義和工業社會的發展，但與此同時所帶動的「還俗」與「去迷」(disenchantment)走向，也讓新教的信仰逐漸沒落。❷

　　韋伯的主張主要在強調某種人生價值和信仰，也可引導行動，其威力還可帶動經濟體系和社會的變遷。韋伯的這種解釋，並不想替代馬克思的「經濟決定論」，也不是要強調另一種單一因果論，他想指出的是社會經濟的發展，有時也可由上層結構的信仰體系所主導，韋伯也強調一旦資本主義制度建立，後續的發展是客觀環境結構影響信仰，出現信仰沒落的時代。韋伯的研究說明了韋伯方法論的「理解」，也提出影響深遠的社會學問題，

---

❷　新教倫理對資本主義影響的較新研究：Jere Cohen, *Protestantism and Capitalism: The Mechanisms of Influence*, New York: Aldine de Gruyter, 2002.

即世界觀、人生態度，對社會結構和經濟體系的影響。

科層管理制度與「理性、法制權威」

韋伯強調人類社會組織的發展是理性化 (rationalization) 的過程，在現代資本主義工業社會中，最具代表性的制度就是著重效率的「科層管理」(bureaucracy) 體制；只要向工業社會發展，必伴隨著科層管理制度的出現。韋伯指出，如同現代社會的政治走向，「科層管理」制度建立在「法制至上」、或說「法制主導」(legal domination) 的理性基礎上。韋伯認為科層管理制度有以下特徵：一、機構組織內的各單位依規章行事，規章是處理事務的統一原則；二、每一成員在編制內皆負有特定任務，每一組織部門均有明確的分工及權責規範；三、科層組織各部門是層級節制；四、各部門人員皆受過專門訓練，專業知識和技術是組織運作的原動力所在；五、在科層組織中公私分明，辦公處所與成員住所分離；六、科層組織中的人員與資源，依機構內之需要配置，個人不能私自占有；七、科層組織中的行政決策以及規則，皆有文字紀錄以為依據。㊾但吾人必須指出的是，科層管理制度的發展不必然都是正面的，如布洛 (Peter M. Blau) 和默耶 (Marshall W. Meyer) 在其《現代社會之科層組織》(*Bureaucracy in Modern Society*) 一書中，就強調「科層組織之反功能」(bureaucratic dysfunctions)，即科層體系也習於保守，不時抵抗改革，有時也發揮不了效率。㊿

㊾ 韋伯對「科層管理」的多面向分析：Max Weber, *Economy and Society*, op. cit., Vol. 2, Chapter XI, pp. 956 et s.

往目的性理性社會發展的過程中，必然會出現科層組織管理的趨勢，然有四項社會經濟的先決條件：一、貨幣經濟的支持；二、支薪官僚從事本職專業工作；三、國家或社會組織龐大，必須靠科層組織來協調處理內部衝突；四、提昇組織效率的需要。

〈科層管理〉一文，亦見於：Max Weber, 'Bureaucracy', in *From Max Weber: Essays in Sociology*, op. cit., pp. 196–244.

㊿ 布洛和默耶也強調科層管理制度與民主的對立——科層管理制度唯一目標就是講求效率，這與民主理想中強調意見不同的自由 (freedom of dissent)，精神相悖。Peter M. Blau and Marshall W. Meyer, *Bureaucracy in Modern Society*, New

本書第六章論及政治權力及其正當合法性基礎時指出，韋伯認為西方社會政治權威的正當性是由「傳統權威」(traditional authority) 往「理性、法制權威」(rational-legal authority) 轉向的過程。傳統權威致力於既存統治模式的維護，典型的代表即專制的君主政治及其「君權神授」的型態，權力基礎在世襲血緣，安於既得利益和現狀。⑤現代工業社會則建基在「法制至上」的理性基礎上，韋伯稱之謂「理性、法制權威」，其人民要在法律規範下接受權威的領導，政府的作為也要在正當法律程序規範下依法進行，政治上表現出議會政治與政黨政治，這也是資本主義工業社會的特徵。

對工業社會之結語

在前幾節中，吾人要述了現代社會學的開創者對工業社會的解釋，雖「持之有故，言之成理」，但也都是片面的見解、各有所蔽，甚至有些學者只想看到想看的一面，而忽視其不想看的一面。學問上，吾人應尊重各家之理論，但對於現象的認識，應總體宏觀地檢視、比較分析，虛心地不受已有的認識影響，致力避免「偏傷之患」。

吾人從各家理論，可歸納出的工業社會特徵有：如孔德所言，這是「科學實證主義」心態所主導的社會，致力運用科學掌握自然環境，增加經濟繁榮；在這種史木塞所說的「自願合作」的社會中，個人的自主性高，是個人主義的時代和競爭的時代；但社會是以人與人之間的功能互補，來促進涂爾幹所說的「有機團結」，這可由「恢復性的法制」優勢，而非鎮壓性的法制，分辨出來；這種社會行動上是理性化 (rationalization) 走向，尤屬韋伯所指出的，是目的性理性行動主導的社會，利潤、效率與勤奮工作是行事的最高原則，社會在「科層管理」制度的基礎上受「理性、法制權威」的領導，是「法制主導」的社會；但工業社會確有馬克思所強調的階級矛盾與衝突，以及異化的勞動現象，且如列寧所言，資本主義的經濟曾演變為帝國主義的侵略和剝削，將「貧窮銷往國外」。

York: Random House, 3rd edition 1987. 此書第七章論及「科層組織之反功能」。

⑤　Max Weber, *Economy and Society*, op. cit., Vol. 1, Chapter III, pp. 212 et s.

　　除了上述從理論所歸納的特徵外，吾人尚可從文化、思想和政治面，歸納工業社會的特徵。工業社會在文化方面普遍有著「還俗」和「去迷」的走向，思想上也出現百家爭鳴的多元主張，這種言論自由的氛圍有助民主政治的加速發展。然而在廿世紀，工業社會也出現前所未有的權力全面壓頂的「極權社會」，形成與自由主義社會兩相對立的局勢，和意識型態的世紀之爭。相較而言，自由主義的社會是百家爭鳴、不同意見較勁的社會，在政治方面，隨著選舉權的普及，政黨和議會政治的蓬勃發展，社會日趨導向自由、平等、開放的民主憲政；反之，信仰「法西斯主義」和「共產主義」的國家，則在官方意識型態宰制的情勢下，行「一黨專政」、「以黨領國」的極權統治。

　　現代工業社會雖然表面上已卸除舊帝國主義的侵略形象，其殖民地得以解放，但代之而起的新型態經濟剝削威力，並未式微。此外，工業社會也呈現出人類的歷史暴露在快速變遷的環境中，人們無力全面理解或控制社會的變遷。

第八章　對當今「後工業社會」之反思與批判

第一節　「後工業社會」

廿世紀後半，當自由主義與共產主義為全球帶來兩極化對立之際，美國以及戰後迅速復建的西歐社會，變得空前富裕。到了 60 年代初，當世界上的其他國家積極邁入工業化和西化時，無論在民主政治或科技發展方面，均為領先的歐美工業社會，已呈現出前所未有的繁榮和新景象，其社會結構與過去相比，或對後來 70 年代新興的工業化國家而言，有著全面顯著的不同，進入所謂「後工業社會」(post-industrial society)。

天天面臨著科技革命和未來震撼的歐美社會，必然也衍生出前所未有的新的困境與難題，如經濟的擴張和產業結構的改變，也帶動社會對立與衝突型態的變化，這是過去學者解釋工業社會時，所沒有預料到的。「後工業社會」的結構變化，以及前所未有的社會現象，尤其突顯馬克思主義學說業已過時，不僅需要新的理論解釋新的局面，同時更有賴新的處方來解決新的難題，如馬克思主義所強調的階級對立與衝突，在「後工業社會」只是社會矛盾和衝突的一種。

此外，如僅著重經濟富裕來解釋後工業社會，則過於草率，因為問題不那麼簡單。在後工業社會中，人們已無法有效控制經濟與科技的發展走向，科技與經濟的發展是以自屬的邏輯飛躍發展：科學以製造核武和帶動武器競賽，以及破壞生態環境的發展，背叛人類；資訊和科技進步所帶動的消費經濟，物化人類，污染環境，導致人類社會無法控制切身的走向，天天面臨著「後工業社會」的壓力。

經濟成長的階段

對於新型態的社會，學者試著給予新的界定，如羅斯陶 (Walt W. Rostow, 1916–2003) 在其《經濟成長的階段》(*The Stages of Economic Growth*, 1960) 一書中，以經濟學的觀點，稱此種社會為「群眾高消費的社會」，並指出社會發展的五個理論階段：一、傳統社會 (the traditional society)；二、起飛前的階段 (the preconditions for take-off)；三、起飛期 (the take-off)；四、轉向成熟 (the drive to maturity)；五、群眾高消費時代 (the age of high mass-consumption)。❶ 然從羅斯陶的理論見解可看出，羅斯陶有孔德學派的身影，倡言落後國家和先進國家人民在本質上並無根本差異，社會也會往相同的方向發展，因此往工業社會發展是任何社會都不能避免的方向；相信第三世界落後國家，只要能吸取西方先進國家的發展經驗和產業技術，終究可以達到先進國家發展之境界。但這種「發展理論」後來遭受到「依賴理論」(dependency theory) 的質疑和批判，如 Paul Baran, A. G. Frank, Samir Amin, Dos Santos 等人就認為，眾多的「落後國家」(less developed countries, LDCs)，與「發達的資本主義國家」(developed capitalist countries, DCs) 間的差距，反而愈來愈大，落後國家不僅持續被剝削，而且其發展也受制於先進國家的「制約」，太多落後國家的發展只在增長「依賴」，相對地更提昇了先進國家的擴張力。❷ 因此，在「依賴理論」的警惕下，新左派的知識分子一向反對所謂「全球化」(globalization) 的發展。

羅斯陶在其《經濟成長的階段》一書中指出，歐美國家已進入群眾高消費的時代，家庭生活用品，如冰箱、洗衣機、電視機成為家庭基本配備，且服務業變成經濟的主要領域；在這種高生活水平的群眾高消費社會中，由於已超越滿足溫飽和健康的基本需求，因而人們生活上致力追求舒適、

---

❶ Walt W. Rostow, *The Stages of Economic Growth: A Non-Communist Manifesto*, New York: Cambridge University Press, 1st published 1960, 3rd edition 1990.

❷ 對「依賴理論」學者的論點，有系統的比較評述，可參：B. N. Ghosh, *Dependency Theory Revisited*, Aldershot: Ashgate, 2001.

品味、休閒、和文化方面的滿足。

從 60 年代開始，除羅斯陶的「群眾高消費社會」外，眾多社會學者為了指出歐美社會之發展有別於傳統的工業社會，紛紛予以命名，以茲區別。同時期的加爾布雷斯 (John Kenneth Galbraith)，將歐美社會稱之謂「富裕的社會」(affluent society)；❸ 另外，米爾斯 (C. Wright Mills)、馬庫色 (Herbert Marcuse) 等人，稱之謂「先進的工業社會」(advanced industrial society)；❹ 德國社會學者達倫道夫 (Ralf Dahrendorf) 則稱「後資本主義社會」(post-capitalist society)；❺ 美國社會學者貝爾 (Daniel Bell) 率先稱之謂「後工業社會」(post-industrial society)。❻ 以後社會學界也普遍習慣以「後工業社會」來泛指歐美社會的發展情勢，以區別傳統工業社會。

後工業社會之來臨——第三產業優勢

貝爾在其《後工業社會的來臨》(The Coming of Post-Industrial Society) 一書中指出，「後工業社會」之前的工業社會——「前工業社會」(pre-industrial society) 的體質是「開採型經濟」(extractive economics)，致力農業、礦業、漁業、林業等自然資源之開發，並以此為經濟基礎，發展製造業；而轉型為「後工業社會」，並非是揚棄先前「工業社會」的一切，就如同工業社會不能去除經濟中的農業領域一樣。貝爾指出「後工業社會」呈現出頗多特有的基本特徵：一、社會的發展受可實際運用的理論知識主

❸　John Kenneth Galbraith, *The Affluent Society*, Boston: Houghton Mifflin, originally published 1958, 4th edition 1984.

❹　Herbert Marcuse, *One-Dimensional Man, Studies in the Ideology of Advanced Industrial Society* (1964), with a new introduction by Douglas Kellner, London: Routledge, 2nd edition 1991.

❺　Ralf Dahrendorf, *Class and Class Conflict in Industrial Society*, Stanford: Stanford University Press, 1959. 在此書的第七章中，達倫道夫分析「後資本主義社會」的階級。

❻　貝爾在 50 年代末就率先使用「後工業社會」這個名詞，60 年代先後出版二本有關「後工業社會」的著作。1972 年出版的《後工業社會的來臨：對社會預測的探索》一書中，對後工業社會的現象和理論作出較完整的闡述。

導；二、開創出有效解決經濟和運籌問題的「知識科技」(intellectual technology)，以期有計畫的發展和因應未來；三、社會中知識階級擴張，貝爾預測廿一世紀科技和專業的從業者將領先其他職業族群；四、經濟上，由過去製造業主導的經濟，轉向服務業優勢的經濟；五、工作特質改變，在農業社會中人類從自然界取得生活物資，受到自然環境的侷限，在工業社會中，人類為生產競爭，受到生產機器的侷限，但在後工業社會中，絕大部分的工作是「人際間的賽局」(game between persons)——如科層人員與當事人、醫生與病患、老師與學生之間，或從屬研究單位、公務單位、服務機構等，在其工作經驗和日常例行事務中，人必須學習如何與他人生活相處；六、女性角色提昇，職業婦女增加，在經濟上獨立自主；七、自由的科學研究，積極滿足技術、軍事和社會的需要；八、從屬團體成為政治上的利益或壓力團體；九、在功績褒獎制度下，尊重個人的成就；十、匱乏總會困擾人類社會，在後工業社會中有新類型的匱乏產生，除物品的匱乏外，還有資訊和時間的匱乏，「經濟人」的工作壓力，以致還有休閒時間的匱乏；十一、出現資訊經濟，資訊成為社會重要的資產，資訊產業成為經濟學者和政府決策者所必須重視的領域。❼

　　從貝爾的見解和主張中可看出，貝爾也帶有孔德社會學思想的影響，呈現「知識決定論」的見解。但「後工業社會」的複雜性不是學者貝爾一人所能掌握的，然西方學者普遍注意到經濟的擴張和結構的改變，使得「後工業社會」出現眾多特有的現象，如「第三職業類別」——即服務業 (service sector) 人口占絕對的多數，超出從事工業和農業的勞動人口，此一事實根本動搖了馬克思主義的學說；社會職業人口的結構性改變，使得馬克思「無產階級革命」的理想，失去了著力點。

　　後工業社會中，產業經濟活動的優勢，從第一類產業——農業及第二類產業——工業，轉移至第三類產業——服務業居優勢，任職銀行、信託、保險、交通、商業、自由業、和休閒文化等行業的人口，占工作人口和國

---

❼　這是貝爾在 1976 年版的序言中，進一步要點補充和歸納了後工業社會十一項新面向 (new dimensions)。Daniel Bell, *The Coming of Post-Industrial Society: A Venture in Social Forecasting*, New York: Basic Books, 1976.

民生產毛額的絕大部分。隨著科技和自動化技術的進步，藍領階級——勞工的人口落後於「新的白領階級」。

法國學者戈爾茲 (André Gorz) 在其《向勞工階級道別》(*Farewell to the Working Class*) 一書中就指出：馬克思以十九世紀的時代背景所預測，要改造資本主義社會的革命理想，已全然破滅，目前的情勢是，不僅無產階級沒能推翻資本主義體制，反而資本主義的成熟更壓縮勞工階級的角色。 ❽ 同時期，瑞典學者伊默斯唐 (Ulf Himmelstrand) 等在其《超越福利資本主義》 (*Beyond Welfare Capitalism*) 一書中，則提出「擴張的勞工階級」('extended working class') 概念，強調傳統產業——煤鋼、造船、紡織業等雖面臨萎縮，但在新興產業中，大多數的從業人員是半專業技能或無專業技能者，這些不易歸類的從業人員，雖不是藍領勞工，卻可算是「白領勞工」，因此所稱的「擴張的勞工階級」包括了所有從事一般例行業務 (routine jobs) 的工作人員：除了藍領勞工外，還包括白領勞工和服務業勞工；他們雖任職於不同職業類別，但「新的無產階級」(neo-proletariat) 卻以「擴張的勞工階級」風貌展現。 ❾

「擴張的勞工階級」是一種說法，但這種「新的無產階級」——形容上的修飾語，比著馬克思所說的「無產階級」，已在根本上有著質變，其內部勢必隨著性質上所發生的變化，各依自身利益所趨，發展出多元化的職業團體，為自己的利益競行發展，是否有馬克思所說的「階級意識」或革命的意識，這可是一項令人持疑的事實。至於資本主義的成熟，是否更壓縮勞工角色的問題；對此，吾人認為，在分工細密且開放競爭的社會，成熟的資本主義無法全面壓縮勞工的角色，真正成熟的資本主義是要與勞工適當的妥協，政府也要從中扮演積極的角色，化解勞資之間的矛盾與衝突，尋求利益的平衡，這也是「新組合主義」(neocorporatism) 的重要內涵。社會就是在矛盾與化解衝突中，持續發展。

後工業社會除有社會職業人口的結構性改變外，工作壓力的增加、時

---

❽　André Gorz, *Farewell to the Working Class*, London: Pluto, 1982.

❾　Ulf Himmelstrand and others, *Beyond Welfare Capitalism*, London: Heinemann, 1981.

數之縮減，以及退休年齡降低和老人問題等的矛盾，都是不容忽視的社會新議題。再者，教育體系前所未有的擴張，學習時間的延長，在職進修、訓練、和推廣教育的普及等，在在使得後工業社會的人，天天面臨著成長的壓力。

全方位管理——技術專家當道

後工業社會隨著經濟結構的改變，為追求效率，管理上也出現力求標準化、規格化的「超管理」現象，而且是在新的寡頭體——「技術結構群」(technostructure) 的控制下。

先進的工業社會已導向一種「全方位管理」(total administration) 的社會。這種全面管理的「科層組織現象」(bureaucratic phenomenon)，體現在龐大的公私組織體系，如政府行政單位、軍隊、國營企業、民營大企業及工業生產單位。這些組織為了有效運作，需要將基本成員像機器零件般的標準化、規格化成「組織人」(organization man)，屈服於科層管理機制之必要規定。從過去的冷戰時期，兩陣營皆突顯出依賴技術官僚結構群的現象，無論是政府單位或經濟生產領域，人們要屈服於機器內的機器——技術專家及「技術結構群」的領導。在科學與技術飛躍的時代，知識變成權力的關鍵，社會自然地將權力託付給技術專家。

加爾布雷斯在其《新工業國家》(*The New Industrial State*, 1967) 一書中，探討美國經濟體系的同時，指出傳統經濟上的自由主義分析業已過時，提出「技術結構群」(technostructure) 的見解，指出資本家不再是企業的主權者，被動的股東也無力干預企業之運作，每一企業被「技術結構群」集體領導，它包括執行長、部門主管、市場專家、公關主任、會計和法律專家等，加爾布雷斯命名為「技術結構群」。⑩加爾布雷斯指出，為因應企業競

---

⑩　John Kenneth Galbraith, *The New Industrial State*, Boston: Houghton Mifflin, 4th edition rev., 1994. 中譯本：加爾布雷斯 (John Kenneth Galbraith) 著，譚天譯，《新工業國：企業經營者如何左右經濟與政治大局》，臺北：智庫文化，1997 年。有關「技術結構群」，見《新工業國家》一書的第六章。

爭、財務管理、生產銷售、市場變化、技術發展、以及勞資關係而出現的「技術結構群」，成為現代企業營運的必要組織，取代企業家和企業所有人的權力，成為企業的指導和經營者，現代巨型公司的總裁只不過是「技術結構群」選定的名義領導人。

在新社會中，資本和股份的持有者，與企業實際經營者分立，經營的實權轉移給技術結構群來負責；對於技術結構群以外的人員而言，由於資訊的缺乏，愈來愈不能參與決策的過程。因此在大企業中，技術結構群的權力是絕對的，股東對公司只有形式的權力，只是慶典式的聚集在一起，來追認技術結構群的決策，而技術結構群只要能滿足股東們的收益即可，企業的成長也會增加技術結構群自主權力的鞏固和運籌的空間。

相對於此，加爾布雷斯指出，在新社會中，消費者也不是市場的主權者，被塑造的消費需求和消費習性，都是為滿足「技術結構群」的原創力。異於往常，技術結構群為了保障企業的成長，不再被動地侷限在市場的要求或追隨「消費者主權」(consumer sovereignty)。過去在市場上是消費者決定對某種商品或服務的偏好，是需求決定產銷；現今，技術結構群將自由市場的經濟運作的程序倒轉過來，加爾布雷斯稱之為「修改的順序」(revised sequence)，在計畫程序下，不惜以鉅資投入商品之宣傳和促銷活動上，透過宣傳來塑造消費者的需求和消費習性，將消費者置於接受產品與價格的情勢下。尚德萊 (Alfred D. Chandler) 因而認為，當今社會，從亞當‧史密斯所謂市場中「看不見的手」，變成「看得見的手」(the visible hand) 在主導。⑪

遠在廿世紀 30 年代，面對世紀的「經濟大蕭條」(Great Depression)，美國羅斯福總統 (Franklin Roosevelt, 1882–1945, 1933–1945 任美國第三十二任總統) 推展「新政」(New Deal) 之時，曾指出美國的經濟活動操縱在六百個大企業的手中，它們控制了美國三分之二的生產；假若以此種比例持續下去，再過百年，美國的工業將由十多個大集團所集中控制，操控的人可能只有百人。簡言之，羅斯福總統擔心美國走向「寡頭經濟」之途。但羅斯福總統所擔心的情勢並未改善，如加爾布雷斯就強調，美國是被二千個左右的大企業集團所控制。

⑪ Alfred D. Chandler Jr., *The Visible Hand: The Managerial Revolution in American Business*, Cambridge (Mass.): Belknap Press, 1977.

　　由於消費者已淪為生產者的玩物；因此，加爾布雷斯認為，當代的社會是不理性的，因為所謂合理的經濟生產體系，應該是指經濟體系本身合理化地建基在人的需求上，然而當前情勢是，「需求」被人工的宣傳所擺弄，太多的商品是不必要的，甚至是明顯有害的，這種消費文化對自然環境所帶來的惡化也是有目共睹的，經濟生產體系將其自己所認為的合理性——應說是不合理性，強加於社會大眾。而且分享同一市場的各大企業集團，其技術結構群間也達成某種默契——避免有害的競爭。

　　大企業集團不僅設法塑造消費者的需求，也設法影響政府的政策和行動，甚至在技術結構群的計畫程序下，與政府部門間形成了「共生關係」(interbureaucratic symbiosis)，尤其軍火工業的技術結構群與美國航太部門或「五角大廈」(Pentagon) 的技術官僚間有著同類意識，使得情勢更為惡化，他們不時為美國增加國防預算、研發新武器和飛彈防禦系統辯護。❷加爾布雷斯指出，政府明顯的將大量的預算揮霍在科技工業、超音速交通、國防工業等的研發上，讓資金和技術注入國防工業；相對地對社會福利以及民生最基本的需要，如環境衛生、健康、城鄉道路、義務教育、博物館興建等等，總是推諉經費困難，這是因為某些情勢有利於技術官僚結構群的利益，反之在他種情況則無利益可言。這讓人們想起過去美國艾森豪總統（Dwight D. Eisenhower, 1890–1969，於 1953–1961 年，任美國第三十四任總統）的警惕，令人們注意到「軍事、產業複合體」(military-industrial complex) 的存在，以及他們所展現的「鷹派」見解。❸

　　加爾布雷斯認為「技術結構群」的當道是資本主義和社會主義兩陣營皆有相同的走向，都依賴技術結構群，而且，除了經濟領域的技術結構群，在國家管理方面，政府組織內也存在官僚化的技術官僚結構群，其勢力更不容忽視。長久以來，圍繞於行政權的高級文官與專家，面對龐雜而又高

---

❷　有關「共生關係」，見加爾布雷斯《新工業國家》一書的第廿七章。

❸　曾擔任美國兩屆總統的五星將軍艾森豪,在其被視為是戰後最具啟發和警惕意義的卸任演說中強調：美國社會要避免國防部門與大企業，在相互利益的勾結下，以國防為理由，不斷地要求增加軍事支出；這種增加會造成一國有限的資源無法合理地運用在其他領域。

度技術性的問題，如經建計畫、社會改革等細節，政府依靠他們的專業評量，由於他們參與決策，因此明顯地具有政治影響力。

今天在歐美民主政治社會，「技術官僚統治」(technocracy) 是指專家藉助其專業知識和技術才能取得權力，即從傳統政治人物職權中，將部分權力予以充公在技術官僚手中，在政治決策過程中有著關鍵的影響力。然這種強調理智與效率當道的技術官僚，在日新月異的時代，更容易剝奪政治人物的權力，且鄙視群盲大眾；但技術專家有時也因專業立場和觀點的侷限而誤判，導致社會要付出巨大的浪費和損失。早期，加爾布雷斯在《新工業國家》一書中，也偏重於「技術結構群」的高能力，後來他修正這種見解，這在其四版前言中特別提及，承認過去的忽略，並進而強調「技術結構群」不一定就是品質、才能和成效的保證，如同其他組織一樣，他們不僅會保守、反動，也大有腐敗的可能。

第二節　後工業社會的政治現象

後工業社會在政治方面也出現一些前所未有的特殊現象，首先是「去意識型態化」(desideologization) 的現象。

去意識型態化

在後工業社會中，意識型態變得不像過去那樣形成尖銳的對立鬥爭態勢，而有「去意識型態化」的走向。貝爾在其《意識型態的終結》(*The End of Ideology*, 1960) 一書中指出，後工業社會的政治變得更庸俗化，人們天天忙於現實事物的處理，著重眼前的經濟成長曲線，十九世紀興起的意識型態皆已筋疲力竭，烏托邦式的遠景理想已近垂死，過去因為物質匱乏所造成的社會階級對立，以及所衍生的學說論戰情勢不再，社會主義的理想部分被採用，且無人再支持放任的市場經濟運作，各方均強調走中庸路線，以致社會中的爭執不再是對立的零和選擇。比著以往的對立衝突情勢，在大原則上社會變得有了共識，以致主要差異在社經議題的技術解決方案和

先後順序。貝爾指出：「在西方世界⋯⋯對於政治問題，知識分子間有一種粗略的共識，那就是——接受福利國家，要求地方分權，期望一種混合經濟以及政治多元 (political pluralism) 的體制。就這種意義而言，意識型態的時代可以說是結束了」。⑭在其書 2000 年版本的前言〈新世紀歷史的重新開始〉(The Resumption of History in the New Century) 一文中，貝爾認為隨著「共產主義的終結」(the end of communism)，歷史也開啟新的篇章，雖卸下沉重的意識型態包袱，卻回歸到傳統的族群和宗教信仰衝突。貝爾認為，全球經濟持續往一體化發展的同時，世界也正面臨著「政治的塊狀化」(political fragmentation)——多極的對立。

事實上，早在二十世紀 50 年代中期，頗多學者就曾探問是否處在「意識型態終結」的時代。如阿宏在其《知識分子的鴉片》(L'Opium des Intellectuels) 一書結語中，就以「意識型態時代之終結?」(Fin de l'Age Idéologique?) 為題。⑮學者所說的意識型態的終結只是對社會現象的一種議論。現今共產陣營雖已解體，然而即使在今天，認為意識型態處於終結的局面是一種專斷的見解；只能說某種意識型態的沒落，尤其是共產主義。事實上，當道的自由主義，或反共產主義、反社會主義也都是一種意識型態，即使強調「不過問政治」(apolitics) 的非意識型態 (non-ideology) 也可成為一種意識型態。

在現今的開放社會中，隨著教育水準的提昇，以及社會價值、組織、和權力結構的多樣化，使得意識型態的競爭，不像以前那麼毫不容忍的對立，意識型態持續生存的社會心理條件也有助於它的多樣化。在開放社會中，不僅宰制的單一意識型態不易存續，而且由於傳播媒體的多面運用，一切走上檯面化，使得開放的競爭，淡化了對立的氣勢。反動的保守主義或急進的社會主義，在快速變遷的時代，都做了因應時代的修正，如果說意識型態已終結，不免令人誤解，是否有意或無意地，替現實的體制——

---

⑭　Daniel Bell, *The End of Ideology: On the Exhaustion of Political Ideas in the Fifties*, Cambridge (Mass.): Harvard University Press, 2000 (originally published 1960; revised edition 1965), pp. 402–403.

⑮　Raymond Aron, *L'Opium des Intellectuels*, Paris: Calmanny-Lévy, 1955.

自由主義做辯護，也變成了保守主義的化身。吉拉斯在《新階級》(*The New Class*, 1957) 一書也曾論及「意識型態的黃昏」(the twilight of the ideologies)，如他在之後的《不完美的社會》(*Unperfect Society*) 一書中所指出的：意識型態，尤其是顛覆二十世紀的馬克思主義意識型態的沒落，並非象徵著人類思想和意識型態的終結，相反的，在意識型態的廢墟中，散播下新的種子，助長新的思想和意識型態萌芽。**⓰**

　　總之，「去意識型態化」是後工業社會中的一種現象，但不是意識型態的終結，這種現象能持續多久，尚待觀察。由於當前人們大都偏重於眼前的財經議題，使得社會意識型態的對立不嚴重，且鬥爭度低；因此，在現今的民主社會中，意識型態的政黨、群眾性的政黨沒落，出現「去偏執」、「去急進化」(deradicalization) 的現象，使得各黨派在選民至上的遊戲規則下，勢必要緩和和修正過去所堅持的對立主張，致力拉攏中間選民，來取得執政的機會，以致必須向「全面爭取選民的政黨」調整體質。

傳統工會勢力與群眾政黨的沒落

　　在「後工業社會」中，不僅傳統政黨要調整體質，傳統工會勢力也必須因應新的局面。加爾布雷斯在其《新工業國家》一書的四版前言中，就相當滿意於過去對工會勢力式微的預測。由於經濟的擴張和產業結構以及就業型態的改變，工會組織對服務業及行政事務人員的號召力，遠遠落後於對勞工的號召力，且美國雷根政府和英國柴契爾政府時期，都曾致力約束工會的權利，再來 80 年代後失業率的攀升，以及來自先進的日本與新興的工業國家的雙向競爭，這些因素都削弱了歐美國家工會所能施展的政治壓力。

　　相對於工會勢力的式微，後工業社會在政治方面的另一新現象就是傳統政黨的沒落，即群眾性政黨及意識型態政黨的沒落。

⓰　Milovan Djilas, *Unperfect Society*, London: Unwin Book, 1969, p. 41. 吉拉斯還強調，「思想觀念有如吸血鬼，在產生它的世代和社會條件都已消失後，還能存活下去。」(p. 12.)

　　政治競賽的重要對手是凝聚政治人士、整合人民意見、和研擬行動綱領的政黨。在歐美國家中，紀律嚴明、集權傾向、並致力動員社會大眾的群眾政黨，最早是隨著選舉權的普及，為保障勞工階級利益而發展出來的。這種群眾性政黨是強調黨員與同類意識的政黨，同時也是偏重意識型態的政黨。

　　進入 60 年代後，如基克埃默 (Otto Kirchheimer) 所言，社會的經濟條件和產業結構的變化，勞工人口成長的停滯及其質量的變化，以及全民教育的普及、福利政策的推展、和人民生活水平的提昇等客觀時代環境因素的影響，使得人民的政治態度著重現實，這也造成意識型態之沒落，這些因素都迫使偏重意識型態的群眾性政黨，必須配合時代環境的改變和社會的多元化發展，以及選民態度的轉向，要在體質上脫胎換骨，往「囊括型政黨」(catch-all-party) 蛻變，以適應新時代、新環境的要求。❼

　　在先進的工業化社會中，階級的矛盾和衝突只是社會眾多矛盾衝突的一種，之前對社會理想之差異，所形成的意識型態對立和政治鬥爭已成過去，人們重視的是眼前的經濟成長和各自的利益，以致在快速變化的經濟和開放社會環境中，所突顯出的新社會現象是，多樣的利益矛盾激起多元勢力的較勁。在這多元勢力較勁的開放社會中，各類利益團體的角色高漲，以致負責利益聚合的政黨組織，隨著黨員意識的沒落，從而調整政黨體質，強調柔性結構，以致訴求的理念變得寬鬆、意識型態變得模糊，選戰的目標不再局限在號召黨員，而轉向全體選民，不再空守八股教條，轉而強調立即的利益，以滿足各階層和各職業類別的需要，因而政黨普遍往「全面爭取選民的政黨」調整體質，或如夏洛 (Jean Charlot) 所稱的是「選民的政黨」(*parti d'électeurs*; party of electors) 或「選舉機器黨」(*parti machine*) 當道。❽此種政黨體質的變化，尤其在兩黨制的國家，兩大黨變得出奇地相

❼　Otto Kirchheimer, "The Transformation of Western European Party Systems", in Joseph LaPalombara and Myron Weiner (eds.), *Political Parties and Political Development*, Princeton (N.J.): Princeton University Press, 1966, pp. 177–200.

❽　Jean Charlot, *Le Phénomène Gaulliste*, Paris: Fayard, 1970, pp. 63–66. Jean Charlot (ed.), *Les Partis Politiques*, Paris: Librairie Armand Colin, 1971, pp. 213–218.

似，政見的內容和選舉的招數也愈來愈庸俗化，以討好選民。

壓縮議會政治──理性化國會

　　在後工業社會，價值的沖蝕使得政黨的政綱和辯論的訴求，已引不起選民的興趣，令人眼花撩亂的宣傳和選舉招數，經大眾媒體的誇大宣傳，造成選舉的風氣是選人而不是選黨，此種情勢也必然影響到民主政治的文化。政治人物利用大眾傳播媒體作秀的結果，政治在某種程度上成了「演藝事業」，政治人物的曝光率不亞於演藝明星。

　　在此種情勢下，早自二次大戰後，已面臨情勢危急的議會政治，在後工業社會和技術專家當道的情勢結構下，更加速其地位之弱化，造成議會政治被壓縮之重要原因，可約略歸納出以下幾點：❶一、有「理性化國會」(rationalized parliament)、或說弱化國會的發展走向，為鞏固行政權、而壓抑立法機關的職權和功能，普遍是二次大戰後新憲法的重要精神，如《德意志聯邦共和國基本法》、《法國第五共和憲法》等都是顯著的「理性化國會」設計；二、在多元勢力較勁的開放社會中，有著眾多的民主政治議政場所，不再由國會所壟斷，以致代議政治之代表性和壟斷情勢就有很大的變化，社會中各種政治勢力和壓力團體，透過大眾傳播媒體展開頻繁的辯論，群眾運動或學術集會、或民意調查等，都是新的議論中心；三、在科技文明時代，技術問題日益複雜，對事務之有效處理，以及迅速之決策或立法，在在要求專業才能，以致政府的決策和立法過程，均仰賴政治、財經、行政、科技、環保、以及公共衛生等領域的技術專家，欠缺資訊與分析資訊能力的民意代表，就無法只靠自己的才能，審查各種議案中的複雜細節，事實上絕大部分的立法草案是來自行政部門，而且一般說來議員也總是被動行事。

---

❶　Cf. Roger-Gérard Schwartzenberg, *Sociologie Politique*, Paris: Montchrestien, 1977, pp. 354–358.

單一議題的政治

後工業社會的社會矛盾和對立型態有很大的變化，隨著時代的改變，「階級屬性的政黨」(class-based political parties) 也早已過時，相對於「階級政治」(class politics)，現今被切身的「單一議題政治」(single-issue politics) 所取代，或說「總體政治」(macropolitics) 被「微體政治」(micropolitics) 所取代，普世的學說和意識型態信仰──「大敘事體」都有所衰竭。傳統的政黨政治被致力積極整合的「想像的社群政治」(the politics of imagined communities) 所取代，這些社群匯集利益、情感、信仰、理念相同者，施展「壓力政治」，因應所面對的、或可能的威脅。一般說來，絕大多數的社群心理上非理性和情緒的感受重於理智，其間的爭執有著持續修飾的語言遊戲 (the language game)，說好聽些是一種「對話的民主」(dialogic democracy)，任何政治議題某種程度上都經過語言遊戲來化解，使得民主社會處於繁雜秩序，人們對於政黨也因議題的不同，而改變對黨的認同。

後工業社會的政治，有著單一議題運動較勁的政治現象 (the politics of single issue movements) 現象，不時興起單一議題的「新社會運動」(new social movements, NSMs)；任何議題都可開放議論、協商，任何秩序都可能成為改革的目標。由相同的職業、信仰、族群，或其他共同利益所構成的新社會運動團體，皆認為自己所屬的社群才是正確、真實而又美好的社群 (aesthetic communities)，以致容易造成非理性和情緒因素所導致的吵雜局面；活躍的社群意識突顯當代社會，為各自的利益較勁。❷⓿

第三節　對後工業社會之批判

後工業社會雖也不乏可歌頌的成就──如民主憲政的成長，但社會的

---

❷⓿　論及當代社會和新社會運動的發展，可參：Shaun Best, *Introduction to Politics and Society*, London: Sage Publications, 2002, Chapter 3: Postmodern Politics, pp. 40–77.

生活情勢，並無多好的名聲，社會中更突顯出多樣的矛盾和衝突。在科技發展日新月異的時代，科技的成就雖有改善人類生活的物質面，但人類並未因科技的成就而變得更為快樂；事實上，科技是以自主的邏輯發展，人已不由自主，只能尾隨著發展的招引前進，也讓人類對於科技的未來充滿了畏懼和不安。造成這些負面現象的原因，仍然要歸咎於人類，因為人類對自己所推動的現代革命，並不能掌握其意義和走向。

在這「群眾高消費的社會」中，「文化工業」(culture industry) 所造就的「大眾文化」(mass culture)，實際上也是在戲弄大眾。商品化的「大眾文化」操弄社會大眾——消費者的習性，商業精神和市場利潤自始扭曲了大眾文化，人們追求的是無用的擁有和炫耀的滿足，吃的、喝的都是廣告，消費上永遠處在飢餓狀態，無知、無情和無判斷力地在不實的消費。

後結構與後現代主義的思想家博德里拉 (Jean Baudrillard, 1929–2007，又中譯為布希亞) 指出，當代社會大眾媒體之角色，以及投入鉅資的廣告宣傳文化，都是導致現代人異化的工具。博德里拉認為大眾社會的特徵就是大眾在文化方面的魯鈍，以及對政治的冷漠，他認為大眾文化是一種腐敗的文化。「消費社會」承襲傳統資本主義的剝削本質，生活消費上讓現代人陷入商品上市系統的擺弄，被短暫的流行和時尚所主導，消費社會讓人變得日益膚淺；在政治方面，由政客造弄議題，利用媒體來操弄群眾，換得群眾的縱容和強固的支持力，此種情勢助長民主政治文化的庸俗和政治的擺弄。㉑

在日益急遽的後工業社會生活步調中，人們默認周遭環境變化的同時，也只有無奈的適應，以冷漠或虛偽的態度，觀看浮世——有如觀看綜藝節目。隨著個人主義的高漲和價值的紊亂，也出現如家庭關係鬆動等社會現象。每個人依自己意願生活的自由，改變了人的思想和行為模式，讓人體會到自由也會為自己帶來另類痛苦，情感就是社會變遷中令人深刻的心理感受，性的解放已使愛情異化為情慾意涵——愛就是性，性趣的消失，就

㉑　Jean Baudrillard, *Jean Baudrillard: Selected Writings*, edited, with an introduction by Mark Poster, Stanford: Stanford University Press, 1988. Jean Baudrillard, *The Consumer Society: Myths and Structures*, London: Sage, 1998.

是愛的解體。70 年代以來，結婚率的降低和離婚率的急遽上升，導致單親
家庭也相對地增加；離婚與再婚的結果，眾多的孩童不再是生活於由親生
父母一起伴隨成長的家庭中。這些都是先進工業化國家相繼出現的相同變
化。

「異化」或說「喪己」──當代社會的心理特徵

　　在後工業社會，人的「異化」(alienation) 現象，反而更形惡化。在現
實生活中，人們喪失了個體性與自主性，在愈來愈物化的環境中，人也愈
來愈配置在規格化的框架中。在一切強調效率與全方位管理的社會中，新
的組織運作型態替代了舊有的傳統；在這種情勢下，人們體會到人有如龐
大機器中的零組件，被標準化、規格化，這種被異化的心理疼痛，有持續
惡化的走向。

　　佛洛姆 (Erich Fromm, 1900–1980) 在《論健全的社會》(*The Sane Society*,
1956) 一書中指出，精神上的「異化」是當代社會的心理特徵。人在社會中
體驗到自己像個異鄉人，被異化也就是物化到連自己對自己都感覺陌生，
心靈中充斥著無助感，無法感受到自己是自己軀體的主人，自感是一種貧
乏的物，必須依賴身體以外的物質來反應生活的實質，每個人對他人而言，
也都是物品，在虛偽的人際關係中，充斥著距離與冷漠。㉒

　　「異化」是很有啟發性意義的概念，意謂變成或是物化為另一物，這
種自我揚棄，或心理上持續性自我疏離的過程，抹去了自己真正的人格。
經過這種貧瘠化的折磨後，異化者完全無意識的情況下變得對自己生疏，
忘卻了自己的生性本質，已不再能自由、自在、自主地生活。現實的社會
很難讓人對此種異化、疏離的情勢，發揮質疑的能力。

　　習慣上，'alienation' 一字中文譯為「異化」；然吾人建議譯為「喪己」，

㉒　Erich Fromm, *The Sane Society* (1956), with a new introduction by David Ingleby,
London: Routledge, 1991, pp. 120–122.
最先由馬克思所指陳的 'alienation' 一字，德文是 *'entfremdung'*，源自法文
'aliéné'──意指精神不健全或精神錯亂者，有著心理退化的現象。

蓋我國先秦思想家所謂之「喪己」，最能道破 'alienation' 的內涵。如莊子「悲人之自喪」，自喪就是自失其真，失喪己性於俗，如「弄虛名」、「以物易己」都是自喪其真。㉓莊子警惕人應「不以物易己」——即不因外物而改變自己的本性，「物物而不物于物」——用物而不為外物所役使。莊子也稱因追逐外物而失卻自己，或因為世俗而喪失本性的人，都是「倒置之民」——「喪己於物，失性於俗者，謂之倒置之民。」㉔

西方馬克思主義的思維

冷戰初期，歐陸「西方馬克思主義」(Western Marxism) 的思想相當活躍，他們的思維至今仍引領著所謂「新左派的知識分子」。「西方馬克思主義」的思想家，如盧卡奇 (George Lukács, 1885–1971)、葛蘭姆西 (Antonio Gramsci, 1891–1937)、以及法蘭克福學派 (Frankfurt School) 的思想家，他們傾向從黑格爾化的人本主義和「唯意志論」(voluntarism) 的觀點，以及馬克思早年的思路，來重新建構馬克思主義，不再偏執於經濟決定論，強調社會整體性 (social totality) 優於組成結構，從社會整體去理解各組成體的發展，讓馬克思主義的學說能適應新的時代。㉕他們致力批判西方文明去人性化和扭曲理性的發展走向，強調理念的鬥爭重於經濟利益的鬥爭，咸認當務之急要爭取文化上的「霸權」(hegemony) 地位。㉖

馬克思早在《1844 年經濟學哲學手稿》(*Economic and Philosophical Manuscripts of 1844*) 中，就強調感性的顛覆力量，認為人應將自己天性本質中的感性——包括情慾，予以解放，學習重新感知事物，不論是一種簡單物品或人。這種嶄新的認識，有助於引導人類體會一種嶄新的生活，從

㉓　《莊子》・〈徐无鬼〉。《莊子》一書，依據：莊周原著，張耿光譯注，《莊子》（內篇、外篇、雜篇），臺北：臺灣古籍，2002 年三版。

㉔　《莊子》・〈繕性〉。

㉕　有關「西方馬克思主義」：Jose G. Merquior, *Western Marxism*, London: Paladin, 1986.

㉖　對「文化霸權」的堅持：Antonio Gramsci, *Selections from the Prison Notebooks of Antonio Gramsci*, New York: International Publishers, 1971.

新的生活中逐漸改變身心，讓身心變成快樂的工具，而不是使人異化疏離的工具。這種發展有助於改變人類生存的世界，讓人們生活在可發展其快樂本性和天賦才能的環境中。馬克思指出這種生活的革命，尤其關係到美學、情愛的 (esthetico-erotic) 領域。馬克思手稿中對人的本質、異化和物化的分析和批判，以及對感性的顛覆所寄予的厚望，對「西方馬克思主義」有深遠的影響。㉗

在「西方馬克思主義」中，後起的法蘭克福學派，代表新左派知識分子的反思，對「後工業社會」進行了有力的批判。法蘭克福學派將自己的學說標定為「批判理論」(critical theory)，致力於「意識型態批判」(*ideologiekritik*)──批判資本主義的意識型態和現代社會的宰制文化，認為資本主義扭曲理性，奴役人類。㉘

批判學派的觀點和思想特色在於沿襲黑格爾式的辯證思考，透過質疑的「對立思考」──批判思考，反思人的生存環境，揭露現實社會的真相。批判理論認為「科學」並未帶來解放或造福人類的成果，科學發展引導人類往「物化」和更具破壞性的武器競賽方向發展。批判理論批判資本主義意識型態的同時，與歐美社會學界的實證主義以及馬克思思想的科學主義，進行論戰，批評社會科學受到自然科學的啟發，將一切社會現象視同物理現象，貶抑了人的意志與理性，讓一切變得合理化，一切「本應如此」，為當道的資本主義體制和文化價值服務，將其知識投注在對人的管控和媒體宣傳的效力上。價值取向的「批判理論」，希望在「人本主義」的原則下，將人類從頌揚科學的物化社會中解放出來，導向一個真正「人道主義」的社會。

在法蘭克福學派中，以後來移居美國的馬庫色（Herbert Marcuse, 1898–1979，亦譯馬居斯），對資本主義和後工業社會之文化批判，最有啟

㉗　馬克思著，伊海宇譯，《1844 年經濟學哲學手稿》，臺北：時報文化，1990 年。

㉘　對「法蘭克福學派」和「批判理論」，可參：Tom Bottomore, *The Frankfurt School*, London: Routledge, reprinted 1986 (1ˢᵗ published in 1984). 中譯本：廖仁義譯，《法蘭克福學派》，臺北：桂冠，1988 年。D. Held, *Introduction to Critical Theory: Horkheimer to Habermas*, London: Hutchinson/Berkeley: University of California Press, 1980.

發性，其思想致力於將異化的人，從「單面向空間」中解放出來。

對「先進工業社會」的批判——馬庫色的解放論

要理解馬庫色對先進工業社會文明之批判，則必須先認識佛洛伊德對文化與文明的見解，如此才能理解馬庫色批判理論的內涵。

如吾人在本書第二章中所論及的，佛洛伊德之學說 (Freudism) 建基在「里比多」(*libido*)，即「原慾」的概念上。在 1929 年所發表的《文明中的不適》(*Das Unbehagen in der Kultur*) 一書中，佛洛伊德指出任何文化的內容皆有壓抑的特質，其功能——「昇華作用」(sublimation) 皆在規範人的原慾，以換得社會的秩序。㉙

如同馬庫色所指出的，佛洛伊德在其《文明中的不適》一書中，文明和文化兩字是交相使用。為追求集體利益，人類社會造就各種文化成果，追究其源就是為了壓抑人類的原慾，以保障社會生存的秩序。文明是人類對自然本性的防禦和調伏，所累積的文化成果；文化壓抑人的本能衝動，以期轉移到對社會有用的目標上。總之，佛洛伊德重視的是文化的「昇華作用」，文化不可能不壓抑的概念是佛洛伊德學說的基石。

然而另一位奧國醫師、心理學家萊施 (Wilhelm Reich, 1897–1957) 則持不同見解。受到美國心理學界漠視的萊施，雖啟發自佛洛伊德的學說，卻走上反對和批判的立場，尤其質疑佛洛伊德所謂的「昇華作用」，認為是心理分析學說上的布爾喬亞思想，是為當道的布爾喬亞文明辯護的心理學說，要社會大眾向資產階級學習、昇華。

馬庫色承繼萊施的批判，致力於批判「先進的工業社會」。馬庫色始終主張哲學的重要信念之一，就是應關注人的生存，堅持對存在的批判，這種社會批判理論也成為法蘭克福學派的重要特色。這種對現實社會抱持批判的態度，全然有別於實證科學的走向。

馬庫色的批判是人道主義的批判，承繼馬克思的革命論點，以解放人的異化為職志。但面對資本主義社會全新的發展和已落伍的馬克思學說，

㉙　請參本書第二章、第四節之「里比多」衝動——佛洛伊德學說單元，及其附註。

馬庫色整合佛洛伊德和萊施等人的心理學說，結合馬克思的理論，研擬出適合新社會情勢的解放理論，以期瓦解資本主義社會的發展；馬庫色所對準的標靶，就是反昇華的資本主義文明。在《愛欲與文明》(*Eros and Civilization*, 1956) 一書中，馬庫色檢視資本主義社會的情勢，激烈的批判了先進的工業社會。❸⓿

馬庫色以佛洛伊德在《文明的不適》一書中所強調的「壓抑」(repression) 為探討的起點，進而提出「額外壓抑」(surplus-repression) 的見解。馬庫色將佛洛伊德的壓抑，解釋為情慾的壓抑，即由社會文化約束人的生性；而馬庫色的「額外壓抑」則指社會本身為了宰制性目的，所「追加的控制」(additional controls)，如推展帝國主義、稱霸全球、動員人民從事狂妄的鬥爭等。馬庫色強調，資本主義文化壓制人們順從資本主義的運作秩序，調配人的欲望和需求，使人深陷於異化的處境中，而異化的根源即在於對人的過多壓抑。

如同萊施，馬庫色也對佛洛伊德的退卻提出譴責，指責文化不可能不壓抑的本質，進而指出佛洛伊德所認同的資本主義文化是超壓抑的反昇華。馬庫色不同意人類生性中本能的需求，是與文明的社會原則全然不相符合的見解，以及文明起始於必須將生性本能和情慾系統化地制約在社會規範之下，將身心投入到對社會有用目標的見解。馬庫色也認為這種理論替現實的社會情勢，提供了合理性辯解，這也正是馬庫色所致力批判、去除的「悲觀主義」見解，認為不壓抑的社會，或至少少壓抑的文明是可以實現的。

馬庫色擺脫純心理學的解釋，但也不認為社會文化的壓抑僅導源於經濟因素，因貧富不均及物質的匱乏 (*lebensnot*; scarcity) 所造成；馬庫色認為，在富裕的社會中，太多的壓抑變得不必要，且是多餘的。馬庫色強調，由於現今人類社會的經濟與科技的發展，已使得先進的工業社會開拓出豐富的可用資源，因此也可改變奴役的制度和勞工異化的現象，減少工作時

---

❸⓿　Herbert Marcuse, *Eros and Civilization: A Philosophical Inquiry into Freud*, London: Ark Edition, 1987, originally published 1956. 中譯本，可參：馬庫色著，羅麗英譯，《愛欲與文明》，臺北：南方出版社，1988 年。

數，賦予社會成員更多自主的時間，不需要僅為滿足物質需要，而破壞人的自然本質。馬庫色認為，人類為了追求真正的幸福，必須先終結這種壓制、歪曲和破壞人自然本質的西方資本主義文明。

馬庫色強調「愛欲」的解放不是等同靡爛的性放縱，人類的生性本能──「愛欲」的追求，本質上是追求快樂的存在。馬庫色同意佛洛伊德的見解，認為人類的歷史就是其「壓抑史」，但不同意佛洛伊德強調「非壓抑的文明」(non-repressive civilization) 不可能存在的見解，認為至少少壓抑的社會是可能的。馬庫色同意，為因應群體生活和消除經濟匱乏，「現實原則」(reality principle) 下的「基本壓抑」(basic repression) 是不可避免的；但先進的資本主義文明為維護既得利益，滿足統治形式，變本加厲的在「業績原則」(performance principle) 下，施加「額外壓抑」──「追加的控制」，形成雙重壓抑。㉛

馬庫色認為現今的經濟生產可使人類實現社會的改變，不僅縮減工作時數，緩和享樂原則與現實原則間的對立，允許人們構思、設計出各種與人類本能相配合的文化，然其先決條件是，必須調整科技的進步走向，掃除「利潤的神話」與浪費的現象，剷除現有的意識型態以及過度鎮壓的情勢，因為這些都是阻礙人類邁向人本社會的主要障礙。

在《單向度的人》(*One-Dimensional Man*, 1964) 一書中，㉜馬庫色持續對歐美「先進的工業社會」進行文化和意識型態的批判，認為先進的工業社會是讓人極端異化和疏離的社會，在追求利潤和效率的社會空間中，人被標準化、規格化的「全面管理」(total administration)。㉝先進的工業社會不知利用經濟和科技的進步，來減少工作時數，賦予社會成員更多自主的

㉛　對於這些專門術語的界定，見其書第二章，頁 34–37。

㉜　Herbert Marcuse, *One-Dimensional Man, Studies in the Ideology of Advanced Industrial Society* (1964), with a new induction by Douglas Kellner, London: Routledge, 2nd edition 1991. 中譯本：馬庫色 (Herbert Marcuse) 著，劉繼譯，《單向度的人：發達工業社會意識形態研究》，臺北：桂冠，1990 年。

㉝　Ibid., p. 104. 馬庫色在其《蘇維埃的馬克思主義》(*Soviet Marxism*, 1958) 一書中，認為蘇維埃共產制度也是「全面管理」的壓迫性統治。Herbert Marcuse, *Soviet Marxism*, New York: Columbia University Press, 1963.

時間，改善人的異化情勢，反而更變本加厲地將人圈限在追求利潤的至高原則下，有意地加重人的異化──總是透過引誘的宣傳和時髦的導引，刺激人們陷入人工化的需求和消費，進而增加生產，其直接成效就是戲弄並壓抑人的昇華，靠著「壓抑的反昇華」(repressive desublimation) 作用，也掃除人們質疑的可能。❸在異化人的社會環境中，社會透過壓制的心理同化作用，維繫那毋庸置疑的資本主義意識型態，消除任何質疑的可能。

　　人們生活在封閉心靈的社會──「壓抑的反昇華」環境中，在大眾傳播媒體助紂為虐的情況下，人們追逐眼前的物質滿足，被既定秩序所同化，向既存結構屈服，對現實的社會不再質疑，捨棄了任何追尋理想社會的幻想，喪失了所有質疑、批判、反抗、和超越現實的意識和思考能力，放棄了追尋與現實相異的理想空間。以往不同的理想，或任何對立批判的意識型態，經強勢的宰制文化整合後，均已妥協或消失，或被單一意識型態所整合，導致先進工業社會，有如蘇維埃共產主義封閉社會，形成所謂「一度空間的社會」(one-dimensional society)，生活於這種社會的人也成了「單向度的人」(one-dimensional man)──思想上完全無質疑、批判、反抗、和超越現實的相異空間。馬庫色在其書的第七章中進而批判了「實證主義」(positivism)，認為實證主義也偏執於單向度的思考，毫無批判地默認了既存事實，問題是既存的事實不必然就應該接受，因此馬庫色認為實證思考 (positive thinking) 是「單向度的哲學」(one-dimensional philosophy)。❸

　　馬庫色警惕先進工業社會是「一度空間的社會」之餘，也指出馬克思所稱的「普羅」大眾，即革命的階級，也被現實的文化所整合，喪失了革命的意識，不再反抗體制，只想滿足於眼前的物質需要，改善現有的生活水平，不再考慮摧毀這個使自己異化的體制；簡言之，馬克思所仰望的普羅大眾，不再能承擔革命的重任。社會中只剩下年輕學子、異議的知識分子、失業者、和受迫害的少數族群尚有微弱的反對聲浪，以致對社會的批判處在癱瘓的狀態 (the paralysis of criticism)，呈現昏暗的解放前景。對此，馬庫色指出必須要靠「想像力」(imagination) 來突破、瓦解異化人的社會文

❸　Herbert Marcuse, *One-Dimensional Man*, p. 56.

❸　Ibid., p. 170.

化。㊱

　　1968 年法國和其他歐美國家的學生運動，激勵了馬庫色的「解放論」。馬庫色在 1969 年出版的《解放論》(*An Essay on Liberation*) 一書，致力於探尋有理想的革命力量。㊲馬庫色明確的強調：「傳統的勞工階級不再是『資本主義的掘墓人』('gravediggers of capitalism')」。㊳馬庫色認為，只有那些資本主義社會外圍的邊緣人，即尚未落入消費文化圈套中的人，才能有革命理想，才是顛覆的力量，他們是歐美國家的學生、異議的知識分子、美國黑人區之黑人，先進工業社會邊陲的第三世界普羅大眾，因為他們仍然或暫時居於資本主義社會之邊緣。馬庫色期望這些尚未整合的革命勢力，能團結起來扮演新世界文明的催生者角色。有如馬克思所一向強調的，馬庫色也認為改變資本主義社會的行動，靠著資本主義社會的「假民主」程序是無法達成的，依據「假民主」的法定程序與遊戲規則行動，反而更使人們屈服於現存權力結構之下。為了要和現存社會徹底決裂，馬庫色強調要強化、激勵「新的感性」(new sensibility)，這種批判的感性——變遷社會的動力，應是反傳統、反現實的。㊳

　　馬庫色雖試圖走出象牙塔，根本解決現實社會的困境與難題，然而這位無奈的「新左派知識分子」，最終還是從「群眾路線」回歸「精英主義」的立場。在《反革命與反叛》(*Counterrevolution and Revolt*, 1972) 一書中，馬庫色認定今後的革命將是文化革命，所要依賴的革命力量是人口中最開明的少數人——文藝工作者，因為造反的可能性只存在於那些留戀於「美學」(aesthetics) 領域中的「新左派知識分子」，構思並彰顯出可顛覆資本主義社會的反意識。㊵

　　馬庫色致力尋找可替代普羅階級的革命力量，因為普羅階級無力肩負

㊱　Ibid., p. 248.

㊲　Herbert Marcuse, *An Essay on Liberation*, Boston: Beacon Press, 1969.

㊳　Ibid., p. 53.

㊳　《解放論》的第二章，馬庫色論「新的感性」。

㊵　Herbert Marcuse, *Counterrevolution and Revolt*, Boston: Beacon Press, 1972. 中譯本：馬庫色著，梁啟平譯，《反革命與反叛》，臺北：南方出版社，1988 年。在《反革命與反叛》一書的第三章，馬庫色論「藝術與革命」。

革命的使命。由於解放的美學——藝術，要仰賴少數人——「新左派知識分子」的敏感力，因此，馬庫色的革命路線，是類似效法列寧在《當務之急》(*What is to be done?*, 1902) 一書中所主張的現實路線，列寧主張由「職業革命家」(professional revolutionaries)——「無產階級之先鋒隊」(the vanguard of the proletariat) 來領導群眾的戰略，提出解放進程上「精英主義」的主張。❹事實上，早在馬庫色之前，米爾斯就曾在其〈致新左派的一封信〉(Letter to the New Left, 1960) 中，向英格蘭的新左派強調：在先進的工業社會中，能帶動社會根本改變的力量，「知識分子」(the *intelligentsia*) 比勞工階級更為適合。❷

　　將美學與解放論相結合，尋求一種適合新時代的革命學說，是馬庫色晚期思想的特色所在。藝術是自然之外的另一祥和體，美的追求帶動人的昇華。馬庫色認為藝術美學——審美，有反抗和顛覆的能力，以美學顛覆世俗社會是審美藝術的任務，「美」的追求將成為革命的至上價值。藝術美學是與既存實在——現實世界相對立的領域，其想像力和可創性，可控訴並抗拒令人異化的世界，開創與現實相異的理想空間，蘊藏著社會改造的生機。審美的「新感性」是新價值的報喜者，是反傳統的、批判的、揭發的，是要揚棄有侵略性格和對商品崇拜的資本主義價值及其競爭的文化，相對的提出寧靜的、祥和的新生活價值和理想，並向現實開展鬥爭。馬庫色確認解放的鬥爭，應從審美的視野開展，革命的藝術和文化應展示出社會須徹底變革的目標。對此，馬庫色在其《美學的面向》(*The Aesthetic Dimension*) 前言中強調：「藝術作品藉審美觀的轉化 (aesthetic transformation)，以個體的命運為例示，展現出普遍的不自由和反抗的力量，

---

❹　V. I. Lenin, *What is to be done? Burning Question of Our Movement*, translated by J. Fineberg and G. Hanna, New York: International Publishers, 1943. 1917 年布爾什維克派革命成功後，列寧所堅持的無產階級專政，事實上是黨的專政，由「無產階級之先鋒隊」集權。

❷　引自：Edward J. Bacciocco, Jr., *The New Left in America: Reform to Revolution, 1956 to 1970*, Stanford: Hoover Institution Press, Stanford University, 1974, p. 10. C. Wright Mills, "Letter to the New Left", *New Left Review*, No. 5 (September–October 1960): pp. 21–23.

從而擊破神祕和僵化的社會現實，並開啟變革──解放的廣闊前景。」**❸**

第四節　後工業社會之「新社會運動」──「大回拒」

面對後工業社會的負面走向，二十世紀 60 年代起，歐美的「公民社會」蘊結出，主張積極行動 (activism) 的「新左派知識分子」，號召「大回拒」('Great Refusal') 的社會運動，全面質疑西方文明的價值和後工業社會的走向。當時，冷戰的國際結構和美國參與越戰，以及歐美社會本身存在已久的社會矛盾及不平現象，使得社會運動的議題多元而又分歧。

「大回拒」運動中的和平訴求與學生運動

歐美社會的「大回拒」運動形成反傳統價值的「抗議文化」(counterculture)，其中所蘊結的社會次級文化，與社會勢力 (social forces) 所表達的異議訴求，都是從不同立場質疑現實社會宰制文化的發展走向和物化心靈的生活環境，主張重新探討人的價值與社會的發展走向。他們在政治上的訴求立場，大致被歸類為──「新左派」(New Left)。當時各種急進運動 (radical movements) 的主戰場在美國和西歐──經濟發達國家。**❹**

---

❸ Herbert Marcuse, *The Aesthetic Dimension: Toward a Critique of Marxist Aesthetics*, Boston: Beacon Press, 1978. 中譯本：馬庫色著，陳昭瑛譯，《美學的面向》，臺北：南方出版社，1989 年再版。

❹ Edward J. Bacciocco, Jr. 指出「新左派」源自英國。在 50 年代末，為了有別於蘇維埃共產主義的官僚暴政，以及為了拼選舉、執政而積極妥協的英國勞工黨，在英格蘭地區出現批判資本主義的「新左派」勢力，從「反核武運動」(Campaign for Nuclear Disarmament, CND) 開始展現其風潮。

有關新左派反抗運動，可參：Edward J. Bacciocco, Jr., *The New Left in America: Reform to Revolution, 1956 to 1970*, Stanford: Hoover Institution Press, Stanford University, 1974. John Patrick Diggins, *The Rise and Fall of the American Left*, New York: W. W. Norton & Co., 1992.

對法國的新社會運動，可參：Jan Willem Duyendak, *The Power of Politics: New Social Movements in France*, Boulder (Colorado): Westview Press, 1995.

在這富裕的社會中，出現年輕的一代對立的異議聲浪，主張形成一種以代溝二分的階級式對抗。當時從柏克萊 (Berkeley) 校園發起的「自由言論運動」(Free Speech Movement) 有一句口號:「絕不要相信三十歲以上的人」，因為他們已完全屈服於現實社會的價值。年輕一代對上一代本能上就多少有著抗拒的情緒，而且對新見解也較好奇; 衝動與幻想，以及對年長一代的所作所為，深感不滿和意圖抗拒的情緒，激盪出新的文化訴求，成為一股不容漠視的社會異議勢力。

隨著工業社會之競爭壓力，以及反戰、反核武競賽聲浪之高漲，在 60年代，歐美社會最典型的急進代表就是「嬉痞族群」(hippies)，意圖從資本主義社會之競爭和「超壓抑」的環境中解放出來。所謂 'hippies' 一詞，源自 'to be hip'，有「內行、知道最新發展、跟得上發展趨勢」之意，當時美語為表示滿意和讚嘆時，也流行——'Hip, hip, hur'rah!' 的呼聲。媒體記者創造此一有貶義語氣的新名詞——'hippies'，以指稱新年輕一代的「異端」。1966 年，自稱為「花童」(flower children/people) 的嬉痞在舊金山起家，並向外擴散。他們反戰，拒絕清教徒的倫理觀和文化傳統，尤其對競爭的工作倫理，以及壓抑的性道德等，極為厭惡; 但不同於之前的「比特尼克」(beatniks) 一代，嬉痞揚棄暴力，高唱人類的「博愛與和平」(universal love and peace)，且以集結成 'flower power' 來展現其追求「愛與和平」的決心和行動，並以 'make love, not war' 為其訴求口號。⑤喜好大麻的嬉痞認為，「迷幻藥」(LSD) 也有助於人際的和諧，導引心靈嚮往和平的前景。對此，

有關反抗運動——「新社會運動」的中文著作，可參: 南方朔著，《「反」的政治社會學: 近代新反抗運動》，臺北: 久大文化，1991 年。

⑤ 從社會運動的觀點視之，所謂 'flower power' 也就是指 'the ideals of hippies': 「愛與和平」。
在美國，「嬉痞」族群之前，曾有「比特尼克」(beatniks)——即「垮掉的一代」。比特尼克一代在 50 年代被視為有暴力傾向、公然反抗傳統社會道德的年輕一代。'Beatniks' 一字源自 'beat'，在英語俗話中，青少年常說: 'That beats me.' 或 'I'm beat.' 意指「煩死了!」媒體記者在 'beat' 一字之後加上了貶意的字尾 'niks'，以指稱受不了壓力的太保太妹。Cf. Edward J. Bacciocco, Jr., *The New Left in America: Reform to Revolution, 1956 to 1970*, op. cit., pp. 12–14 (The Beat Generation: Groundbreakers for the New Left).

不少論者認為，由於嬉痞快速呈現不良行徑，且有著反革命和無意政治抗爭的特性，因此應將此一「異類」族群，排除在「新左派」之外。㊻

　　事實上，「愛與和平」運動的開創者是一些左傾的理想主義者，最早的創意是想開創一種「新生活藝術」，嚮往儉樸的田園生活，企圖將人從資本主義社會的道德和價值「禁忌」(taboo) 中解放出來，賦予人自發、自律、自我肯定的原創活力，能自在地與人共同生活在大自然祥和的環境中，消除那社會所充斥的人工化緊張，以及令人窒息的生活空間。但「新生活藝術」，在墮落分子的簇擁與侵蝕下，「嬉痞」變成了一群墮落、頹廢的年輕病態族群。㊼

　　在嬉痞風流行、越戰、兵役及就業競爭等壓力下，歐美社會也出現了校園的學生運動，並展現「學子的力量」(student power)，質疑大學教育體系是資本主義意識型態的再造工具，只知灌輸宰制文化和官方學說，完全為現實的經濟生產體制服務，加助壓抑和反昇華的功效。

　　受到馬庫色等新左派學說的影響，美國校園中出現推展「新左派」運動的學生組織，其中尤以「學生民主會」(Students for a Democratic Society, S.D.S.) 是當時美國大學的主要左派組織。㊽先後在加州大學柏克萊 (Berkeley) 校區、史丹福、哈佛、普林斯頓、哥倫比亞等校，爆發學生暴動，1969 至 1970 年美國的校園運動達到顛峰，很多學校的學生因罷課及占據學校，而發生嚴重衝突。1970 年，在肯特 (Kent) 大學的校園事件中，因軍警的暴力鎮壓造成多人死亡。美國的校園運動，不滿的聲浪主要來自那些

㊻　John Patrick Diggins, *The Rise and Fall of the American Left*, op. cit., pp. 242–248. Edward J. Bacciocco, Jr., *The New Left in America: Reform to Revolution, 1956 to 1970*, op. cit., pp. 212–213.

㊼　後來隨著嬉痞族群的沒落，在 1977 年左右，歐美國家大都會區又出現「龐克族」(punk)，此字有半朽之木、廢物之意，他們傾向「虛無主義」(nihilism) 的同時，卻也相當排外，並對城市噪音、暴力、飆車特別愛好，酷愛噪音搖滾樂 (punkrock)。他們的服飾也是標新立異的造型，除了五顏六色的髮型打扮，在黑色皮夾克和皮褲上，喜歡點綴著納粹徽章。所以，「龐克族」絕非是「新左派」，而是沒有理想的右傾青少年。

㊽　Edward J. Bacciocco, Jr., *The New Left in America: Reform to Revolution, 1956 to 1970*, op. cit., pp. 149–159. 這本書的第四章和第六章專論「學生民主會」。

被認為傑出的學校；但 70 年代之後，尤其越戰結束，並解除義務役兵役制度，改行募兵制後，學生運動就快速沒落，今天在美國已消聲匿跡。

同時代，學生運動的爆發，不僅限於美國，尤其在 1968 年，在日本、西歐的英國、西德、義大利、荷蘭、法國，以及東歐的捷克、波蘭等國都出現大規模的校園運動。歐洲國家的校園騷動以法國巴黎地區「1968 年 5 月事件」——學生暴動，達到高峰。1968 年的法國學生運動，曾迫使戴高樂總統考慮動用憲法第十六條，進入「緊急危機」狀態，此一動亂最終也影響到戴高樂總統於翌年提早卸職。

少數族群的自覺意識——兼論「公民自由」與「公民權利」

「人的權利」簡稱「人權」(*les droits de l'homme*; human rights) 與「公民的自由」(civil liberties) 是兩個不同概念。❹ 相較而言，「人權」較是思想上的用語，而「公民的自由」則是法律上的用語，而且在思想發展史上，「公民的自由」是較近的發展。「人權」關係到人的自由、尊嚴和人格往理想方向充分發展的所有權利；而「公民自由」則屬廣闊的人權領域中特殊的一環，指法律所保障和規範的自由。

自由本指個人依自己的意願行事。由於人生活在政治社會中，為了群體的利益，法律在保障自由的同時，也要限制自由，因此由國家法律所承認或約束的自由就是「公民的自由」，憲法中的「權利法典」基本上是憲法所保障的個人權利——「公民自由」的明細表。

然而，即使在自由民主的先進國家，人民所享有的自由與權利保障，其應然與實然間仍有很大的差距。對此，在歐美社會，又分別出兩個不同的概念：一是「公民的自由」(civil liberties)，一是「公民的權利」(civil rights)。

---

❹　有關人權的發展史和人權理論的要點歸納：Scott Davidson, *Human Rights*, Buckingham: Open University Press, 1993. 從人權立場檢視反人道的罪行，如屠殺、刑求、種族隔離、以及新生問題：Antonio Cassese, *Human Rights in a Changing World*, Cambridge: Polity Press, 1990. 近代的人權發展史，可參：Micheline R. Ishay, *The History of Human Rights: From Ancient Times to the Globalization Era*, Berkeley: University of California Press, 2004.

「公民的自由」是指憲法所保障的個人權利，如憲法中權利條款所陳述的權利；「公民的權利」則指保障公民自由之享有，應被公正對待，不被歧視，受到「法律平等的保障」(equal protection of the law)。然而在落實上，人民權利平等的保障是脆弱的，總是沒有被忠實地落實，還要人民去抗爭、爭取。

　　當代少數族群的自覺運動所帶動的族群訴求，就是「公民權利運動」(civil rights movement)，也是「新社會運動」中的主要內容。少數民族的自覺意識及其族群文化 (ethnic culture) 覺醒的結果，也影響到「大熔爐」(melting pot) 概念的瓦解。在美國人口中，約六分之一是非裔人口，他們高呼「黑人的力量」(black power)，來爭取平等的權利保障。❺此外，美國的

---

❺　Edward J. Bacciocco, Jr., *The New Left in America: Reform to Revolution, 1956 to 1970*, op. cit., pp. 87 et s.

在論及美國黑人的自覺意識與平權運動時，應深一層地思考法農 (Frantz Fanon, 1925–1961) 的思想。法農是二十世紀後半，最有代表性的黑人思想家，道出西化黑人精神上的徬徨，致力解脫黑人的卑下意識。法農對黑人種族的心理分析著作，期望為世界各地的黑人運動，在思想上有提振的作用。但從法農的種族心理分析中也可看出，意識自覺的困境與難題——最終不能不邁向西化之途。

在二次大戰前，來自西印度群島法屬殖民地馬丁尼克島 (*île de la Martinique*) 的塞澤爾 (Aimé Césaire) 和來自西非塞內迦爾的桑果 (Léopold Sédar Senghor, 1906–2001) 等人，於法國巴黎求學之時，創《黑人學生》(*l'Étudiant Noire*) 期刊，致力宣揚「黑種人的氣質與性格」(*la négritude*) 和反殖民運動。二次大戰後，反殖民的獨立運動此起彼落之時，同樣來自法屬殖民地馬丁尼克島的法農出版《黑皮膚，白面具》(*Peau Noire, Masques Blancs*, 1952) 一書，為黑人的精神錯亂進行分析治療，以期黑人意識自覺，能真實地提振「黑種人的氣質與性格」。(Frantz Fanon, *Peau Noire, Masques Blancs*, préface de Jean-Paul Sartre, Paris: Éditions du Seuil, 1952. 有英、中譯本: Frantz Fanon, *Black Skin, White Masks*, translated from the French by Charles Lam Markmann, New York: Grove Press, 1967. 弗朗茲‧法農 (Frantz Fanon) 著，陳瑞樺譯，《黑皮膚，白面具》，臺北: 心靈工坊，2005 年。)

黑人精神層面的窘境，源自於自屬文明之原始而產生的自卑和痛苦感，沒有悠久的歷史文化可供自誇自負；精神上，受白人意識型態的全面籠罩，白人以佈道「文明」的使命為掩護，行剝削落後社會之實。經濟上，黑人也受白人殖民

印地安人及墨西哥裔的族群也有文化的自覺意識；與此同時，歐洲與亞洲各國移民也紛紛強調「族群力量」(ethnic power)，展開「公民的權利運動」。㊑

此外，在英國有北愛爾蘭、蘇格蘭的自主訴求；西班牙有巴斯克人的自主訴求；法國有科西嘉人的自主與獨立運動；當時的蘇聯內部也有十五

帝國的經濟宰制和剝削；這種生活上的剝削結構，久而久之薰陶出卑下的心理意識，以致傾力漂白自己，向白人認同。法農從精神病理師的立場，分析了被殖民者的心理境況，以期其反殖民的精神分析，能有效治療被殖民者的心理創傷，在精神上徹底解放黑人。法農不重經濟而重精神價值，強調開創自主的新知覺、新意識、新精神價值，號召被壓迫的泛非民族解放和獨立運動。法農並不期望資產階級的知識分子為革命的先鋒隊，而仰望單純的農人、工人的自主解放。

法農在其 1961 年出版的《被詛咒的大地》(*Les Damnés de la Terre*) 一書中，指責脫離殖民地位的新興國家發展，在民族意識激勵下的「民族國家」情緒，接替了原先殖民帝國的殖民主義，發展出一種內部的殖民關係，接管政權的本土資產階級持續向西方國家的資產階級認同，無論在政治和經濟方面，都與前殖民帝國延續著殖民關係，且持續複製種族歧視和族群之分化。(Frantz Fanon, *Les Damnés de la Terre*, préface de Jean-Paul Sartre, Paris: François Maspero, 1961. 英譯本：Frantz Fanon, *The Wretched of the Earth*, translated by Constance Farrington, New York: Grove Press, 1963. 法農的其他著作：Frantz Fanon, *L'An V de la Révolution*, Paris: François Maspero, 1959. 這本書後來被更名：Frantz Fanon, *Sociologie d'une Révolution* (*L'An V de la Révolution*), Paris: François Maspero, 1968. 英譯本：Frantz Fanon, *A Dying Colonialism*, translated from the French by Haakon Chevalier, New York: Grove Press, 1965.)

這種情勢下，法農所期盼的泛非洲統合理想，快速地被人們所遺忘，盲目的排外以最惡劣的姿態表現出來。法農——這位悲劇性的人物，在其短暫的生命中，對未來的遠景——黑人的理想國，並未能持續提出任何可行的願景；而其前輩塞澤爾和桑果等人，在文化無依的情況下，向現實屈服——向法蘭西文明認同。二次大戰後隨即返鄉的塞澤爾，不久當選首府——法蘭西堡 (Fort-de-France) 的市長。塞澤爾在此法屬海外省擔任市長前後五十年，也多次當選法國國民議會議員。桑果更是成為法國的重要配襯，不僅名義上曾是第五共和制憲的成員，後來還出任內閣政府職務。1960 年桑果當選甫獨立的「塞內迦爾共和國」(*République du Sénegal*) 總統。1981 年，卸任塞內迦爾總統職務的桑果，不久後出任法國學術院院士。

㊑ John Patrick Diggins, *The Rise and Fall of the American Left*, op. cit., pp. 238–242.

個加盟共和國潛存的分裂危機。

女權運動

　　人類社會對於女性一向給予不平等的地位，而現代「女性主義」、或說「女權主義」(feminism) 的思潮，是受到法國大革命和自由主義思想的激勵，為婦女平等的權利和社會地位抗爭。在西洋政治思想史的傳統中，依文獻而言，柏拉圖可說是最早主張給女性平等地位的思想家。柏拉圖深信上天將稟賦公平的分給男女，因此男女應平等，女性的體格並不足以影響到她們執政的能力。❷ 在柏拉圖之後，摩爾 (Thomas More, 1460–1535) 的《烏托邦》(Utopia, 1516) 一書中也有相同的主張。之後，要到小密勒 (John Stuart Mill, 1806–1873)，才有了對現代婦女權利全面系統化的平等訴求。小密勒在其〈婦女的從屬〉(The Subjection of Women, 1869) 一文中強調，不能因「出生機遇」(accidents of birth) 的性別差異而失去資格，使女性遭受不平等的公民待遇。❸

　　十九世紀末，第一波的婦女平權運動，致力爭取平等的選舉權和就業權。❹ 在二十世紀 60 年代，在「女性主義」自覺意識的激勵下，婦女平權運動再度興起，致力推動「婦女解放運動」(Women's Liberation Movement)，意圖追求與男性相同的真平等地位，實現容許婦女可充分發展的社會；為此，主張進行性別的鬥爭。❺

　　在思想方面，第二波婦女平權運動受到波娃 (Simone de Beauvoir,

---

❷　Plato, *Republic*, a new translation by Robin Waterfield, Oxford: Oxford University Press, 1994, 451e–457c, pp. 162–170.

❸　John Stuart Mill, "The Subjection of Women" (1869), in *On Liberty and Other Writings*, edited by Stefan Collini, Cambridge: Cambridge University Press, 1989, pp. 136–137.

❹　有關選舉權的普及，可參本書第七章、第二節中「選舉權的普及與民主憲政之走向」單元。

❺　有關「女性主義的左派」(Feminist Left) 重點評述：John Patrick Diggins, *The Rise and Fall of the American Left*, op. cit., pp. 298–306.

1908–1986)《第二性》(*Le Deuxième Sexe*, 1949) 一書的激勵。❺❻美國第一位新婦女運動的理論家傅瑞丹 (Betty Friedan)，在 1963 年出版的《神祕化的女性》(*The Feminine Mystique*) 一書中指出，人類社會扼殺了婦女的人格，在男性對女性的「種族歧視」(racism) 下，成為男性沙文主義 (mal chauvinism) 及性的殖民主義 (sexual colonialism) 犧牲品，是被殖民、被剝削及被壓迫的階級。❺❼1966 年，在傅瑞丹等人的領導下，美國創「全國婦女組織」(National Organization for Women, N.O.W.)，呼籲「立即行動」，致力終結婦女被異化的情勢。此一美國最有勢力的婦女組織成立之後，如雨後春筍般地，在各地出現各層面的婦女利益團體。

1970 年米利特 (Kate Millett) 出版《性政治》(*Sexual Politics*) 一書，認為造成婦女被剝削及被壓迫的情勢，不應推託於自然本質，而是社會總體文化所造成，男性與女性的政治情勢就是男人統治女人，而反抗行動不力之原因，應歸因於社會文化教育體系蒙蔽了婦女的良知，從小開始就在「父道主義」的環境中教養成長，培育出附屬屈從的心態。❺❽米利特呼籲應透過積極的壓力政治，迫使男性宰制的社會，往平等的人道社會改良。

婦女自覺意識及婦女平權運動的訴求，在具體細目上主要包括：教育、工作、薪酬機會之平等，以及墮胎合法化，且受保險給付的照顧，此外也應成立公立的托兒所，免費照顧兒童等。在女權運動發展史上，1975 年美

---

❺❻　Simone de Beauvoir, *Le Deuxième Sexe*, Paris: Gallimard, 1949. 英譯本：Simone de Beauvoir, *The Second Sex*, translated from the French and edited by H. M. Parshely, London: New English Library, 1969. 中譯本：西蒙‧波娃 (Simone de Beauvoir) 著，歐陽子、楊美惠、楊翠屏譯，《第二性》，臺北：志文，1994 年再版，僅中譯《第二性》一書的後半部。西蒙‧波娃 (Simone de Beauvoir) 著，陶鐵柱譯，《第二性》，臺北：貓頭鷹，2002 年。

❺❼　Betty Friedan, *The Feminine Mystique* (1963), with a new introduction, New York: W. W. Norton, 1997. 中譯本：貝蒂‧傅瑞丹 (Betty Friedan) 著，李令儀譯，《女性迷思》，臺北：月旦，1995 年。
　　「沙文主義」(chauvinism) 原指狂熱的崇拜自屬文化。

❺❽　Kate Millett, *Sexual Politics*, Garden City (N.Y.): Doubleday, 1970/London: Virago Press, 1985. 中譯本：米利特 (Kate Millett) 著，宋文偉譯，《性政治》，臺北：桂冠，2003 年。

國有關「平等權利的憲法增補條款」(Equal Rights Amendment)，沒能通過，可說是婦女運動史上的重大挫折。1981 年，傅瑞丹出版《第二階段》(*The Second Stage*) 一書，呼籲美國婦女運動爭取到工作權和教育權後，應進入「第二階段」，強調——在追求兩性真平等的同時，共同擁抱家庭。⑤ 此後，有關女權平等的著作和運動，少有啟發和激勵性，且發展上處在難有進展的局面。

生態環保運動

在致力研究生物與生存環境關係的「生態學」(ecology) 啟發下，60 年代開始，歐美社會出現多樣的環保團體 (eco-groups)，致力推動保護自然環境的生態環保運動 (ecologist movement)。此一「綠的勢力」(green power)，控訴科技社會所造成的環境污染和環境惡化情勢，並譴責工商社會為了追逐物欲與利潤，對生存空間所做的無情破壞。工業社會的蠻橫發展，急速的大都會化趨勢，和大規模的森林砍伐對自然生態的嚴重破壞，以及消費文化所製造的大量垃圾，都直接加重人類生存環境之惡化和物種之減少，也讓後代背負著難以挽救的損失。各種工業對空氣和河川水源的污染，以及有毒氣體污染所造成的酸雨，也直接侵害到人類的健康。

事實上，生態問題是西方工業社會所引發的全球性難題。人類社會不僅面臨著富裕所引起的生態破壞，同時也要因應貧窮所引起的生態破壞。現代資本主義工業社會的科技發展，不斷製造大規模的生態破壞，讓人類承受環境和氣候的惡化，以及核能、化工產品、和基因工程的風險；受到資本主義工業社會長期全面剝削的落後國家，則要靠過度開發天然資源，來供養先進的工業社會，或接納污染來維持其貧窮與落後。

---

⑤　Betty Friedan, *The Second Stage*, Cambridge (MA): Harvard University Press, 1998 (originally published 1981). 中譯本：貝蒂·傅瑞丹 (Betty Friedan) 著，施寄青譯，《女性主義第二章》，臺北：洪建全基金會，1987 年。貝蒂·傅瑞丹 (Betty Friedan) 著，謝瑤玲譯，《第二階段：追求兩性真平等》，臺北：月旦，1995 年。

　　生態環保運動的理念，在根本上就是與資本主義工業社會的發展邏輯相對立，其理想就是為美麗的自然世界，和無污染而又寧靜的生活空間奮鬥；為此，人們要改變生活習性，創建一個不再是充斥浪費、垃圾、緊張、衝動、競爭的祥和社會。對此，生態環保運動者視為是一場政治鬥爭。

　　環保主義者認為，國家不僅要保障人民生活的安全與社會的正義，如何維護生活空間的和諧與生態之美，也應是政府施政所要追求的目標。多博松 (Andrew Dobson) 等人指出，現今「綠的政治」(green politics) 有兩種不同類型：一是「淺的生態學」(shallow ecology)，基本上是在資本主義的基礎上，為人類生存的利益著想，關心環境污染和「資源」(resources) 可能枯竭的問題，因而更確切地說應稱之為「淺的環保主義」(shallow environmentalism)；另一類是「深的生態學」(deep ecology)，認為大自然有其固有的內在價值，地球應為萬物所共有，這種環保思維就與資本主義工業社會的發展路徑背道而馳。⑥

　　事實上，人類對生態環保的關心和作為，現今只是在「淺的環保主義」引導下。當前各國政黨所持的環保政策，都是從國家經濟利益和資源之立場，關心生態環境；其根本矛盾在於，如果接受「深的生態學」指導，則會全面顛覆資本主義經濟，繼而要翻整生產結構，這對資本主義掛帥的先進工業社會是難以接受的代價，對落後國家而言情況也是如此，寧願接受汙染和生態惡化，而不願忍受落後或經濟「生活水平」的惡化。

　　在「淺的環保主義」信念下，「綠的政治」最早活躍於西歐，尤其是西德的「綠黨」(*Die Grünen*)。在單一議題政黨不易存續的環境下，西德綠黨得以活躍的主要原因在於：它曾在西德時期，替補共黨等左派勢力的角色；再來，它是迎合年輕人的政黨；此外，它也為女權而奮鬥。⑥西德綠黨是「反文化運動」——反主流文化、反戰、婦女平權、環保生態、及族群運

---

⑥　Andrew Dobson, *Green Political Thought*, London: Routledge, 3rd edition, 2000, p. 40.

⑥　有關歐洲的綠黨：Michael O'Neill, *Green Parties and Political Change in Contemporary Europe: New Politics, Old Predicaments*, Aldershot (England): Ashgate, 1997.

動等，所激勵出的政治勢力。西德也曾是這種新左派「大回拒」運動的主戰場。當 1979 年美國賓州爆發三哩島核能電廠災變時，在歐洲，由先進的核能開發國——西德帶領，出現了反對發展核能的社會運動。

政治上，西德綠黨選擇「議會路線」，正式投入選戰；但早期標榜生態環境保護及頌揚和平主義的綠黨，其領導人不時表達厭惡政壇各種政治勢力的政治態度，這種立場也很容易發展出排他的浪漫主義作為。綠黨反傳統政黨和反權威的言論，和反美、反北約、並批判蘇聯的立場，以及追求男女平等、世界和平、對抗資本主義工業社會和消費文化的走向，吸引了眾多年輕選民和女性知識分子的青睞。1983 年，西德綠黨首次在聯邦眾議院議員的改選，獲得席次。1990 年統一後的德國，環保勢力整合過晚，遲至 1993 年，西德「綠黨」與東德的「90 年代聯盟」(*Bündnis 90*) 整合，組成「綠黨暨 90 年代」聯盟 (*Die Grünen/Bündnis 90*)，在 1994 年的大選中，贏得百分之七點三的得票率，成為德國第三大黨。[62] 從此，黨內堅決反對資本主義工業社會價值、主張在野反抗的「基本教義派」，與主張妥協、積極爭取成為執政聯盟成員的「務實派」之間，形成難以妥協的對立爭辯，最後是務實派取得優勢，決定與「社會民主黨」組聯合政府，且在地方聯合執政。

「新社會運動」

上述的社會運動就是現今歐美社會所稱的「新社會運動」(new social movements, NSMs)，皆興起於二十世紀 60 年代，因此所指的「新」是相對於其前的社會運動而言。

新社會運動主要是對「紊亂的資本主義」(disorganized capitalism) 表達不滿，也反映出社會多樣的利益矛盾，這種現象也突顯出一種新的政治型

[62] E. Gene Frankland, "The Greens Comeback in 1994: The Third Party of Germany", in *Germans Divided: The 1994 Bundestag Elections and the Evolution of the German Party System*, edited by Russell J. Dalton, Oxford: Berg, 1996, pp. 85–108.

態取代以往階級對立的政治。❻ 以往「舊社會運動」(old social movements, OSMs)，較是「階級屬性」(class-based)，其抗爭對象為政府和資方；❻ 而新社會運動則源自社會多元的族群和社會勢力。這些未組合在國家決策結構中的鬆散勢力，有些也發展成常設的壓力團體，甚至政黨。

　　「新社會運動」是理性的改革訴求，主要包括：和平運動、少數族群爭取平等的公民權利運動、學生運動、婦女運動、環保運動等。對此，馬克思學派的學者米利邦 (Ralph Miliband) 指責研究新社會運動的學者，漠視了勞工階級的影響力，米利邦仍然認為階級衝突仍是先進資本主義社會中最主要的風貌，階級屬性的「舊政治」(old politics) 不容忽視，勞工階級的力量並未式微，靠勞工階級的團結仍有帶動社會變遷的力道。❻

　　雖然很多學者認定「新社會運動」是一種取代「階級鬥爭」的「新政治」(new politics)，但這裡所謂的「新政治」只能強調一種政治現象，並不能藉以全面突顯政治的運作機制，否則是一種偏頗、誇張的見解，無意中窄化了政治視野，表現出學者的偏見，因為新社會運動並不能取代國家權力機構的決策，以及政黨政治的角色。事實上，新社會運動只是現代民主國家壓力政治的一環，無法主導國家權力機關的施政，況且社會運動之間也有相敵對的勢力，致力發展牽制的訴求。

　　社會運動有益於反映民主政治，針對抗爭的議題展開對話，讓社會有省思的機會。針對此，英國社會學者紀登斯 (Anthony Giddens) 期望經過抗爭議題的對話，可創造互信的機會，以有助於民主政治之提昇，對這種理想的政治，紀登斯稱之謂「對話的民主」(dialogic democracy)。❻

---

❻ Piotr Sztompka, *The Sociology of Social Change*, Oxford: Blackwell, 1993, pp. 296–300.

❻ 舊社會運動：Sidney Tarrow, *Power in Movement: Social Movements and Contentious Politics*, Cambridge: Cambridge University Press, 2nd edition, 1998.

❻ Ralph Miliband, *Capitalist Democracy in Britain*, Oxford: Oxford University Press, 1985. Ralph Miliband, *Divided Societies: Class Struggle in Contemporary Capitalism*, Oxford: Oxford University Press, 1989, reprinted 1991.

❻ Authory Giddens, *Beyond Left and Right: The Future of Radical Politics*, Cambridge: Polity, 1994, pp. 117–124.

「公民社會」之社會運動——對抗

事實上，「新社會運動」的諸多餘震，在現今的社會，甚至世界各地仍然持續。在論述歐美社會一連串的「大回拒」社會運動之後，在此有澄清「公民社會」和社會運動意義的必要。

英文 'civil society'——「公民社會」，在概念上難有一致的界定，吾人在此泛指與政府——公權力相對的民間社會。吾人也可依尚德奧克 (Neera Chandhoke) 的見解，將「公民社會」視為「爭辯的競爭場所」(civil society as the arena of contestation)。㊦對「公民社會」之研究，在自由主義國家，重視公民爭取享有憲法所保障的平等權利，以及為此而發動的「公民權利運動」(civil rights movement)；二十世紀 80 年代後，「公民社會」之研究，則聚焦於中、東歐國家反抗一黨專政和蘇聯的帝國主義壓制，尋求自由化和民主化的過程。

英文的 'movement' 源自拉丁文 *'movimentum'* 及古法語動詞 *'movoir'*（現今法文動詞是 *'mouvoir'*），有「推動」、「鼓動」、「驅使」之意。從十八世紀末期至今，此字在英語中普遍被界定和接受的含意是：人們為某一特定目標，而積極從事的一連串行動。㊧吾人可將「社會運動」(social movements) 界定為——泛指促進或反抗社會某種生活秩序的集體計謀行動。社會運動從「非體制化」的途徑表達其訴求，是有目標、有組織的策劃行動，它可促成，甚至也可阻礙社會的變遷。由於是策謀行動，因此社會運動可利用示威或遊行等群眾行動，來達成預期的目標。比著政治上的

㊦ Neera Chandhoke, *State and Civil Society: Explorations in Political Theory*, New Delhi: Sage Publications, 1995. 有關「公民社會」，另可參：Sudita Kaviraj and Sunil Khilnani (eds.), *Civil Society: History and Possibilities*, Cambridge: Cambridge University Press, 2001. Robert Fine and Shirin Rai (eds.), *Civil Society: Democratic Perspectives*, London: Frank Cass & Co., 1997. Robert Fine 在此書首章對公民社會的各種理論見解有較好的評論 (pp. 7–28)。

㊧ 偏政治面的社會運動研究：Paul Wilkinson, *Social Movement*, New York: Macmillan, 1971.

壓力團體而言，因某種理念而啟動的社會運動，組織體雖較鬆散，但它不僅可匯聚大眾，甚至還可能包括眾多利益或壓力團體。這種政治體制外的集體行動，致力於促進或抗拒社會某種秩序的變遷。頗多學者，如德國社會學者貝克 (Ulrich Beck)，將社會運動稱之為「次政治」(subpolitics)。

「造反」、「革命」與社會運動

　　社會運動是有意識、有目的的集體行動，致力於促進或抗拒某種變革，爭執於社會既有秩序中之某種現象。社會運動的成功，可能徹底改變某些既定的規範，為某些社會現象帶來快速的變化。社會運動所訴求的改變，屬社會某些層面的改變，本質上和「造反運動」(movement of rebellion) 與「社會革命運動」(movements of social revolution) 不同。「造反運動」可能無意於帶動制度之變革，只企圖推翻既有政權，改變效忠對象。「革命運動」則具有變革政治體制，並帶動社會全面變革之積極意念，它不僅推翻既有政權，還帶動劃時代的社會變革，象徵新時代的開始。再者，相較於「造反運動」而言，「革命運動」較具現代面貌，強調的是自由、平等的公民意識自覺的行動，以美洲革命和法國大革命為典範，有積極全面改造社會的政治意義。

　　無法宣洩的一連串社會運動，其能量可累積成動搖政權的革命。社會運動與革命，尤其政治革命不同，社會運動有其侷限性，僅尋求某些情況的改變；相對而言，革命可動搖政體，改變統治階層，甚至全面帶動改變社會的發展走向。

　　社會運動在現代的開放社會至為頻繁，依目標不同，大致可分成兩大類型：一是「改革運動」，如環保運動、婦女平權運動等；一是「保守運動」，主張傳統價值，如文化復興、道德重整等運動，此外宗教性運動 (religious movement) 亦屬之。除上述兩大類型外，無論「改革運動」或「保守運動」，會激起「對抗運動」(counter movement)，其目的在阻止所反對的運動，它可能是對抗「改革運動」、或是反「保守運動」，如反墮胎合法化運動、真愛運動等，皆是保守的「對抗運動」。

社會運動號召「價值認同」——認同運動所致力要達成的目標，因此運動可以代表某一特定族群，如勞工、學生、婦女、退伍軍人、農人等的主張，也可能是社會整體的利益，如愛國運動、民族運動，或認同於社會整體成員——如消費者保護運動。因此，為認識和分析某一種社會運動的特質，必須要追問運動的訴求為何？檢視社會運動所訴求的是某種「特殊價值」(particularistic value)，還是「普世價值」(universalistic value)，而且以何種族群之名發言？是何種利益的保衛者和促進者。

社會運動普遍表達出一種「對抗」(opposition) 的態勢，必有敵視的批判目標。一種社會運動之存在，為的是追求某種利益或價值，或彰顯某種嚴重的事實，向社會的漠視抗爭，因此必有抗爭的對象或對立者，這也突顯出這種社會運動存在的根本理由，以致無對抗性議題的社會運動，就無存在的理由。因此，有些社會運動由於已達成預期的目標，或因情勢改變，其「傳佈信仰」(proselytism) 的熱忱自然也就冷卻，以致失去了存在的理由。

社會運動總是會藉助社會集體利益或某種高超價值之名行事，其行動往往啟發自某種思想或理想；即使是為保衛某一特定族群的利益，也總是想藉助社會集體利益和價值之名，認定是社會必須的作為。

社會運動對個人與社會間，有居間媒介或調解的功能，社會運動所散佈的批判、揭發、和抗爭的內容，使其成員或非成員瞭解社會的某種情事，不僅會擴散其觀念和訴求，也在某種程度上，增進各界對相關議題的認識。社會運動也有集體良知澄清的功能，在嘗試引介新觀念、新價值的同時，經過辯論，有提昇社會良知的功能。再者，社會運動有施展壓力的功能，透過其抗爭與威脅，可能迫使當政者推動社會改革方案。總之，公民意識所激起的社會運動行動，其特徵即在於並不主張以革命的鬥爭行動，來改變現實世界。

社會運動就某一訴求，提供社會大眾參與的機會，與其他相同心思的人，去宣告他們自主的信念和情緒。學者雖相信社會運動會促進「參與的民主政治」發展；但對此，法國社會學者圖雷納 (Alain Touraine) 就表達悲觀論點，懷疑社會運動對社會轉型的效果，認為頻繁的社會運動也會惡化

理智，帶來族群、階級、和社會的區隔。⑥事實上，持續至今的眾多社會運動中，所表達的訴求，也不乏個人主義的執著。

　　法蘭克福學派的哈伯瑪斯 (Jürgen Habermas) 指出，現今的「新政治」(new politics) 就是各種偏重自主價值的社會運動，試圖維護社會某種生活秩序的品質。哈伯瑪斯強調，後工業社會——「先進的資本主義」(advanced capitalism) 社會所追求的效率和利潤的經濟，以及其科層組織體系，毀壞了社會原有的社會化認同連帶管道，一致向經濟至上的方向發展，哈伯瑪斯稱之謂「生活世界的殖民化」(colonization of the life world)。為避免和化解社會各界的矛盾和衝突，哈伯瑪斯進而強調社會也應建立一種「溝通的倫理」(communicative ethics)，並順暢溝通管道，聆聽其他團體的訴求，進行理想的對話，以致力化解相互的歧見，尋求滿意的結果。⑩80 年代後，「溝通行動」理論是哈伯瑪斯哲學的核心議題。

　　社會運動是開放社會所容忍的公民活動。但即使是在開放社會中，社會運動的推展也有其多樣的困難，不僅要有充滿活力的組織和行動，同時也要靠有才智的參與者持續推動，在理想的引導下，激勵和等待社會輿論的支持，以期對政府和社會形成必須改革的壓力，進而促成立法和制度化。

---

⑥　Alain Touraine, 'Social Movements and Social Change', in Orlando Fals Borda (ed.), *The Challenge of Social Change*, London: Sage Publications, 1985.

⑩　Jürgen Habermas, *Legitimation Crisis*, translated by Thomas McCarthy, Cambridge: Polity, 1976. 中譯本：尤爾根・哈伯瑪斯 (Jürgen Habermas) 著，陳學明譯，李國海校訂，《合法性危機》，臺北：時報文化，1994 年。
1973 年出版的《晚近資本主義的合法性危機》(*Legitimationsprobleme im Spätkapitalismus*)，哈伯瑪斯分析「先進資本主義」社會的衝突與矛盾，以及社會的危機走向。哈伯瑪斯認為自由的資本主義已演化成組織的資本主義，科學技術成為最主要的生產因素，科學技術的宰制創造新的剩餘價值，但無產階級已融入資本主義體系中；在組織的資本主義中，國家的積極介入經濟活動中，也被視為理所當然。
哈伯瑪斯多為抽象層次的分析，無實踐「解放」行動的積極理想，不同於馬庫色，以神祕美學為其反抗的意識型態主力，寄望於新左派的知識分子。

第五節 「後現代主義」的批判思潮

在論及「後工業社會」時，人們很容易將「後工業社會」與「後結構」或「後現代」相混淆。概念上，「後工業社會」是社會學上的專門用語，也可稱之謂「先進的工業社會」；「後結構」與「後現代」則是哲學界的思想用語，與哲學有著親和力。

後現代主義

二十世紀 70 年代後，西方有兩股思潮興起：一是「後現代主義」的思潮，質疑科技宰制的走向，對科學理性堅持批判的態度；一是「新保守主義」，要求國家節制干預。

「新保守主義」是美國本位的思想用語，因為放任的自由主義曾是美國立國的原則和習以為常的信念——即美國「保守主義」的內容；「新政」之後，聯邦政府的強力干預，導致「保守主義」——即放任的自由主義衰微，而「新保守主義」就是試圖再回歸自由主義的基本面，減少政府的干預。❼

至於「後現代」(postmodernity) 與「後現代主義」(postmodernism) 的思潮，則是由歐陸思想家所發起的對「現代」(modernity) 的批判思想。❼ 所謂的「現代」和「現代主義」(modernism) 名詞，雖有爭議，但對絕大多數的「後現代主義者」(postmodernists) 來說，「現代」泛指「啟蒙運動」(*le*

---

❼ Charles W. Dunn and J. David Woodard, *The Conservative Tradition in America*, Lanham (MD): Rowman & Lottlefield Pub, 1996. 這本書也評論了 80 年代後的「新保守主義」。

❼ 對後現代思想家社會面的理論評述，可參：E. C. Cuff, W. W. Sharrock and D. W. Francis, *Perspectives in Sociology*, New York: Routledge, 4th ed., 1998. 中譯本：林秀麗、林庭瑤、洪惠芬譯，《最新社會學理論的觀點》，臺北：韋伯，2003 年。Nigel Dodd, *Social Theory and Modernity*, Cambridge: Polity, 1999. 中譯本：張君玫譯，陳巨擘校訂，《社會理論與現代性》，臺北：巨流，2003 年。

siècle des lumières; the Enlightenment) 的十八世紀至二十世紀末，以至於現今；「現代主義」就是指這個時期的文化走向和文化內容，是後現代主義思想家批判的對象。

西方社會自「啟蒙運動」後，普遍以「理性」和「科學」為名，樂觀地邁向自由主義的工業經濟發展之路。而「後現代」的核心議題就是批判啟蒙運動思想之虛幻，對西方長久以來的「理性」觀念，展開根本的質疑，認為對理性的誇讚實到自欺欺人的地步，指出西方現代的發展，突顯出理性的誤用和墮落，導致人的異化。後現代主義者歸宗尼采，試圖揭穿西方的「理性」，認為一切都是由權力結構所編造的情勢，一切「真理」也是權力宰制下的說法。

後現代主義不追求「真理」，也不仰望「科學」——更不相信社會科學，認為科學也有意識型態和「強制」(coercion) 的特性，以致後現代主義思想家面對不確定的世界，並無執著的目標，且認為沒有一種文化會比其他種文化來得好或壞，應尊重各種文化所特有的風格。

後現代的思潮中，「後結構主義」是承襲「結構主義」，但有反其道的哲學思維走向。至今難以對哲學上的結構主義提出界說，因為學派和形式繁多。在人文社會學界，結構主義的代表人物是法國人類學家李維斯陀 (Claude Lévi-Strauss)。「後結構主義」則有向「結構主義」主義發難的「解構」(deconstruction) 批判，且也呈現出多元分歧的走勢，重要代表人物有——解構批判的開啟者德里達 (Jacques Derrida, 1930–2004，亦譯德希達)，還有巴爾泰斯 (Roland Barthes, 1915–1980，亦譯羅蘭·巴特)，以及對現代性批判的傅柯 (Michel Foucault, 1926–1984) 等人。

後結構主義思想被視為是後現代思潮中的重要代表勢力，其思維上的「解構」，也被視為是「後現代主義」的關鍵思想。後結構主義思想的重要內容之一，也是批判傳統學說和傳統文化，即啟蒙運動後的現代——尤其理性主義的專斷，和資本主義的工業社會。後結構主義強調「違抗」(transgression)，擺脫各種束縛和壓抑，解放人的生命力。❼❸

---

❼❸　就「結構主義」轉向「後結構批判」，可參: Richard Herlaud, *Superstructuralism: The Philosophy of Structuralism and Post-structuralism*, London: Routledge, 2003

　　大體而言，後現代思想家認為「現代」是追求普遍性 (universality)、同質性 (homogeneity)、以及單一性和清楚性 (monotony and clarity) 走向的社會：普遍性讓人類趨同，藉助媒體宣傳，操弄人的願望；同質性讓人的社會生活受到規限，無權改變；單一性和清楚性讓人依目的性的理性行事，行為是籌謀、算計和可預期的。❼❹面對此種現代局面，後現代思想家建議以「新時代」觀和「新理論」來批判和解構當前的宰制文化，這種見解和主張就構成了所謂的「後現代主義」的內容，也成為對「現代」的一種批判文化——自認為彰顯了「後現代」(postmodernity)。因此，「後現代」是一種思想上企盼的新時代。

　　後現代主義理論家博芒 (Zygmunt Bauman) 就不時指出「後現代」並非起始於「現代」終結之時，而是指出現代脆弱之根本，同時「解構」現代——無論是意識型態、或是消費文化和電視節目等。❼❺對「後現代主義」雖難有一致的界定，但至少有一種共同的認識，那就是要與「現代」徹底絕裂，與「現代」的理論在根本上分道揚鑣。如博芒就認為後現代應是「關心其真本質的現代」('modernity conscious of its true nature-modernity for itself')，是一種自我批判、嚴責其非的現代，有著試圖擺脫「現代」的走向。❼❻

　　「後現代主義」是對現實不滿的批判，但無「民粹」(populist) 走向，其內容主要是現代文化人對現代文化的批判。❼❼後現代主義鼓勵藝術家和

　　　　(1ˢᵗ published in 1987). 楊大春著，《後結構主義》，臺北：揚智文化，1996 年。楊大春著，《解構理論》，臺北：揚智文化，1994 年。

❼❹　Zygmunt Bauman, *Intimations of Postmodernity*, London: Routledge, 1992, p. 188.

❼❺　同上。對 Bauman 的言論，還可參：Zygmunt Bauman, *Modernity and Ambivalence*, Cambridge: Polity, 1991. Zygmunt Bauman, *Postmodernity and Its Discontents*, Cambridge: Polity, 1997.

❼❻　Zygmunt Bauman, *Intimations of Postmodernity*, op. cit., p. 187.

❼❼　這可從華人世界較熟悉的詹明信 (Fredrich Jameson) 之著作——《後現代主義或晚期資本主義的文化邏輯》大綱中可看出。詹明信所議論的，除最後結論一章外，之前之九章分別是：文化、意識型態、錄影帶、建築、句子、空間、理論、經濟、電影。Fredrich Jameson, *Postmodernism, or, The Cultural Logic of Late Capitalism*, London: Verso, 1991. 中譯本：詹明信著，吳美真譯，《後現代主義或晚期資本主義的文化邏輯》，臺北：時報文化，1998 年。

知識分子的活動，表達對現代社會發展之批判，並探討後現代主義對人本主義新生活型態的期盼，以及世界互動的新方式，重新認識自己，重新界定何者為重。後現代思想家的後現代主義致力描述和解釋新世界應有的特徵，所要發揚的是包容——尊重社會多元的發展前景、和多元的生活方式，尊重不同的選擇和偏好，反對任何獨斷的決定論和單一走向見解，認為過去的傳統社會學理論，自以為是的真理，企圖框架社會的發展。

後現代主義思想家試圖擺脫馬克思或功能學派「大敘事體」的解釋，認為研究上應尊重各地環境和背景的差異，強調社會之開放和變動的自主性，抗拒官方的壓制和所謂的永續和平秩序。「後現代主義者」認為瞭望世界可有很多不同的視野，而不是有一種比其他來得好，也質疑真理和知識的基礎。

對企圖解釋人類社會大歷史變遷，並指引社會發展走向的現代「大理論、大哲學」(grand, large-scale theories and philosophies)，法國後現代主義思想家利奧塔 (Jean-François Lyotard, 1925–1998) 稱之謂「大敘事體」(grand narratives, meta-narratives)。利奧塔指出「大敘事體」雖都強調其科學性，然都形成一種意識型態。利奧塔認為有關善、美、公平和政治的知識，不可能是科學的知識，也不能安置到科學中，而是以「講述」的方式來傳播，如馬克思唯物史觀就是「大敘事體」。利奧塔批判「大敘事體」就如同「神話」、「迷思」(the myth) 和「處方」(*formula*)，社會主義、共產主義、女性主義皆是「大敘事體」。**❼❽**

後現代主義強調「認識的不確定性」(epistemological uncertainty) 和「本體的多元性」(ontological plurality)，所有的知識，包括個人所知道的，都不是可靠的，每個人所看的都是部分現象。這種觀點造成後現代主義認為

---

❼❽　Jean-François Lyotard, *La Condition Postmoderne: Rapport sur le Savoir*, Paris: Minuit, 1979. 英譯本: Jean-François Lyotard, *The Postmodern Condition: A Report on Knowledge*, translated by Geoff Bennington and Brian Massumi, Minneapolis: University of Minnesota Press, 1984. 利奧塔著作的摘要本可參: Jean-François Lyotard, *Political Writings*, translated by Bill Readings and Kevin Paul Geiman, Minneapolis: University of Minnesota Press, 1993. Andrew E. Benjamin (ed.), *The Lyotard Reader*, Oxford: Oxford University Press, 1989.

無法簡單的劃分事實與非事實。傅柯認為人類有意識的心智作為，深受時代氛圍的影響，這種時代客觀情境結構，傅柯稱之謂「認識氛圍」（*l'épistème*，亦譯「知識型」），因此某種思想或理念只能在某種特定的時代和社會情境中展現出來。[79] 布迪厄 (Pierre Boudieu, 1930–2002) 也認為思想或理念是社會情境的產物。[80]

　　總之，「後現代主義」可說是歐洲思想家對抗當道文化的思想批判和各自表述。後現代主義思想家的論點有著相對主義和反傳統政治的論調，由於大多是哲學家，因此在標榜後現代主義的作品中，對純政治或經濟學議題，有系統的析論極為貧乏，且也失焦，不合政治的觀照和思量，對政治現實問題只能是打游擊般的抨擊，無令人滿意的政治因應。後現代主義思想家的理論品質，不僅零碎，而且也遠不如他們所謂的「大敘事體」來得有系統，至今對社會總體現象的研究和解釋，仍需要在後現代主義思想家所抨擊、貶抑的「大敘事體」基礎上，修正和補充。後現代主義的思想無力主導人文社會學的發展，但其思想、理念和主張，仍有一定程度的參考價值和啟發力。後現代主義作為一種批判時代的「思想文化運動」，有式微之勢，能否持續存續，或形成全面的文化氣候，可待觀察。

對後現代主義的批判

　　後現代主義的思潮是自由主義社會晚近發展出的思想文化批判運動，由於是現代文化人對現代文化的批判，其所持的相對主義論調，讓一切浮而不實，且不僅淡化社會衝突，漠視社會主義理想，而且也無徹底推翻並改造現實的決心和方案，仍然呈現出自由主義意識型態的主宰力，因此這

[79]　傅柯的著作甚多，摘要本可參：Paul Rabinow (ed.), *The Foucault Reader*, London: Penguin Books, 1986.

[80]　布迪厄的代表作：Pierre Boudieu, *La Distinction: Critique Sociale du Jugement*, Paris: Les Édition de Minuit, 1979.（英譯本：Pierre Boudieu, *Distinction: A Social Critique of the Judgement of Taste*, translated by Richard Nice, Cambridge (Mass.): Harvard University Press, 1984.）Pierre Boudieu, *La Reproduction*, Paris: Les Édition de Minuit, 1971.

群議論文化意義的思想家，文化上仍有著「布爾喬亞」的意識，帶動不了對現實資本主義社會文化的大改造，這使得後現代主義的思潮，很難歸類為「新左派」。

哈伯瑪斯 (Jürgen Habermas) 認為，後現代主義精神上受到尼采等人思想的影響，其主張固著在批判理性的反啟蒙思想上，這也曾是過去反動的法西斯主義根基所在。哈伯瑪斯批評後現代主義思想，模糊社會的價值與規範，容易對社會造成不良的指引。哈伯瑪斯強調啟蒙計畫尚未施展完成，後現代主義對現代的批判，也一概否定了應致力保存的正面價值——尤其是現代的個人主義和公民的權利意識。哈伯瑪斯也批判現代的很多面向，尤其現代社會追求經濟利潤的經濟擴張和全方位科層組織管理的作為，對人類的生活所造成的創傷——異化。哈伯瑪斯認為新社會運動的「溝通行動」，有助於擺脫現代社會的壓制，提昇人們對政治的參與。(81)

英國社會學者紀登斯 (Anthony Giddens) 視後現代是一種「烏托邦的現實主義」(utopian realism)。紀登斯指出，與其探索後現代，不如更深入地檢視現代，因為仍在持續發展的現代，尚未被社會學所深刻領悟，況且現代變得更不確定，難以預期，且有著全球化的走向。紀登斯接近達爾 (Robert A. Dahl) 的見解，認為現代的發展仍將是資本主義的宰制，政治是「多元勢力較勁的政治」(polyarchy)，即權力不是壟斷的，一切決策致力表現和尋求各勢力間的利益共和。(82)

---

(81) Jürgen Habermas, *New Conservatism: Cultural Criticism and the Historians' Debates*, edited and translated by Shierry Weber Nicholsen, Cambridge: Polity, 1989. Jürgen Habermas, *The Philosophical Discourse of Modernity: Twelve Lectures*, translated by Frederick Lawrence, Cambridge: Polity, 1989.

(82) 紀登斯對現代社會心理之檢視：Anthony Giddens, *Modernity and Self-Identity: Self and Society in the Late Modern Age*, Cambridge: Polity, 1991, reprinted 1997.

第六節　「全球化」發展

全球化

　　現今二十一世紀，「全球化」(globalization) 是相當「令人耳鳴的字眼」(buzzword)，也是時尚的議題；概念上，全球化有著要解構國家疆域和主權的威脅，也有不少論著拋出的議題旨在強調——全球化中，主權國家的中心地位式微。[83] 但吾人認為，這還言之過早，也相當專斷；比著過去而言，經濟生產、科技和通訊事業的發達，讓全球化的風采濃郁，尤其資金、產品、人員、服務的全球流通走勢，使得著眼於經濟情勢的專家、學者誇大其實。在世界經濟情勢日益全球化競爭的態勢中，民族國家的主權角色比著過去而言，不那麼中央集權，但要預見民族國家退位，形成由「世界國」(World State) 或「全球國」(Global State) 當道的幻景，是誇大其實的想像。[84] 吾人在此必須強調，國家的角色即使遭受全球化的挑戰和衝擊，國家仍然是國際政治上主導性的施動者，毋庸置疑的政治要角。

　　大體而言，從義大利航海家哥倫布 (Christopher Columbus, 1451–1506) 於 1492 年發現美洲，就開啟了「全球化」之門。現今「全球化」現象主要表現在兩方面：一是文化，一是經濟，但國家仍在其中扮演主要角色。至

---

[83] 這方面的政治社會學專書，可參：Kate Nash, *Contemporary Political Sociology: Globalization, Politics and Power*, Oxford: Blackwell, 2000.（中譯本：林庭瑤譯，《全球化、政治與權力：政治社會學的分析》，臺北：韋伯文化，2004 年。）Kate Nash 向後結構主義認同，可視為是學術論壇上對話的一方，所拋出的議題旨在強調，全球化中傳統主權民族國家式微，其中心地位已然不再。吾人認為，這還言之過早，有待觀察。

[84] 相關議題，可參：Martin Albrow, *The Global Age: State and Society beyond Modernity*, Cambridge: Polity Press, 1996. Martin Albrow 指出，在「全球化時代」，述說傳統民族國家和社會式微，邁入抽象的全球化處境時，令人感受到學者的思量已進入紀登斯所謂的「後現代的烏托邦」。

於政治方面，還是由傳統民族國家主導的情勢，國際政治上的「全球治理」(global governance) 只是一種形容的用語，現今的國際情勢，只能說迫於情勢，就某些有待化解的爭議性難題，國際間尋求政府間的協商。

無論是聯合國、或過去曾發揮國際組織功能的「關貿總協定」(General Agreement of Tariffs and Trade, GATT)，到現今的「世界貿易組織」(World Trade Organization, WTO) 等，這些國際組織本質上都是主權國家利益較勁的「政府間合作」(intergovernmental co-operation) 組織，表面上強調平等和民主，實際上其決策往往圖利經濟上的霸權國家。而「歐洲聯盟」(European Union, EU) 則是歐洲主權國家參與的區域性「超國家」組織 (supranational organization)，透過「共同體整合」(community integration) 途徑，帶動歐洲主權國家的一體化，以發揮共有的潛能。㊄

歐洲自始就是造成「全球化」的施動者。然而如僅以「全球化」的觀點看歐洲聯盟的發展，則會漠視了歐洲統合運動之理想，以及各主權國家參與實踐理想的過程。事實上，歐洲統合運動的開拓者，所要追求的目標是要避免重蹈歐洲歷史上的內戰，以尋求歐洲永續的和平。然而不可否認的是，實踐理想的過程中，世界經濟情勢之日益全球化競爭態勢，以及爭取競爭市場主導地位的意圖，確實激勵了曾延宕一時的歐洲經濟整合，催生了單一市場和單一貨幣的出現，以致讓世人的目光投注在──歐洲國家發揮共有的經濟潛能，因應全球化競爭方面，而忽略了歐洲致力消除宿怨，將成員國──尤其德國納入整合規範，以追求永續和平的原始因素。

無論是文化的全球化或經濟的全球化現象，總的來說，就是西方資本主義文化和經濟產業所主導的市場競爭趨勢。資本主義就是追求財富的利潤競爭，符合人的貪婪本性，其行動之野蠻與否，看客觀情勢而定，遇到強者就是公平競爭，遇到弱者就是帝國主義的剝削。資本主義先進國家「跨國公司」(transnational corporations, TNCs) 的產品，行銷全球，不僅就地投資、就地生產，而且在宣傳媒體的促銷之下，帶動消費時尚和消費文化的趨同現象。這種情勢下，財富爭逐所造成的利益不等，經濟資源的開發所

㊄　可參本書作者的相關研究：王晧昱著，《歐洲合眾國：歐洲政治統合理想之實踐》，臺北：揚智文化，1997 年。

造成的生態環境急遽惡化，以及相互的依賴和爭奪等事實所造成的矛盾與衝突，都迫使世界各國進行利益協商，尋求有利方案。現今任何國家的單獨行動，不足以解決世界的困境與難題——無論是戰爭與和平、氣候的暖化和生化污染問題、或是物種減少、和疾病快速傳播的難題等，這都有賴各國政府利益盤算後的合作來化解。

　　事實上，全球化也有著市場經濟的戰略陰謀成分。毫無疑問的，全球化是受到「自由市場信念」(free-market philosophy) 的激勵，最主要的立即受益者是帶動資本主義經濟擴張的西方國家。這種經濟結構的持續擴張，必然帶動西化的生活消費型態；在西化的衝擊下，助長「西方文化的帝國主義」(western cultural imperialism) 霸權地位。政治上應否或能否贊成全球化走向，視國家各自盤算的利益而定。

資本主義的「世界體系」

　　華勒斯坦 (Immanuel Wallerstein) 指出，形式上政治的「帝國主義」(imperialism) 雖已告終，但經濟上的世界不平等關係 (World inequality) 仍然持續，以武力霸占、行殖民統治的世界帝國 (World empire)，被資本主義的「世界經濟」所取代。[86] 華勒斯坦承繼馬克思與列寧的見解，認為世界經濟呈現「世界性的分工」(worldwide division of labour)，各國的經濟與世界經濟有著頻繁的連結管道，依存於相互依賴的世界。華勒斯坦強調「資本主義」的特質就是追求全球市場，資本主義的經濟從不受限於國家之疆域，而且也發展出新殖民主義的世界經濟，建立新殖民特質的分工，權力與財富流向居競爭市場主導地位的資本主義核心國家。

　　華勒斯坦強調，突顯出世界不平等關係的當代「資本主義世界經濟」(capitalist world-economy) 體系，區隔出三組交相影響的國家，經濟上分別

---

[86]　Immanuel Wallerstein, *The Capitalist World-Economy*, Cambridge: Cambridge University Press, 1979, reprinted 1995.「世界經濟」的國際政治對焦：Immanuel Wallerstein, *The Politics of the World-Economy: The States, the Movements, and the Civilizations*, Cambridge: Cambridge University Press, 1984, reprinted 1991.

處在「中心」(the core)，「半外圍」(the semi-periphery) 或「外圍」(the periphery)
的處境：「中心」國家是包括西歐和北美國家，是追求利潤的跨國企業誕生
地，主宰了世界市場；「半外圍」國家依經濟實力和政治背景，原指地中海
和東歐國家，這些國家也面臨著跨國企業的剝削，但也有不受跨國企業管
控的經濟領域；處於「外圍」地位的國家就是經濟上處在「新殖民」地位，
即被剝削的處境。華勒斯坦指出中心國家之經濟，呈現高利潤、高科技、
高工資的多樣化生產，外圍國家是低利潤、低科技、低工資的少樣化生產
結構，而半外圍國家的經濟則有著兩面分裂的情況，其經濟一方面是中心
國家的外圍區域，另一方面對某些外圍國家而言，又有如中心國家。 **❽**

　　華勒斯坦指出，半外圍國家有兩大類：一是社會主義國家，一是非社
會主義國家。70 年代末，華勒斯坦依經濟實力和政治背景指出的半外圍國
家有：在拉丁美洲經濟實力較強的巴西、墨西哥、阿根廷、委內瑞拉、智
利、古巴；歐洲的葡萄牙、西班牙、義大利和希臘的南部，東歐的絕大部
分，以及挪威和芬蘭的北部；還有阿拉伯國家，如阿爾及利亞、埃及、沙
烏地阿拉伯；以及中東的以色列；非洲有奈及利亞、薩伊 (Zaïre)；亞洲國
家有土耳其、伊朗、印度、印尼、中國、南韓、越南；還有大英國協的成
員國，加拿大、澳洲、南非、紐西蘭。 **❽**

　　事實上，華勒斯坦突顯出的「世界不平等」，及分隔出的三大類國家，
是主觀的分類；華勒斯坦的理論不大好說明過去的「蘇聯」(Soviet Union)。
蘇聯的例子說明即使不走資本主義，靠著武力照樣可強大，但不易存續。
人們雖然可以不同意華勒斯坦對某些國家的主觀歸類，但至今，如適當的
修正，並調整某些已開發國家，則華勒斯坦的理論還是可較好地說明資本
主義的世界經濟體系。

經濟的「中心」國家與經濟的不平等現象

　　如依照華勒斯坦的理論分類，動態說明，則現今資本主義世界的「中

---

❽　Immanuel Wallerstein, *The Capitalist World-Economy*, op. cit., p. 97.
❽　Ibid., p. 100.

心」國家，吾人可泛指由美國所主導的「經濟合作與發展組織」(Organization of Economic Co-operation and Development) 成員國，該組織的成員國已從過去原創時期的二十個市場經濟國家，增加為三十個。⑧⑨

　　1961 年正式運作的「經濟合作與發展組織」，簡稱「經合組織」(OECD)，計有二十個市場經濟國家：奧地利、比利時、加拿大、丹麥、法國、西德、希臘、冰島、愛爾蘭、義大利、盧森堡、荷蘭、挪威、葡萄牙、西班牙、瑞典、瑞士、土耳其、英國、美國。當時的希臘、葡萄牙、西班牙、土耳其因屬美國領導的自由主義陣營，因此也就勉強納入。1964 年，日本加入「經合組織」；1969 年，又有芬蘭加入；1971 年，澳洲加入；1973 年，紐西蘭加入。此時，此一「政府間合作」(intergovernmental co-operation) 組織，被第三世界國家視為「富國俱樂部」。「富國俱樂部」中，經濟實力較弱國家的存在和襯托，多少可藉以掩護，以淡化「富國俱樂部」的指稱。在 1994 年時，又有墨西哥加入；1995 年，捷克加入；1996 年，匈牙利、韓國、波蘭加入；2000 年又增加了斯洛伐克共和國 (Slovak Republic)。「經合組織」現今計有三十個成員國，共同應對全球化帶來的挑戰，為共同的難題尋找解決方案。此外，「經合組織」與非成員國——巴西、中國、俄羅斯亦進行合作。

　　總的而言，全球化對施動的資本主義中心國家，和提供廉價勞力和低廉設施的半外圍國家而言，都會是有利的過程，但也不是無條件的有利。先進國家的企業將其不合成本效益的生產線，轉移到可提供大量廉價勞力的地區；這會因調整生產結構而產生失業率攀升，以及勞工在變化的工作環境中，對工作有更深重的不安定感，同時也會有拉大高低所得差距的難

---

⑧⑨　二次大戰後，在美國的主導下，為了達成「馬歇爾計畫」(Marshall Plan)，依 1948 年 4 月 16 日的《華盛頓條約》創立戰後歐洲第一個合作性組織——「歐洲經濟合作組織」(Organization of European Economic Co-operation, OEEC)。1960 年 12 月 14 日，原「歐洲經濟合作組織」與美、加等國簽署建立「經合組織」(OECD) 協定，進化為「經濟合作與發展組織」。Jan-Erik Lane, David H. Mckay and Kenneth Newton, *Political Data Handbook: OECD Countries*, New York: Oxford University Press, 2nd ed., 1997.
　　「經濟合作與發展組織」網址：www.oecd.org

題。相對而言，先進國家的投資對半外圍國家，雖會帶來就業率增加，以及活絡經濟並提昇經濟轉型的機會，但關鍵在於半外圍國家的政府能否妥當地配合市場經濟的發展，帶動國家經濟實力的轉型，同時也要看企業競爭力的積極性，積極減少對中心國家的依賴。

資本主義核心國家也曾遭受「新工業化國家」(newly industrialized countries, NICs) 或說「新興的資本主義國家」——「半外圍國家」的挑戰，而且跨國企業為了利益或迫於新資本主義國家的要求，合組「多國企業」(multinational corporations) 進入市場，讓「半外圍國家」和外國企業皆有利潤。這也使得先進國家畏懼、也要防範和因應經濟全球化走勢中，對自身不利的因素和後果。資本主義的「中心」國家也不能漠視了「石油輸出國家組織」(Organization of Petroleum Exporting Countries) 的實力，它會影響到中心國家的經濟安寧。

在全球化的競爭態勢中，不斷的尋求競爭力的提昇是擺脫不了的壓力。在資本主義的世界體系中，不積極變革提昇競爭力，或不懂得發展的國家，就會被其他積極競爭的國家所超越。過去的亞洲四小龍——臺灣、南韓、香港、新加坡雖有過不錯的成績，但仍要積極地尋求轉型，往技術精密和高附加價值的經濟生產型態轉型。現今引起舉世注目的「金磚四國」——中國、印度、巴西、俄羅斯，所提供的勞力占全球的百分之四十五，其經濟的快速發展對世界各地區的經濟構成競爭威脅。

經濟的全球化讓跨國企業自主地決定投資或設廠的生產地和納稅地，企業的利潤雖有增加，但其國內的工作機會和國家稅收減少，傳統定義上朝九晚五的「全職者」所占的百分比日趨縮小，零工組合的彈性化工作，修改、遮掩以往的失業率，以致工作人口中不安定的憂慮感持續增加。相對地，「半外圍國家」的經濟發展體質，其結構上不乏失衡的成長結構、脆弱的國家財政、高築的外債，以及其金融體系、匯率體制、國家信用，都要能禁得起經濟動盪的考驗。龐大資金的流入，雖刺激國家的經濟景氣、增加工作機會、炒熱股市熱潮，但也有資金高估、通貨膨脹、呆帳上升的難題；國際資金的撤離——熱錢消散，會帶來金融風暴的危機。

在純經濟的「新殖民主義」(neocolonialism) 情勢下，受先進資本主義

國家持續宰制、剝削的「外圍」國家，處於一種新型態的殖民地位，是有別於傳統帝國主義直接政治監控的社會經濟宰制。處於「新殖民主義」情勢下的國家，都是長期受到帝國主義的剝削，其經濟始終處於破產邊緣，甚至比過去更貧窮的國家，只能靠過度開發天然資源，和接納污染來維持其貧窮與落後。這些國家仍然與舊帝國維持新殖民依賴關係，甚至還可能使用其貨幣，且仍維持緊密的政治、經濟、軍事和文化關係。吾人先前所提的羅斯陶 (Walt W. Rostow)「發展理論」，自廿世紀 60 年代引領學術時尚後，眾多西方學者認為西化的發展，有助於第三世界的現代化，西方國家的經濟援助有利於落後國家經濟的快速發展。現今的經驗顯示，這要看不同國家的主客觀條件而定，一般說來這有助於「半外圍國家」的發展，對長期遭受不當剝削的「外圍」國家而言，則並非如此。深受馬克思學說影響的「依賴理論」(dependency theory) 就指出，低度發展國家的停滯不前，肇因於西方帝國主義的長久蠻橫剝削，西方世界的「援助」至今都在增加落後國家的依賴，不僅持續廉價剝削其資源和勞力，而且更形惡化其發展，完全無心於構思有效輔助其成長之全盤計畫。**⑨⓪**

資本主義宰制的世界與文明衝突

自從共產主義陣營瓦解，和冷戰結束後，自由主義的勝利和繁榮，以及自由市場經濟與民主制度的全面擴張情勢下，美國學者法蘭西斯‧福山 (Francis Fukuyama) 的研究結論是──「自由民主的資本主義」(free democratic capitalism) 宰制世界的結果，顯示意識型態的衝突終結 (the end of ideological conflict)，伴隨而來的是「歷史的終結」('the end of history')。福山認為，全球往「自由民主」(liberal democracy) 的趨同化方向發展，使得人類社會所追求的政治和經濟目標同質化的結果，令人覺得人類意識型態的發展似乎進入歷史的終點站，「自由民主」成為人類意識型態前進的終

---

⑨⓪　對「依賴理論」學者的論點，有系統的比較評述，可參：B. N. Ghosh, *Dependency Theory Revisited*, Aldershot: Ashgate, 2001.

點——「歷史的終點」，難以想像未來會再有大歷史劃時代的新紀元。**❾❶**

福山所指的「歷史」，不是歷史事件的通俗歷史，而是思想家的大歷史進程——人類社會的「環球史」(universal history)，是黑格爾、馬克思等人思想中頗受爭議、主張歷史有方向性的「定向歷史」(directional history) 過程，如馬克思所期望的「無階級社會」來臨，就是人類定向歷史的終點。

福山的見解有如過去貝爾「意識型態終結」的見解，差別在於：貝爾認為自由主義與社會主義交會，各方均強調中庸、混合和互補的立場；而福山見證的是自由主義的勝利，不再有競爭的對手。福山的見解中——「最後一人」也有著類似馬庫色「單向度的人」(one-dimensional man) 的論調和無奈，人在理想上不再有質疑的空間。

法國後結構與後現代主義的思想家博德里拉（Jean Baudrillard, 1929–2007，又中譯為布希亞）在其《終結的幻象》(*L'Illusion de la Fin*) 一書中則指責「終結」的錯覺，認為是命定歷史通路的視覺幻象，是千禧年終前的歇斯底里症狀。博德里拉認為人類並非接近歷史的終點，反而不時往反方向行進，有「終結」幻覺的人，急欲在廿世紀結束前試圖抹除一次大戰、二次大戰、和後來的冷戰、以及政治和意識型態對抗的痕跡。**❾❷**

杭廷頓 (Samuel P. Huntington) 則對後冷戰時代，持「文明衝突」(the clash of Civilizations) 的見解。杭廷頓在其《文明衝突與世界秩序的重建》(*The Clash of Civilizations and the Remaking of World Order*) 一書中強調，貧窮和種族衝突使得世界上有很多地區人民的思維與西方國家不同，以至於不會執意西化，如在人口持續擴增的伊斯蘭社會，就對西方社會的反感日增，也使得西方對伊斯蘭文化國家不一定有影響力。杭廷頓指出，文化差異所帶動的世界衝突日益嚴峻，冷戰結束後，世界不再以意識型態區隔，而是以文明突顯對立；文明隔閡易造成文明衝突。文明衝突主要肇因於西

---

❾❶ Francis Fukuyama, *The End of History and the Last man*, New York: Avon Books, 1998 (first published in 1992). 中譯本：法蘭西斯・福山著，李永熾譯，《歷史之終結與最後一人》，臺北：時報文化，1993 年。

❾❷ Jean Baudrillard, *L'Illusion de la Fin*, Paris: Editions Galilee, 1992. 英譯本：Jean Baudrillard, *The Illusion of the End*, translated by Chris Turner, Stanford: Stanford University Press, 1994.

方的經濟宰制情勢，和回教基本教義派的盲動和無包容度，以及對中國威脅感到恐懼等因素所造成。在文明衝突中，杭廷頓認為宗教信仰仍是最具威脅性的力量。❸

　　現今世界雖有文明的衝突，但二十世紀自由主義的勝利是毋庸置疑的事實，對西方頗有反感的伊斯蘭信仰國家，也遲早要往「自由民主」的社會方向發展。但自由民主的社會也是社會辯證發展中的一個階段，它不會是社會發展的終點，社會發展是沒有終點的。事實上，在歐美社會中，眾多族群對其社會並不感到滿意，尤其人的「異化」問題嚴重，如先前所提，二十世紀 60 年代起，先進的資本主義社會內部就相繼出現異議的「反文化」——致力抗拒令人「異化」的社會走向。此外，人的利益、好奇、貪婪、與野心，也使得社會發展的內容會一再翻新，舊的矛盾衝突不見了，會有新的衝突出現，就好像舊的理想消失了，會有新的理想或意識型態萌芽，這都會引領人類持續去追求一種較理想的社會。

　　現今經濟和文化的全球化發展態勢，是由西方的資本主義精神主導，而且生活上也是由西方的生活品味、時尚意識引領風騷，遍及全球；但這種走向，也持續地摧毀地方文化，突顯西方效率性、計算性、控制性的文化風格。相較而言，非西方社會，接受「現代的西化計畫」(Western project of modernity) 時，也有零星的自主性，如日本在這方面就曾致力尋求和表現自主意識。❹ 在現今看來，面對現代西化過程中，以及因應全球化的挑戰中，惟有文化悠久、人口幅員和經濟實力大的國家，如中國，俄羅斯、和印度等國，還可有能力去展現其自主性，為現代化注入新風格；因此，如何致力保有清醒的文化自主意識和特有的文化風格，是不容漠視的文化課題。

---

❸　Samuel P. Huntington, *The Clash of Civilizations and the Remaking of World Order*, New York: Touchstone, 1997. 中譯本：黃裕美譯，《文明衝突與世界秩序的重建》，臺北：聯經，1997 年。

❹　Roland Robertson, *Globalization: Political Theory and Global Cultural*, London: Sage Publications, 1992. 可參其第五章和第六章，分別是：Japanese Globality and Japanese Religion; The Universalism-Particularism Issue。

風險社會

資本主義工業社會追求利潤的「目的性理性行動」——「經濟理性」，也造就出眾多不確定的後果，也匯聚成人為的危害力量，最迫切的如生態環境破壞所造成的地球暖化和氣候異常；即使是為追求社會共同福祉的政策和制度化措施，也有運作失靈的風險。無論是主權國家政治層面的決策，或技術專家之當道，或追求利潤的金融機構和企業，以及大眾媒體所激勵的消費文化全球化交互影響下，皆使得全人類在這緊密靠攏的世界，面臨著「現代性」的全球化風險。

人類是風險的製造者。社會學者貝克 (Ulrich Beck) 和紀登斯等人承續先前學者對後工業社會的批判，以及當前「後現代」的論戰，強調現代資本主義工業社會邁入一新階段——全球化走向的「風險社會」。貝克在其《風險社會》(The Risk Society) 一書中表示，「風險」肇因於人的作為，人類想掌控自然的科學技術，以及想調控社會的決策和制度，這些人為的行動帶來難以預測的後果，很可能產生危害社會的力量。 **⑨⑤** 「風險社會」的論點自然就質疑到人類的理性。

全球化的發展帶來風險的全球化。建基在資本主義和科學至上的全球化經濟，不僅只是造就全球環境生態危機，且有經濟剝削和新殖民化的對立危機，以及恐怖主義跨國的危機，讓風險波及世界上的每一個人。 **⑨⑥** 對此，貝克抨擊無公德心的工業社會污染，蠻橫的現代化惡化人類的生活環境，讓原有的生物系統遭受浩劫；貝克也憂心於「技術專家當道」——「技術專家統治」(technocracy) 的情勢，挑戰、衝擊到「民主政治」的發展。 **⑨⑦**

---

⑨⑤ Ulrich Beck, *Risk Society: Towards a New Modernity*, translated by Mark Ritter, London: Sage Publications, 1992, originally published 1986. 中譯本：貝克 (Ulrich Beck) 著，汪浩譯，《風險社會：通往另一個現代的路上》，臺北：巨流，2003年。

⑨⑥ 可參：Ulrich Beck, *World Risk Society*, Cambridge: Polity, 1999.

⑨⑦ Ulrich Beck, *Ecological Politics in an Age of Risk*, translated by Amos Weisz, Cambridge: Polity, 1995, pp. 158 et s.

　　比著過去傳統工業社會物資匱乏的紛爭而言，現今社會的風險受很多隱藏性因素的影響，無論是政策、生態、醫藥、心理、或社會等方面的因素；況且社會的持續發展和全球化的變遷走向，表現出一種不受意志力控制的「反射作用」(reflexivity)，發展是感受刺激下的自動反應，以致其發展本身就是議題；相對於此，糧食、原物料和能源供應的風險，通貨膨脹和金融體系的系統化風險，衛生安全的風險，政治和經濟上因應政策不當的風險等，隨時衝擊人類社會。❾❽

　　社會學者的風險論是從分析人類生態環境危機，和檢視科技運用等的觀察成果上，所發展出來的反省與批判。風險論的學者從總體宏觀面關心風險的結構性因素，強調當代社會風險的種類和強度都在持續擴大。

---

❾❽　有關風險全球化的批判，可參：伍爾利希・貝克 (Ulrich Beck) 著，孫治本譯，《全球化危機：全球化的形成、風險與危機》，臺北：商務，1999 年。

邁向修養社會學　　葉啟政／著

　　在本書中作者特別強調「日常生活」一概念在當代西方社會學論述中所具有的特殊意義。繼而，透過「日常生活」這個概念，作者回到人做為具自我意識狀態之「行動主體」的立場，重新檢視「修養」此一概念對於理解現代人可能具有的社會學意涵，進而確立了所謂「修養社會學」這樣的主張。

全球化與臺灣社會：人權、法律與社會學的觀照

朱柔若／著

　　本書首先以全球化與勞工、人權與法律開場，依序檢視全球化與民主法治、全球化與跨國流動、全球化與性別平權，以及全球化與醫療人權等面向下的多重議題，平實檢討臺灣社會在全球化的衝擊之下所展現的多元面貌與所面對的多元議題。

健康、疾病與醫療：醫療社會學新論　　葉肅科／著

　　本書的撰寫力求兼顧國際性與本土性、理論性與應用性、科學性與通俗性，適用於大專院校相關課程的教學，可讓學生對於健康、疾病與醫療研究領域有更深入地瞭解。當然，研究社會科學的醫療專業人員也將發現這是一本實用的書，期盼本書的出版能對讀者有所助益。

社會科學研究方法新論：模型、實踐與故事

李英明／著

　　當我們在進行研究時，即使宣稱如何的客觀中立，都無可避免的會受到研究者自己在時空環境下所形成的症候的影響。也因此，所謂的客觀真實，事實上是我們通過語言符號所建構起來的一套論述。本書就是在這樣的思維下，思考在當前的社會科學領域，包括經濟學、企業管理、意識型態、國際關係等議題的研究可能發生的問題。

政黨與選舉：理論與實踐　吳重禮／著

　　本書作者以深入淺出的筆觸，結合學術理論與實證經驗，探討政黨與選舉研究領域中幾項重要議題。這些議題看似多元，然而貫穿其中的脈絡主軸，乃聚焦於西方理論架構與我國經驗政治的結合。本書嘗試在學術研究和現實政治之間進行對話，適合政治學相關領域的教師和學生，也適合對政黨政治和選舉研究有興趣之讀者閱讀。

中國外交史——本質與事件、衝擊與回應

藍玉春／著

　　本書先導入治史態度，並分析中國世界觀的底蘊及轉變、臺灣國際觀的基本角度。接著涵蓋中國四個階段的對外關係：天朝體系崩解的大清朝、新中國舊問題的中華民國在大陸、先是從中國看世界，然後從世界看中國的中華人民共和國、挫折能量總爆發及再積蓄的中華民國在臺灣。期間穿插各種主題單元，以便讀者有更深度的思索與立體的認知。

國際史概論　王曾才／著

　　本書是從世界近現代史的發展脈絡，輔以國際法和國際政治的探究，深入淺出地說明國際史的演變。從十八世紀以來，國際關係的變化十分複雜、國際政治與外交活動也十分頻繁，對各方面的影響也越來越大，透過此書抽絲剝繭的分析，清楚呈現近代以來國際上的重大變遷，讓您輕輕鬆鬆了然於胸。

政治學概論　劉書彬／著

　　對於政治，你是否感覺有點近又不太近、有話要說卻不知哪裡說去、有很多想法卻不知從何做起？本書嘗試以深入淺出的筆調講解政治學的基本概念原則，協助讀者建立對政治學的興趣及基本的民主法治知識，進而能夠觀察、參與政治，落實自律、自主的民主理想。